TRANSFORM!
DESIGN UND DIE ZUKUNFT DER ENERGIE

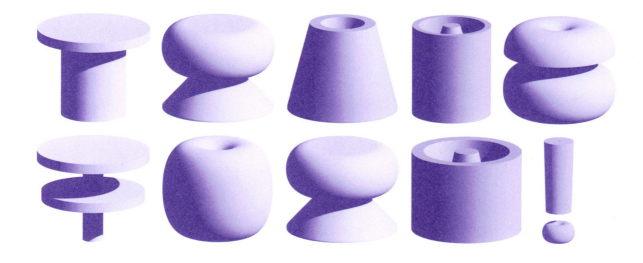

Vitra
Design
Museum

VORWORT

Energie ist die zentrale Antriebskraft unserer Gesellschaft; Energie ist politisch; Energie ist unsichtbar. In den vergangenen Jahrhunderten schien Energie eine unerschöpfliche Ressource. Heute wissen wir, dass ein nachhaltiger und effizienter Umgang damit von zentraler Bedeutung für unsere Zukunft auf dem Planeten Erde ist. Bei der dafür notwendigen Transformation spielt Design eine zentrale Rolle, denn sämtliche Bauten und Produkte für die Gewinnung, Verteilung und Nutzung von Energie werden vom Menschen gestaltet.

    Die Ausstellung *Transform! Design und die Zukunft der Energie* untersucht die Rolle des Designs bei der aktuellen Energiewende – vom energieeffizienten Alltagsprodukt bis zur Gestaltung von Solarhäusern und Windkraftanlagen, vom intelligenten Mobilitätskonzept bis zur Zukunftsvision energieautarker Städte. Manche der gezeigten Projekte und Entwürfe lösen konkrete Problemstellungen, andere nutzen Design, um Fragen aufzuwerfen oder zum Nachdenken anzuregen. Beispiele aus der Designgeschichte zeigen, dass wir aus Erfahrungen lernen können und dass manche der heute diskutierten Ideen gar nicht so neu sind, seien es innovative „off-grid"-Produkte oder die Produktion von Wind- und Solarstrom. Der Schwerpunkt liegt jedoch auf aktuellen Projekten und Zukunftsvisionen, die veranschaulichen, dass Design die aktuelle Energiewende mitgestalten kann. Die Voraussetzung dafür – auch dies verdeutlichen Buch und Ausstellung – ist ein Umdenken nicht nur bei DesignerInnen, sondern auch bei NutzerInnen, Industrie und Politik.

    Für die großzügige Unterstützung der Ausstellung danken wir der Sparkassen-Finanzgruppe sowie der IKEA Stiftung. Ebenfalls danken möchte ich dem Kurator der Ausstellung Jochen Eisenbrand, der aus einem hochkomplexen und verantwortungsvollen Thema eine faszinierende Ausstellung und das vorliegende Buch entwickelt hat. Dessen Gestaltung lehnt sich übrigens bewusst an Handbücher aus den 1960er und 1970er Jahre an, als man die verheerenden ökologischen Folgen der Konsumgesellschaft erstmals in den Blick nahm und in praktischen Ratgebern Vorschläge für Lösungen unterbreitete. Etwas von der Aufbruchsstimmung und Experimentierfreude dieser Ära wollen wir auch in unsere heutige, zuweilen recht düster gestimmte Zeit holen. Und auch der Titel der Ausstellung ist als Ermutigung zu verstehen – gehen wir es an!

Mateo Kries
Direktor
Vitra Design Museum

GRUSSWORT

„Weniger ist mehr" – dieses Prinzip von Ludwig Mies van der Rohe lässt sich auch auf das Thema Design und Energie anwenden. Eine zukunftsweisende Interpretation bietet die Ausstellung des Vitra Design Museums. Schließlich bedeuten weniger Ressourcenverbrauch und weniger CO_2-Emissionen ein Mehr an Zukunft für Mensch und Umwelt.

Und hier kann Design ganz neue Maßstäbe setzen: von neuen Produkten, die die Nutzung erneuerbarer Energien zu Hause und unterwegs ermöglichen, bis zur Visualisierung von alternativen Energiezukünften. Die Ausstellung *Transform! Design und die Zukunft der Energie* zeigt eine große Bandbreite an Möglichkeiten mit Beispielen realer und visionärer Projekte.

Die Sparkassen-Finanzgruppe fühlt sich dem Thema der Ausstellung sehr verbunden – so unterstützt sie beispielsweise Privatkunden durch Beratung und Finanzierung energetischer Maßnahmen ebenso wie Unternehmen bei der Transformation zu mehr Nachhaltigkeit. Als regional verwurzelte öffentlich-rechtliche Finanzinstitute sind die Sparkassen und ihre Verbundpartner dem gesellschaftlichen Engagement überall im Land verpflichtet. Kunst und Design können Perspektiven erweitern, neue Verbindungen herstellen und Menschen für neue Sichtweisen begeistern. Kulturerlebnisse möglichst allen Menschen zugänglich zu machen, ist das Ziel unseres breit angelegten Engagements. Damit ist die Sparkassen-Finanzgruppe seit vielen Jahren der größte nicht-staatliche Kulturförderer Deutschlands.

In diesem Sinne motiviert, ist es uns ein wichtiges Anliegen, diese Ausstellung zu fördern. Das Engagement ist eine Gemeinschaftsleistung des Sparkassen-Kulturfonds des Deutschen Sparkassen- und Giroverbandes, des Sparkassenverbandes Baden-Württemberg mit seinen Verbundunternehmen LBBW, LBS Süd und SV SparkassenVersicherung sowie der Sparkasse Markgräflerland.
Wir wünschen Ihnen viel Freude beim Besuch der Ausstellung und beim Studium des Kataloges.

Prof. Dr. Ulrich Reuter
Präsident
Deutscher Sparkassen-
und Giroverband

Peter Schneider
Präsident
Sparkassenverband
Baden-Württemberg

Ulrich Feuerstein
Vorsitzender des
Vorstandes der Sparkasse
Markgräflerland

EINLEITUNG

Energiewende und Klimawandel

Ende 2023 fand in Dubai die Klimakonferenz der Vereinten Nationen COP28 statt. Erstmals in ihrer Geschichte konnte sich die jährlich stattfindende Konferenz mit ihren knapp 200 teilnehmenden Ländern dazu durchringen, die fossilen Energieträger Öl, Kohle und Gas offiziell als Hauptverursacher des Klimawandels zu benennen.[1] Fast dreißig Jahre nach Abschluss eines Rahmenvertrags der Vereinten Nationen zum Klimawandel im Jahr 1994 unterstrich die Konferenz damit allerdings nur, was schon hinlänglich bekannt war: Um die Erderwärmung zu verlangsamen, ist die Energiewende – die Abkehr von Öl, Kohle und Gas hin zu CO_2-freien Energiespendern wie Sonne, Wind, Wasser und Geothermie – von größter Dringlichkeit. So appellierte die COP28 dann auch an alle teilnehmenden Nationen, die weltweit produzierte Menge an erneuerbaren Energien bis 2030 zu verdreifachen.[2]

Zur gleichen Zeit wirbt eine groß angelegte Kampagne der EU unter dem Slogan „You Are EU"[3] mit Plakaten, Anzeigen und Website für erneuerbare, CO_2-freie Energien, die in der EU erzeugt werden. Hintergrund ist neben dem ökologischen Motiv ein weiterer Treiber der Energiewende: die Energiekrise, die durch Russlands Angriffskrieg auf die Ukraine herbeigeführt wurde. Mit einem Ausbau der erneuerbaren Energien strebt die einst als Energieverbund (EG, Europäische Gemeinschaft für Kohle und Stahl) gegründete EU danach, sich vom russischen Erdgas unabhängig zu machen.[4]

→ ESSAY VON IVAN ILLICH, S. 134-139

Sind also Solarpaneele auf dem Dach, Wärmepumpen im Keller und E-Autos in der Garage die Antwort auf die Energie- und Klimakrise? Eine echte Energiewende würde mehr bedeuten: nicht nur eine Umstellung auf erneuerbare Energien, sondern auch eine Re-Evaluierung unseres Energieverbrauchs, eine kritische Betrachtung der globalen Energieverteilung und ein kritisches Bewusstsein für die Konsequenzen jeglicher Form der Energiegewinnung. Was das mit Design zu tun hat? Ziemlich viel, wie ein kurzer schlaglichtartiger Rückblick auf Verbindungen zwischen Design und Energie im 20. Jahrhundert zeigen kann.

Design zwischen Krise und technischem Fortschritt

Dass stabile, lückenlose Energieversorgung keine Selbstverständlichkeit ist, wird einer breiten Öffentlichkeit meist nur in Krisenzeiten bewusst. So hat das Nachdenken über Alternativen zu den fossilen Energieträgern schon in der Vergangenheit vor allem in Krisen neue Impulse erhalten. Technische Innovationsschübe waren ein weiterer bestimmender Faktor. Design stand mit beiden in Wechselwirkung.

→ ATLANTROPA
→ HONNEF WINDKRAFTWERKE

Schon vor 100 Jahren machten sich westliche Industrienationen angesichts flächendeckender Elektrifizierungsmaßnahmen und des damit einhergehenden sprunghaften Anstiegs des Energiebedarfs Gedanken um die Erschließung neuer Energiequellen. 1924 fand in London die erste World Power Conference statt, auf der neben Kohle und Erdöl auch die Wasserkraft als wichtige Energiequelle diskutiert wurde.[5] Ende der 1920er Jahre begann der deutsche Architekt Herman Sörgel seine Vision eines allein durch Wasserkraft mit Elektrizität versorgten Europas zu entwickeln. Inspiriert von der zweiten Weltkraftkonferenz 1930 in Berlin experimentierte der Ingenieur Hermann Honnef mit gigantischen Windkraftwerken, über die er ganz Deutschland mit Energie versorgen wollte.

Die in den 1930er Jahren noch junge Disziplin des Industriedesigns begann ihre Karriere jedoch als Anwalt und Profiteur der Petromoderne. Nach der Weltwirtschaftskrise 1929 wurde das (US-amerikanische) Industriedesign mit dem Streamline Design populär. Streamlining gab der Mobilität und der Geschwindigkeit, die Kohle und Petroleum breiteren Bevölkerungsschichten ermöglichten, einen markanten Ausdruck und technischen Appeal. Die aerodynamische Form der Flugzeuge und Autos versprach zudem Effizienz in der Nutzung dieser Energiequellen. Streamline Design wurde als Verkörperung eines neuen Energie-Zeitalters so populär, dass es selbst auf Alltagsgegenstände wie Radios oder Bleistiftspitzer übertragen wurde.

→ ESSAY VON CAROLA HEIN, S. 166-179

Ähnliche Zusammenhänge zwischen Energieregime und Gestaltung zeigen sich in Architektur und Stadtplanung. Mit der Charta von Athen propagierten die führenden modernen ArchitektInnen ihrer Zeit anlässlich des IV. Congres international d'Architecture Moderne (CIAM) 1933 die Funktionstrennung zwischen Wohnen, Einkaufen und Industrie. Damit wurden schon damals die Grundlagen für die autogerechte Stadt geschaffen.

In die gleiche Zeit fiel der Beginn der Liaison des Designs mit der petrochemischen Industrie, die bis heute andauert: Die neuen Kunststoffe, ursprünglich nur ein

EINLEITUNG

Nebenprodukt der Erdölverarbeitung, wurden von DesignerInnen als günstige und frei form- und färbbare Werkstoffe begeistert aufgenommen. Fortan fanden sie für die erdölbasierten Kunststoffe immer neue Nutzungsmöglichkeiten und Anwendungen und wurden so zu wichtigen VermittlerInnen zwischen der petrochemischen Industrie und den KonsumentInnen.[6]

→ ESSAY VON DANIEL BARBER, S. 140–155

Nichtsdestotrotz wurde im Design und in der Architektur immer wieder über alternative Energiequellen nachgedacht. Unter dem Eindruck der Rohstoffknappheit während des Zweiten Weltkriegs entwickelten ForscherInnen wie die in die USA emigierte ungarische Biophysikerin Mária Telkes schon ab den 1940er Jahren die ersten Solarhäuser, die Sonnenwärme speichern und zum Heizen nutzen konnten. Die ersten Solarzellen, die Sonnenenergie in Strom umwandeln konnten, wurden in den 1950er Jahren von der Firma Bell lanciert; sie waren aber noch nicht effizient genug, um im großen Maßstab eingesetzt zu werden. Für Charles und Ray Eames war dies Anstoß, eine → Solar Do-Nothing Machine zu gestalten, die auf faszinierend spielerische Weise auf das Potenzial der Sonnenenergie aufmerksam machte.

Dass sich die Nutzung der Solarenergie damals nicht durchsetzen konnte, lag nicht nur an der niedrigen Effizienz der ersten Photovoltaikzellen. Ein wichtiger Grund war die rasche Verbreitung der Atomenergie in jenen Jahren. Gefördert durch das amerikanische „Atoms for Peace"-Programm (das auch im Ostblock seine Nachahmer fand), warben neben Filmen und Büchern von Designern gestaltete Ausstellungen, Installationen und Plakate für die Vorzüge der friedlichen Nutzung der Atomenergie.

→ ESSAY VON DONATELLA GERMANESE, S. 156–165

Zudem blieb Erdöl mit der Erschließung immer neuer Abbaugebiete weiterhin eine günstige Energiequelle und *der* Treibstoff der Moderne. Entsprechend war die Ölkrise im Jahr 1973 nicht nur eine Energiekrise, sondern wurde auch eine Designkrise. Die Entwicklung neuer Kunststoffmöbel ging rapide zurück, auch die Faszination für vorfabrizierte, modulare Kunststoffarchitektur schwand schnell. Auch dieser Krisenmoment inspirierte zahlreiche ArchitektInnen und DesignerInnen, sich erneut mit alternativen Energiequellen und alternativen Lebensweisen zu beschäftigen.[7]

→ ESSAY VON CATHARINE ROSSI, S. 118–127

Es gibt wohl kein anderes Symbol, das diese Bewegung so gut zusammenfasst wie Anne Lunds „Smiling Sun" (1975), die schnell zum Logo der internationalen Antiatomkraftbewegung wurde, indem sie auf die Sonnenenergie als Alternative verwies. In dieser Zeit, in den Protestbewegungen und alternativen Kulturen der 1970er und 1980er Jahre, hat die Vorstellung einer Energiewende, die heute endlich wieder aktuell ist, ihren Ursprung.[8]

Transformer

Wie kann Design heute dazu beitragen, eine echte Energiewende herbeizuführen? Das vorliegende Buch versammelt, alphabetisch sortiert, knapp 100 wegweisende Beispiele vom kleinen bis zum ganz großen Maßstab aus dem Produktdesign, dem Spekulativen Design, der Grafik, der Architektur und der Stadt- und Landschaftsplanung. Etwa die Hälfte der Projekte ist auch Teil der Ausstellung, die der vorliegende Katalog begleitet.

→ SOLAR SHIRT
→ SUN CATCHER
→ O-INNOVATIONS

Design kann neue Wege aufzeigen, wie und wo erneuerbare Energien genutzt und in den Alltag integriert werden können. Dazu gehört die Entwicklung neuer Produkttypologien, wie Bekleidung und Textilien mit integrierter Photovoltaik, Solarleuchten, die Sonnenlicht in Strom umwandeln und autonom Licht spenden, oder Windräder für den Hausgebrauch im urbanen Umfeld. Es sind Entwürfe, die vom Leben *off-grid* – also entkoppelt vom Stromnetz – inspiriert sind und ihrerseits dazu inspirieren wollen. In vielen Regionen der Erde ist das Leben ohne dauerhafte und stabile Energieversorgung allerdings nicht das Ergebnis einer bewussten, freien Entscheidung, sondern schlicht eine Gegebenheit. Aber auch hier bietet die Nutzung von Solarenergie neue Möglichkeiten einer dezentralen Erzeugung und einer demokratischeren Verteilung von Energie; das zeigen Initiativen wie die → Solar Mamas in Indien oder → Solar Turtle in Südafrika und Start-ups wie → LightEd.[9]

DesignerInnen können für Neuentwicklungen und Erkenntnisse aus den Naturwissenschaften neue Anwendungen finden. Marjan van Aubel begann ihre Karriere als Solar-Designerin mit der Verwendung von Farbstoffsolarzellen, die von Michael Graetzel an der École polytechnique fédérale de Lausanne (EPFL) entwickelt wurden. Stefan Troendles → Hydrogen Cooker nutzt „grünen" Wasserstoff, an dessen Herstellung durch solarbetriebene Elektrolyse die Professorin Sophia Haussener mit ihrem Team an der EPFL forscht. Die Designerin Teresa van Dongen wiederum kooperiert für ihre Leuchte → Sun Catcher mit dem Enzymologie-Professor Duncan McMillan von der TU Delft.

EINLEITUNG

- → COVESTRO SONNENWAGEN
- → APTERA
- → LIGHTYEAR
- → SION
- → ESSAY VON STEFAN RAMMLER, S. 128–133

Privathaushalte sind nur einer von vielen Bereichen, in denen Transformationen anstehen und der Energieverbrauch überdacht werden muss. Betrachtet man den weltweiten Energieverbrauch nach Sektoren, entfallen, neben der industriellen Nutzung, grob gerechnet ungefähr je ein Drittel auf den Transportsektor und auf das Bauwesen.[10] Auch im Mobilitätsbereich gibt es daher zahlreiche Bestrebungen, Solarenergie und Windkraft zu nutzen. Schon lange wird an Solarmobilen geforscht, die sich mit Photovoltaikzellen in der Karosserie selbst mit Strom versorgen und als Rennwagen sogar immer wieder neue Geschwindigkeits- und Streckenrekorde aufstellen. Mit der Umstellung vom Verbrennungsmotor auf Elektroantrieb stehen wir an der Schwelle, diese Technologien auch in Serienfahrzeuge zu überführen. Ein Auto, das sich während des Fahrens und Parkens mit so viel Solarenergie versorgt, dass es ausschließlich davon angetrieben wird und keinen externen Treibstoff mehr benötigt, ist allerdings immer noch in weiter Ferne. Umso wichtiger bleibt es, Fußgänger- und Fahrradverkehr, öffentlichen Nahverkehr und Bahn – allesamt mit einer deutlich besseren Energiebilanz als der motorisierte Individualverkehr – zu fördern. Auch das ist eine Designaufgabe. So besinnt sich im Schiffsverkehr die Industrie wieder auf die Nutzung der Windkraft, um den Treibstoffverbrauch zu reduzieren oder komplett zu eliminieren.

- → POWERHOUSE BRATTØRKAIA
- → PLUSENERGIEQUARTIER P18
- → THE DAY AFTER HOUSE

Mehr energetische Autonomie wird auch im Bauwesen angestrebt. Dazu gehört die Planung und Gestaltung neuer Bauten, die nicht nur sich selbst, sondern auch ihre Nachbarschaft mit Energie versorgen können, oder gar die Konzeption ganzer Wohnviertel, die nicht mehr auf Energiezufuhr von außen angewiesen sind. Aber auch im Bauwesen liegen die Lösungen nicht immer im Hightech und keinesfalls nur im Neu-Bauen. Aufgrund der Grauenergie, die im Bestand verbaut ist, kann eine energetische Ertüchtigung von bestehenden Gebäuden für die gesamte Energiebilanz viel sinnvoller sein als ein Neubau und sogar mit neuen Raumkonzepten verbunden werden.

- → FAZIT
- → X_LAND
- → FILTRATION SKYSCRAPER

Die Frage, wie bestehende Strukturen auf neue Weise genutzt werden können, stellt sich im Energiesektor schließlich auch im ganz großen Maßstab. Was etwa passiert mit den Kraftwerken und Infrastrukturen der fossilen und der nuklearen Energieindustrie, nachdem diese ausgedient haben? Mit einer poetischen Geste rückt das Studio realities:united die massiven Kühltürme von Kraftwerken ins Bewusstsein, die mit ihrer Größe die Landschaft bestimmen und doch oft kaum mehr bewusst wahrgenommen werden. Andere ArchitektInnen machen sich über die postfossile Zukunft von Bohrinseln Gedanken.

- → ROADMAP 2050
- → U.F.O.G.O.
- → SOLARVILLE
- → HOT HEART
- → ENERGIEBUNKER
- → ENERGY VAULT

Design kann neue Narrative entwickeln, alternative Energiezukünfte visualisieren, über einen anderen Umgang mit Energie spekulieren und damit Einfluss auf Politik und Gesetzgebung nehmen. Es geht um die Schaffung neuer Netzwerke für CO_2-freie Energien auf internationaler Ebene, aber auch um neue regionale und lokale Netzwerke. Design kann dazu beitragen, die Identifikation mit regionalen Energienetzwerken zu erhöhen, aufzeigen, wie digitale Technologien für eine intelligente Steuerung und Verteilung genutzt werden können, und Lösungen dafür finden, wie die nicht rund ums Jahr und rund um die Uhr in gleicher Menge zur Verfügung stehenden erneuerbaren Energien zwischengespeichert werden können. Die Dezentralisierung und Regionalisierung von Energiegewinnung ist überhaupt eine der großen Chancen der Energiewende, denn sie reduziert die Externalisierung von Problemen und stärkt das Bewusstsein dafür, dass Energieversorgung nicht aus dem „Nichts" kommt.

Ein neues Solarzeitalter?

- → SOLARPUNK

Die Sonne ist die Quelle jeglicher Energie. Die Sonne lässt Pflanzen wachsen, die Mensch und Tier mit Energie in Form von Nahrung versorgen. Die fossilen Energieträger Erdöl und Kohle sind letzten Endes nichts anderes als über Millionen von Jahren gespeicherte Sonnenenergie. Die Sonne treibt den Wasserkreislauf an und ohne Sonne gäbe es keinen Wind. Selbst die Kernfusion ahmt Prozesse nach, die sich auf der Sonne vollziehen. Die Vorstellung eines neuen Solarzeitalters, das die Petromoderne und das Nuklearzeitalter ablöst und in dem die Menscheit im Einklang mit der Natur und nur von erneuerbaren Energien lebt, hat daher besonders große Strahlkraft. Zum Gelingen der Energiewende gehört jedoch auch, dass sich die ökologischen und sozialen Fehler der Petromoderne nicht wiederholen dürfen. Denn auch mit der CO_2-freien Solarenergie ist der Abbau von Rohstoffen verbunden, sei es der Abbau von Lithium in Südamerika,[11] sei es der geplante und hoffentlich noch zu verhindernde Abbau von Manganknollen in der Tiefsee.[12] Am Ende des Lebenszyklus von Solarpaneelen, Akkus und Windradrotoren stellt sich die Frage, wie sie recycelt werden können und wie hier Materialkreisläufe zu schließen wären.

EINLEITUNG

→ CORPOWER, MEYGEN, ORBITAL O2 2MW

Eine weitere Herausforderung ist der räumliche Fußabdruck, den jede Form von Energiegewinnung hinterlässt. Der Flächenbedarf von Solar- und Windenergie ist bei gleichbleibendem oder gar wachsendem globalem Energiehunger enorm.[13] Windkraftwerke und Solarkraftwerke werden bevorzugt an Orten installiert, die keine Lobby haben, die aber dennoch Lebensräume sind. Dank der Energiewende werden zwar Ölbohrinseln abgebaut, aber die Industrialisierung der Meere schreitet auch bei der Errichtung von Off-Shore-Windfarmen und dem Bau von Wellenkraftwerken voran.

Aus all diesen Gründen ist Design nicht zuletzt auch als kritischer Begleiter der Energiewende gefragt. Der Visionär R. Buckminster Fuller war 1940 einer der Ersten, der die ungleiche Verteilung von Energieressourcen auf dem Planeten sichtbar machte und zugleich die Diskrepanz zwischen menschlichem Leistungsvermögen und menschlichem Energiekonsum aufzeigte. Eine Diskrepanz, die sich seitdem exponentiell vervielfacht hat. Eine junge Generation von DesignerInnen, die sich heute mit Energiefragen beschäftigt, übt sich daher in Selbstbeschränkung. Die Gruppe Reconstrained Design, die diese Selbstbeschränkung schon im Namen trägt, baut Energiespeicher aus vorgefundenen, lokalen Materialien. Pablo Bras untersucht die Energieströme in seinem unmittelbaren Umfeld und fragt sich, wie es wäre, wenn wir mit diesen auskommen müssten. Das Projekt → Solar Protocol widmet sich der Frage, was es bedeuten würde, wenn das Internet nur durch Solarenergie gespeist würde. Der Künstler Melle Smets und der Journalist Kris de Decker schließlich entwerfen eine Energiezukunft, in der der menschlichen Energieleistung wieder eine zentrale Rolle zukommt.

→ WORLD GAME
→ NEWTON MACHINES
→ AVAILABLE NETWORKS
→ COMIC VON GUILLAUME LION, S. 106–117
→ HUMAN POWER PLANT

Vielleicht sind es am Ende gerade solche Projekte, die zeigen, welch tiefgreifende Transformation, welch Paradigmenwechsel für ein wahrhaft neues Energiezeitalter notwendig sein werden: weniger Konzentration auf Effizienz und die Entwicklung immer neuer Hochtechnologien, dafür mehr Fokus auf Suffizienz, auf das, was wir wirklich brauchen. Und darauf, wie wir das, was wir haben, besser nutzen und pflegen.

Jochen Eisenbrand
Chefkurator
Vitra Design Museum

---

1 Brad Plumer und Max Bearak: „In a First, Nations at Climate Summit Agree to Move Away From Fossil Fuels", in: *The New York Times*, 13. Dezember 2023, https://www.nytimes.com/2023/12/13/climate/cop28-climate-agreement.html
2 Ebd.
3 Europäische Kommission: „You are EU", https://you-are-eu.europa.eu
4 Europäische Kommission: „Energie und Grüner Deal", https://commission.europa.eu/strategy-and-policy/priorities-2019-2024/european-green-deal/energy-and-green-deal_de
5 Rebecca Wright, Hiroki Shin und Frank Trentmann: *From World Power Conference to World Energy Council, 90 Years of Energy Cooperation, 1923–2013*, World Energy Council: London 2013, S.7; Bruce Sinclair: „Regenerating the Future: The First World Power Conference, London, 1924", in: *Scientia Canadensis: Canadian Journal of the History of Science, Technology and Medicine*, Jg. 9, Nr. 2, 1985, S. 165–172.
6 Mateo Kries, Jochen Eisenbrand und Mea Hoffmann (Hg.): *Plastik. Die Welt neu denken*, Ausst.-Kat. Vitra Design Museum, Weil am Rhein 2022.
7 Giovanna Borasi und Mirko Zardini (Hg.): *Sorry, Out of Gas: Architecture's Response to the 1973 Oil Crisis*, Ausst.-Kat. Canadian Centre for Architecture, Montreal 2007; vgl. dazu auch Ingo Uhlig: *Energiewende erzählen. Literatur, Kunst, Ressourcen*, Spector Books, Leipzig 2023, S. 127.
8 Der Begriff Energiewende wurde im deutschen Sprachgebrauch durch ein 1980 vom Öko-institut Freiburg veröffentlichtes Buch geprägt: Florentin Krause u.a.: *Energiewende. Wachstum und Wohlstand ohne Erdöl und Uran*, hg. v. Institut für Angewandte Ökologie, Freiburg i. Br., S. Fischer, Frankfurt a. Main 1980.
9 Siehe dazu auch die Fotoserie *Solar Portraits* von Ruben Salgado Escudero (https://www.rubensalgado.com/solar_portraits_worldwide) und die Fotoserie *Energy Portraits* von Marco Garofalo (https://www.energyportraits.org).
10 Energy Consumption by Sector, Figure 1, uploaded by Gianmarco Fajilla, https://www.researchgate.net/figure/Energy-consumption-by-sector-3_fig1_331698084
11 Thea Riofrancos: „The rush to ‚go electric' comes with a hidden cost: destructive lithium mining", in: *The Guardian*, 14. Juni 2021, https://www.theguardian.com/commentisfree/2021/jun/14/electric-cost-lithium-mining-decarbonasation-salt-flats-chile
12 Anja Jardine: „Die zweite Hälfte der Erde wird verteilt, in: *Neue Zürcher Zeitung*, 11. Oktober 2019, https://www.nzz.ch/gesellschaft/anthropozaen/tiefseebergbau-die-letzte-landnahme-ld.1512041
13 Siehe dazu: Dirk Sijmons u.a. (Hg.): *Landscape and Energy: Designing Transition*, nai010 publishers, Rotterdam 2014.

INHALT

11 PROJEKTE
105 READER
180 ANHANG

VERZEICHNIS	11	PROJEKTE A-M
	49	PROJEKTE M-X

ADAPTIVE SOLAR FAÇADE

Damit das europäische Ziel der Klimaneutralität bis 2050 eingehalten werden kann, muss sich auch das Baugewerbe neu erfinden, denn der Bausektor ist für mehr als ein Drittel der globalen CO_2-Emissionen verantwortlich. Ein Lösungsansatz besteht darin, Gebäudefassaden für die Gewinnung von Sonnenenergie zu nutzen und diese Nutzung zu optimieren. Die Adaptive Solar Façade der A/S Research Group der ETH Zürich besteht aus einer leichten Gitterstruktur aus Metallrohren, an deren Knotenpunkten bewegliche Solarmodule montiert sind. Die Solarmodule bestehen aus 42 × 42 Zentimeter großen Aluminiumplatten, die mit Photovoltaikzellen laminiert wurden. Die vertikale

1   Die Adaptive Solar Façade, installiert am modularen Forschungs- und Innovationsgebäude NEST, Dübendorf, Schweiz, 2022

und horizontale Ausrichtung dieser Solarmodule kann pneumatisch mittels soft-robotischer Antriebe gesteuert werden. Damit lassen sich der Lichteinfall und der durch die Module gebildete Schatten ebenso regulieren wie die Menge an Solarenergie, die sie nutzen können. Jedes Modul ist mit einem Lagesensor ausgestattet, damit seine Position im Raum genau bestimmt werden kann. Die Struktur kann außen an Fenstern und an Glasfassaden von Neubauten wie von Bestandsbauten angebracht werden. Laut den EntwicklerInnen soll ASF nicht als isoliertes Element, sondern vielmehr als integraler Bestandteil eines Gebäudesystems gedacht werden: Es ergänzt die anderen technischen Komponenten wie Beleuchtung, Heizung und Lüftung. Ein erster Prototyp von ASF wurde am House of Natural Resources der ETH in Zürich installiert, während ein zweites Modul als Teil der Hilo Unit bei NEST verbaut wurde, einem modular konstruierten Gebäude im schweizerischen Dübendorf, wo Innovationen im Bausektor erforscht und getestet werden. Seit 2022 wird die Adaptive Solarfassade unter dem Namen „Solskin" als Produkt für den internationalen Markt entwickelt.

→ COPENHAGEN INTERNATIONAL SCHOOL

APTERA

Die Karosserie des Solarmobils Aptera ist mit bis zu 189 dünnen und flexiblen Solarzellen bestückt, in der Standardversion auf Dach und Armaturenbrett, in einer Sonderversion zusätzlich auf Heckklappe und Motorhaube. Die Solarzellen liefern bis zu 4 Kilowattstunden Strom, womit das Fahrzeug laut Hersteller täglich bis zu 40 Kilometer zurücklegen kann. Dabei kommen dem Aptera sein geringes Gewicht, der reduzierte Rollwiderstand und der dank aerodynamischer Formgebung geringe Luftwiderstand zugute. Das dreirädrige Fahrzeug wird nicht als Auto, sondern als Motorrad zugelassen. Die Karosserieform wurde von den Forschungen des italienischen Aerodynamikexperten Alberto Morelli inspiriert, der in Turin Anfang der 1970er Jahre für Pininfarina einen Windtunnel bauen ließ. Aptera hat für die Serienproduktion seines Solarmobils bis zum Sommer 2023 durch Crowd-funding 80 Millionen US-Dollar gesammelt und zudem einen staatlichen Zuschuss der California Energy Commission in Höhe von 21 Millionen US-Dollar erhalten. Für den Produktionsstart, der für Ende 2024 geplant ist, fehlen zu diesem Zeitpunkt jedoch noch 50 Millionen. Als Kundschaft erhofft sich Aptera unter anderem Unternehmen, die mit dem Solarmobil ihre Firmenflotten bestücken.

→ ABB. 59
→ LIGHTYEAR
→ SION

ATLANTROPA

In den 1920er und 1930er Jahren ging in Europa die Sorge um, dass angesichts des weltweit wachsenden Energiebedarfs die globalen Kohlevorräte irgendwann erschöpft sein könnten. Schon damals wurde, noch bevor die Kohle vom Erdöl als wichtigstem Energieträger abgelöst wurde, in Politik und Wirtschaft über erneuerbare Energien nachgedacht. Besondere Hoffnungen lagen auf der

3   Hermann Sörgel, umgeben von Atlantropa-Karten im Büro der *New York Times*, 1930er Jahre

2   Das Aptera Solarmobil (2023) produziert bis zu 4 Kilowattstunden Solarstrom.

Nutzung der Wasserkraft, man nannte sie „weiße Kohle". Eines der größten, wenngleich nie realisierten Projekte zur Energiegewinnung durch Wasserkraft entwickelte ab 1927 der deutsche Architekt Herman Sörgel. Sörgels Vision war der Zusammenschluss von Europa und Afrika als Wirtschaftseinheit und Energieverbund. Das Projekt trug den Namen Atlantropa. Sörgel plante die Errichtung eines gigantischen Staudamms und Wasserkraftwerks an der Meerenge von Gibraltar, um mit der dadurch gewonnenen Energie ganz Europa und Nordafrika mit Strom zu versorgen. Weitere Wasserkraftwerke sollten an den großen Flussmündungen ins Mittelmeer, etwa an Nil, Rhone und Ebro, entstehen. Die auf diese Weise bewirkte Drosselung der Zuflüsse sollte den Wasserspiegel des Mittelmeers um 100 bis 200 Meter absenken. Dadurch wiederum wollte Sörgel rund 3,5 Millionen Quadratmeter Land zur Neubesiedlung gewinnen. Den Hafenstädten am Mittelmeer, die durch diese Maßnahmen verlandet wären, stellte Sörgel neue Möglichkeiten der Ausdehnung entsprechend dem neuen Küstenverlauf am verkleinerten Mittelmeer in Aussicht. Für seine Pläne konnte Sörgel namhafte Architekten wie Peter Behrens und Fritz Höger als Mitstreiter gewinnen. Sein Projekt und die damit verbundenen architektonischen und städteplanerischen Visionen bewarb er mit Ausstellungen, Zeitungsartikeln, eigenen Publikationen, aber auch in zahlreichen Briefen an Politiker und Fachleute. Für den afrikanischen Kontinent stellte sich Sörgel, der sein Atlantropa-Projekt bis zu seinem Unfalltod 1952 verfolgte, einen Staudamm am Austritt des Kongo aus dem Kongobecken vor, um dort einen riesigen Binnensee (das „Kongomeer") zu schaffen. Nördlich davon wollte er ein „Tschadmeer" aufstauen. Auf diesem Weg sollten nach Sörgels Überlegungen zwischen Atlantischem Ozean und Ägypten 2 Millionen Quadratkilometer Fläche, darunter auch die Sahara, bewässert und fruchtbar gemacht werden. Sörgels Denken war noch ohne Zweifel vom imperialistischen Geist des Kolonialismus geprägt. Den afrikanischen Kontinent sah er in erster Linie als einen Rohstoff- und Energielieferanten an. Zugleich war Sörgel jedoch auch Pazifist: Ein vereintes und verbindendes europäisches „Großkraftnetz" über nationale Grenzen hinweg betrachtete er als ein den Frieden garantierendes Großprojekt. Obgleich Sörgel auch Überlegungen zu den klimatischen Folgen von Atlantropa oder den Veränderungen im Salzgehalt der Meere anstellte, wären die tatsächlichen Folgen der von ihm geplanten gigantischen Eingriffe in die Natur in ihrer Größenordnung nicht abzusehen gewesen.

→ ENEROPA
→ HONNEF WINDKRAFTWERKE
→ WORLD GAME

ATOMKRAFT? NEJ TACK

Die lachende Sonne, gerahmt von den Worten „Atomkraft? Nein Danke" ist heute wohl eines der weltweit bekanntesten aktivistischen Logos. Die Dänin und Aktivistin Anne Lund skizzierte die Sonne erstmals im April 1975 in einem Brief an ihren Freund Siegfried Christiansen. Christiansen hatte ein Jahr zuvor die dänische Organisation zur Information über Atomkraft (Organisationen til Plysyning om Atomkraft, kurz OOA) gegründet, der auch Lund angehörte. Zum Tag der Arbeit, dem 1. Mai, wurden in Aarhus 1975 die ersten Aufkleber und Ansteckbuttons mit dem Sonnensignet hergestellt. Mit Hilfe der Werbegrafikerin Lene Hvidtfeldt Larsen überarbeitete Lund die Sonne 1976 nochmals leicht, so entstand die finale

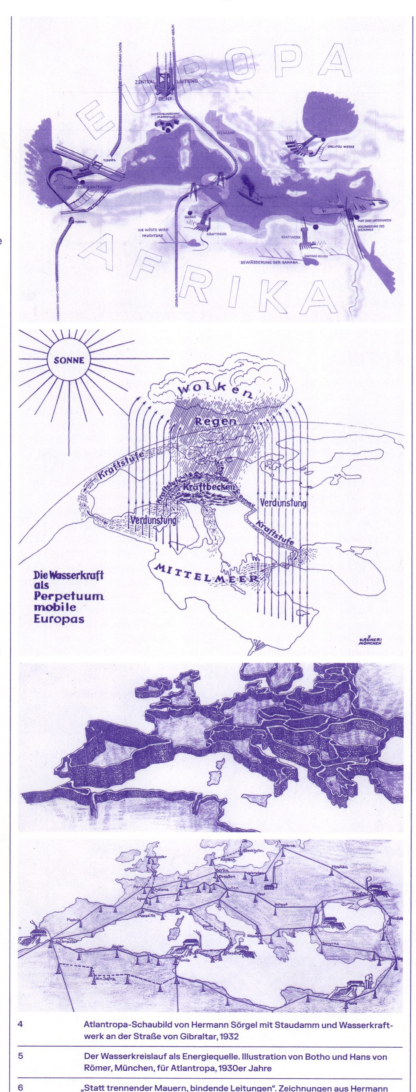

4   Atlantropa-Schaubild von Hermann Sörgel mit Staudamm und Wasserkraftwerk an der Straße von Gibraltar, 1932

5   Der Wasserkreislauf als Energiequelle. Illustration von Botho und Hans von Römer, München, für Atlantropa, 1930er Jahre

6   „Statt trennender Mauern, bindende Leitungen". Zeichnungen aus Hermann Sörgel, *Die drei großen ‚A': Amerika Atlantropa Asien*, 1938

7 Logo der Anti-Atomkraft-Bewegung. Entwurf von Anne Lund, 1975

Version mit dem etwas verlängerten Strahl nach links unten, mit der die Sonne auch als Sprechblase gedeutet werden kann. Noch im gleichen Jahr folgten deutsche, schwedische, französische, niederländische und amerikanische Versionen. Heute gibt es mehr als vierzig verschiedene Sprachvarianten. Auch wenn die Sonne schon 1977 als Trademark registriert wurde, wurden Kopien nicht verfolgt. In Dänemark hatte der Kampf gegen Atomkraft Erfolg. Gemäß einer Resolution, die das dänische Parlament 1985 verabschiedete, sind in Dänemark bis heute keine Atomkraftwerke gebaut worden. Aktuell basiert die Hälfte der dänischen Stromproduktion auf Windenergie, allerdings wird aus anderen Ländern ein geringer Anteil an Atomstrom importiert. Der Brief von Anne Lund mit der ersten Skizze der Sonne ist seit zwanzig Jahren Teil der Sammlung des Dänischen Nationalmuseums in Kopenhagen.

→ ABB. 67

ATOMTELLER

Sammelteller aus Porzellan mit Dekoren in Delfter Blau sind weithin bekannt. Ein beliebtes Motiv sind Windmühlen, technische Bauwerke, die in vergangenen Zeiten der Erzeugung von mechanischer Energie dienten. Die Autorin und Regisseurin Mia Grau und der Architekt und Gestalter Andree Weißert thematisieren mit ihrer 2015 entworfenen und von KPM produzierten Serie von Porzellantellern eine andere Art der Energiegewinnung, die in Deutschland seit kurzem ebenfalls der Vergangenheit angehört: die Atomkraft. Die in Zusammenarbeit mit der Porzellanmalerin Heike Tropisch realisierte Serie zeigt alle 19 seit 2023 abgeschalteten deutschen Atommeiler, eingebettet in malerisch wirkende Kulturlandschaften. Auf der Rückseite der Teller findet man Fakten zum jeweiligen Kraftwerk, etwa zur elektrischen Leistung und zum Datum der Abschaltung, aber auch zur Anzahl der Zwischenfälle – ein Hinweis darauf, dass die Idylle trügt. Anders als die Windmühle werden künftige Generationen die Atomkraftwerke auf den Tellern vermutlich nicht mit ungetrübter Nostalgie anschauen. Denn selbst nach Rückbau oder Umnutzung der abgeschalteten Meiler bleiben der radioaktive Abfall und die von diesem ausgehende Gefahr.

→ ABB. 134
→ FAZIT

AVAILABLE NETWORKS

Ausgangspunkt des spekulativen Designprojekts des französischen Designers Pablo Bras war ein Youtube-Tutorial für den Bau eines einfachen Generators – aus einem Zahnstocher, Magneten und Kupferdraht. Ausgehend von diesem einfachen Gerät, das einen schwachen elektrischen Strom erzeugt, begann Bras seine praktische Forschung auf dem Gebiet der Energie. Seine Prämisse dabei war, nicht von unserem gegenwärtigen tatsächlichen Energiebedarf auszugehen und dann zu versuchen, diese Energie zu produzieren, sondern zu untersuchen, wie viel Energie uns eigentlich zur Verfügung stünde, wenn wir nur Materialien und Phänomene in unserer unmittelbaren Umgebung nutzen würden. Für dieses Szenario entwickelte Bras im nächsten Schritt ein Repertoire an technischen Hilfsmitteln, um die natürlichen Kräfte von Wasser, Wind und Sonne zu kanalisieren, auf den Stromgenerator auszurichten und somit die Mikroenergien, die uns tagtäglich umgeben, zu nutzen. So entstanden verschiedene Typologien: Aquädukte, Windmühlen, Solarkonzentratoren, Strommasten. Diese variieren hinsichtlich ihres technischen Entwicklungsgrads – von primitiven Vorrichtungen bis hin zu High-Tech – und hinsichtlich ihrer Effizienz. Anschließend entwickelte Bras einige dieser Elemente als

8 Atomkraftwerke zum Sammeln: Kraftwerk Gundremmingen aus der Serie Atomteller, 2015

9 Regenwasserfallrohr mit eingebauter Turbine. Pablo Bras, Available Networks, 2019

10 Windturbine für den Schornstein. Pablo Bras, Available Networks, 2019

Produkte weiter. Ein von ihm produzierter Film dokumentiert begleitend die Anwendung seiner Entwürfe in einem vorstädtischen Kontext.

→ GRAVITY BATTERY
→ IS THIS YOUR FUTURE?

(B)PACK

Der (B)pack ist ein Rucksack der Firma (B)energy, in dem Biogas gespeichert und gelagert werden kann. Besonders auf dem afrikanischen Kontinent, wo noch über 600 Millionen Menschen auf Holz und Holzkohle kochen, ermöglicht er den Zugang zu sauberem, rauchfreiem Kochgas. Der kissenförmige (B)pack wiegt prall gefüllt nur 4 Kilogramm, hat eine Speicherkapazität von 1000 Litern Rohbiogas, reicht für zwei bis vier Stunden Kochen und kann dank zweier Gurte als Rucksack getragen

11 (B)Pack, Rucksack zum Transport von Biogas für zwei bis vier Stunden Kochen

werden. So wird Biogas verkäuflich und jede kleine Haushaltsbiogasanlage zur potenziellen Einkommensquelle für Biogasproduzenten. Biogas wird aus organischen Abfällen und Wasser hergestellt. Für diesen Prozess bietet das Unternehmen (B)energy Komplettlösungen für Haushalte an. Die kleinen Biogasanlagen werden von Vertriebspartnern weltweit angeboten, die so zu UnternehmerInnen werden und in ihren Ländern den Biogas-Privatsektor stärken. Das „gas to go" wird dezentral aus Reststoffen produziert und bietet so die Möglichkeit, das Prinzip „waste to energy" ganz einfach profitabel zu machen. Ein nachhaltiges Geschäftsmodell, das die Umwelt und die Gesundheit der Nutzer schont. (B)energy engagiert sich für faire Bedingungen im Biogassektor in Afrika und hat dazu die Initiative BiogasUnite ins Leben gerufen. Dabei geht es um die Stärkung von Biogasunternehmern in Afrika und den Aufbau eines pan-afrikanischen Kundenservices für Biogasanlagen und deren Instandhaltung.

→ HYDROGEN COOKER

BLUE ALCHEMIST

Blue Origin, das im Jahr 2000 gegründete private US-Raumfahrtunternehmen von Jeff Bezos, hat sich die Besiedlung des Mondes zum Ziel gesetzt. Um dies zu erreichen, wäre die Produktion von Elektrizität im All unabdingbar. Daher forscht Blue Origin an der Herstellung von Solarzellen aus Materialien, die auf der Mondoberfläche vorhanden sind, um im Weltraum Solarenergie zu nutzen. Sollte dies gelingen, müssten Solarpaneele nicht unter erheblichem Energieaufwand von der Erde ins All geschickt werden. Unter dem Projektnamen Blue Alchemist stellt Blue Origin in Labortests Simulationen her, die chemisch und mineralogisch der Zusammensetzung des losen Gesteins entsprechen, das sich auf der Mondoberfläche befindet, das sogenannte Mondregolith. Das Regolith wird dann in einem Reaktor zum Schmelzen gebracht, um daraus durch Elektrolyse Eisen, Silizium und Aluminium zu extrahieren. Silizium und Aluminium sind zwei der Grundstoffe, die für die Herstellung von Solarzellen benötigt werden. Auch Glasabdeckungen für die Solarzellen lassen sich laut Blue Origin in diesem Prozess herstellen. Diese wären nötig, da die Sonnenstrahlung im All sehr intensiv ist. So könnten die Solarzellen nach Schätzung von Blue Origin etwa ein Jahrzehnt funktionieren. Nach Angaben von Blue Origin werden bei diesem Prozess keine gefährlichen Substanzen verwendet. Auch sei die Produktionstechnik CO_2-frei und benötige kein Wasser. Die NASA för-dert die Forschungen von Blue Origin mit 35 Millionen US-Dollar. Nächstes Ziel ist die Entwicklung eines autonomen Testbetriebs in einer simulierten Weltraumumgebung bis 2026.

→ SOLARIS
→ SPACE-BASED SOLAR POWER PROJECT

BROOKLYN MICROGRID

Selbst Strom für den eigenen Haushalt und für NachbarInnen zu erzeugen, ohne dass ein Energieversorger eingeschaltet wird, das ist die Kernidee des Brooklyn Microgrid, das seit 2016 besteht. Die Energieinitiative sorgt dafür, dass

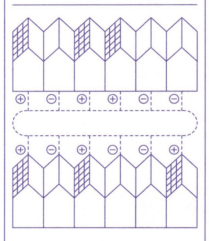

12 Lokales Energienetzwerk mit Solarstrom: Brooklyn Microgrid, seit 2016

BewohnerInnen im besagten New Yorker Stadtteil untereinander Stromgeschäfte abschließen können, ohne dabei von großen Konzernen abhängig zu sein. Privat erworbene und auf den eigenen Dächern installierte Solarpaneele liefern bei sonnigem Wetter zunächst Strom für den eigenen Haushalt. Überschüssige Solarenergie kann dann in das Brooklyner Kleinststromnetz eingespeist und an NachbarInnen verkauft werden, die keine eigene Photovoltaikanlage besitzen. Das Startup LO3 Energy hat für das Brooklyn Microgrid ein System entwickelt, das transparent jedes Elektron erfasst, das von ProduzentIn zu VerbraucherIn fließt. Dabei wird jede Lieferung und Transaktion dank Blockchain-Technologie genau nachverfolgt. Als dezentrales, webbasiertes Buchhaltungssystem kann die Blockchain über eine Mobile App alle Stromkäufe und -verkäufe der KundInnen des Microgrid schnell und effizient abwickeln. Damit ist das Brooklyn Microgrid ein Beispiel dafür, wie die Nutzung erneuerbarer Energien im Verbund mit digitaler Technik eine Dezentra-

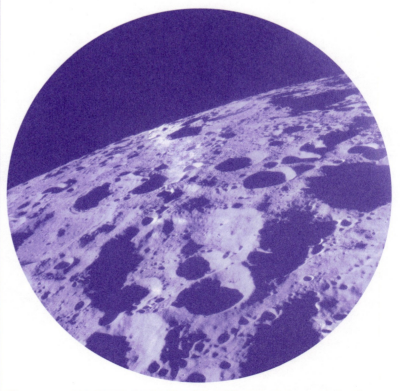

13 Mondgestein als zukünftiger Rohstoff für die Herstellung von Solarzellen im All: Blue Alchemist

14 Die Fassade der Copenhagen International School von C. F. Møller Architects mit integrierter Photovoltaik

gie erwärmt, wodurch es den gebundenen Wasserdampf wieder abgibt, welcher in einen weiteren Behälter strömt und dort kondensiert. Das nun wieder flüssige Wasser wird über Schwerkraft in die Verdunstungskammer zurückgeführt. Der Kühlprozess kann nun von Neuem beginnen. Der Kühlschrank hält im Innern auch bei sehr hohen Außentemperaturen von über 40 Grad Celsius eine konstante Temperatur von 2 bis 8 Grad Celsius. Ein Haupteinsatzbereich von Coolar wird zunächst die zuverlässige Kühlung von Impfstoffen und Medikamenten sein, insbesondere in Regionen, in denen Strom teuer oder die Netzabdeckung instabil ist. Der Beginn der Serienproduktion ist für 2024 geplant. Eine Kühlbox, die nach dem gleichen Prinzip funktioniert, ist ebenfalls in Entwicklung.

→ GROUNDFRIDGE

COPENHAGEN INTERNATIONAL SCHOOL

Der Neubau der Copenhagen International School befindet sich im Kopenhagener Nordhaven, einem Hafengebiet, in dem ein neues Stadtquartier entsteht. Der vom dänischen Architekturbüro C.F. Møller Architects geplante und 2020 fertiggestellte Bau ist mit 25.000 Quadratmetern Geschossfläche das größte Schulgebäude Kopenhagens und bietet rund 1200 SchülerInnen aus achtzig Nationen Platz. Mit seiner kubischen Architektur weckt das Gebäude Assoziationen an die Frachtschiffe im ehemaligen Containerhafen. Daneben ist es jedoch vor allem das Energiekonzept, dass die äußere Erscheinung des Gebäudes prägt: Die Fassade ist mit 12.000 Solarmodulen ausgestattet, die in unterschiedliche Richtungen geneigt sind. Diese Module nehmen eine Gesamtfläche von rund 6000 Quadratmetern ein und decken mit ihrem

lisierung und Regionalisierung der Energieproduktion ermöglicht.

→ SOLARVILLE

COOLAR

Der von Coolar, einem Berliner Start-up, entwickelte Kühlschrank funktioniert ohne Strom und kann daher auch in Gegenden ohne Netz eingesetzt werden. Der Coolar ist ein sogenannter Adsorptionskühlschrank und wird mit Wärme angetrieben. Zur Kühlung wird destilliertes Wasser und dessen Verdunstungskälte genutzt. Schon Ende der 1920er Jahre wurden Adsorptionskühlschränke mit Ammoniak als Kältemittel entworfen. Da die elektrischen Kühlschränke immer leiser und günstiger wurden, verdrängten diese die thermisch angetriebenen Kühlschränke. Coolar nutzt ein ähnliches Prinzip, allerdings mit Wasser als Kältemittel und einem Feststoff als Adsorptionsmedium, und hat diesen Prozess in den letzten Jahren optimiert. Das Kältemittel befindet sich in einer Verdunstungskammer, in der Unterdruck herrscht und die direkt an das zu kühlende Volumen angrenzt. Wird die Verdunstungskammer mit einer anderen Kammer verbunden, in welcher sich das Adsorptionsmedium Silikagel befindet, verdampft das Wasser und entzieht der Umgebung dabei Wärme: Es entsteht also Verdunstungskälte. Der Wasserdampf wird vom porösen Silikagel adsorbiert und dort festgehalten, so dass mehr Wasserdampf in der Verdunstungskammer entstehen kann und weiter gekühlt wird. Das Silikagel kann nur eine bestimmte Menge Wasser aufnehmen und muss dann regeneriert werden. Hierzu wird das Silikagel in der Adsorberkammer mittels Sonnenener-

15 Müllverbrennungsanlage und Freizeitpark: CopenHill von BIG, 2019

Solarstrom mehr als die Hälfte des jährlichen Stromverbrauchs der Schule ab. Um den parzellierten, paillettenartigen Effekt zu erreichen, arbeiteten C.F. Møller Architects mit dem dänischen Unternehmen SolarLab zusammen, das Fassadenelemente entwickelt hat, bei denen Photovoltaiktechnik hinter farbigem Glas verschwindet, ohne dass deren Effizienz beeinträchtigt wird. Je nach Ausrichtung und Lichteinfall leuchten die Paneele meergrün bis dunkelblau. Die Nutzung der Sonnenenergie des Gebäudes ist fester Bestandteil des Lehrplans der Schule, da die SchülerInnen die Energiegewinnung überwachen und die gewonnenen Daten im Physik- und Mathematikunterricht untersuchen können.

→ ADAPTIVE SOLAR FAÇADE
→ POWERHOUSE BRATTØRKAIA

COPENHILL

Mit dem Amager Resource Center, auch CopenHill genannt, haben die Architekten der Bjarke Ingels Group (BIG) zwei an sich unvereinbare Aktivitäten miteinander verbunden: Müllverbrennung und Freizeitvergnügen. Die von BIG entworfene und 2019 fertig gestellte Müllverbrennungsanlage in einem Industriegebiet nahe der Innenstadt von Kopenhagen ist als künstlicher Berg angelegt und verschwindet gleichsam darunter. Auf dem „Berg", dem an vielen Stellen bepflanzten Dach der Anlage, befinden sich ein Wanderweg und eine 500 Meter lange Skipiste mit verschiedenen Schwierigkeitsgraden. In die höchste Steilwand des Komplexes wurde eine 85 Meter hohe Kletterwand integriert. Besucher werden nicht nur mit einem Ausblick über Kopenhagen belohnt, sondern erhalten auch Einblicke in die technischen Anlagen. Einerseits ist es BIG damit gelungen, einen eigentlich negativ besetzten Ort in ein positives Erlebnis zu verwandeln. CopenHill ist längst zum Naherholungsort oder touristischen Destination geworden. Auf dem grünen Dach gedeiht die Biodiversität. Andererseits ist Müllverbrennung per se nicht nachhaltig, auch wenn die 440.000 Tonnen Müll, die pro Jahr in der Anlage verbrannt werden, in Energie umgewandelt werden und Strom und Wärme für 150.000 Haushalte liefern. Um die Anlage auszulasten, muss der Müll teilweise aus Deutschland, Italien, Großbritannien, Irland und den Niederlanden importiert werden. Der Bau wurde mit zahlreichen Preisen ausgezeichnet, unter anderem auch dem Energy Globe National Award 2022.

→ ABB. 62
→ FAZIT

CORPOWER OCEAN

Das schwedische Unternehmen CorPower Ocean hat eine Glasfaserboje entwickelt, die Wellenenergie aufnimmt und in Elektrizität umwandelt. Die Boje ist rund 19 Meter hoch und hat einen Durchmesser von 9 Metern. Sie wiegt 17 Tonnen und wird über eine Stange mit einer Platte am Meeresboden verankert. Bei Wellengang bewegt sich die Boje auf und ab. Dadurch werden in ihrem Innern zwei ineinandergreifende Kolben in Bewegung gesetzt. Deren Bewegung wird auf Zahnräder übertragen, wodurch wiederum zwei Generatoren angetrieben werden. Auf diese Weise kann jede Boje bis zu 300 Kilowattstunden elektrische Leistung erzeugen. Die Boje verfügt über zwei Modi, die eine optimale Anpassung an die Wetterbedingungen ermöglichen: einen Tuned-Modus, bei dem sich die Boje komplett an die Wellenbewegungen anpasst, und einen Detuned-Modus, der bei sehr starkem Wellengang aktiviert wird, um die Boje zu schützen. Ähnlich wie bei Offshore-

16 Die CorPack-Boje von CorPower Ocean ist 18 Meter hoch.

Windkraftwerken ist vorgesehen, die Bojen im Verbund einzusetzen.

→ MEYGEN TIDAL POWER
→ ORBITAL O2 2MW

COVESTRO SONNENWAGEN

Seit 1987 findet in Australien alle zwei Jahre eine World Solar Challenge statt, bei der Teams von Hochschulen und Unternehmen mit ihren Solarautos gegeneinander Rennen fahren. Seit 2010 gibt es in Belgien eine European Solar Challenge. StudentInnen der RWTH und FH Aachen haben 2015 das Team Sonnenwagen Aachen gegründet, das seitdem vier Solarautos gebaut und erfolgreich an den Rennen in Australien und in Belgien teilgenommen hat. Bei der Entwicklung der Solarautos sind Aerodynamik, Fahrzeuggewicht und die Effizienz der verbauten Solarzellen die wesentlichen Parameter. Der Covestro Sonnenwagen, der 2019 konstruiert wurde, wiegt nur 164 Kilogramm. Seine vier Räder lassen sich einzeln steuern, damit er je nach Windrichtung optimal ausgerichtet werden kann. Rund um die Fahrgastzelle sind Photovoltaikzellen auf einer Fläche von 2,64 Quadratmetern angeordnet. Sie bestehen aus Galliumarsenid und sind besonders effizient, allerdings auch teuer und durch das flüchtige Arsen nicht ganz unproblematisch in der Herstellung, weswegen sie bislang in erster Linie in der Weltraumtechnik, etwa bei Satelliten, zum Einsatz gekommen sind. Der Sonnenwagen Covestro, der zudem mit einer Lithium-Ionen-Batterie als Energiespeicher ausgestattet ist, erreicht eine gemessene Höchstgeschwindigkeit von 144 Stundenkilometer und hat bei einer Durchschnittsgeschwindigkeit von 90 Stundenkilometer eine Reichweite von circa 500 Kilometern. Bei der European Solar Challenge erreichte der Covestro-Sonnenwagen 2021 und 2022 jeweils den zweiten Platz. Erkenntnisse aus der Forschung an den experimentellen Solarmobilen fließen später mitunter auch in die Automobilindustrie ein.

→ ABB. 66
→ APTERA
→ LIGHTYEAR

EAZ WIND

Im 19. Jahrhundert gehörten Windräder in Ländern wie den USA, Griechenland oder Spanien oft zur Ausstattung von Bauernhöfen und Farmen. Damals dienten sie in ländlichen Gegenden in erster Linie dem Betrieb von Wasserpumpen. Um heutigen LandwirtInnen eine nachhaltige Alternative der Energiegewinnung anbieten zu können, hat das niederländische Unternehmen EAZ Wind Windkraftanlagen entwickelt, die ohne aufwändiges Verfahren auf Bauernhöfen installiert werden können. Das Unternehmen übernimmt die komplette Installation, von der Baugenehmigung über alle Gutachten bis hin zum Netzanschluss. Die Windräder sind mit 15 Metern Höhe verhältnismäßig klein, können jedoch – je nach Standort und Windstärke – einen Ertrag von 25.000 bis 50.000 Kilowattstunden liefern. Fast alle verbauten Materialien stammen aus Europa. Die Rotorblätter, die bei herkömmlichen Windkraftanlagen aus Kompositwerkstoffen hergestellt und daher nicht recycelbar sind, werden bei EAZ Wind aus Holz aus niederländischen Wäldern produziert.

→ ICEWIND
→ O-WIND TURBINE

ECOCLIPPER500

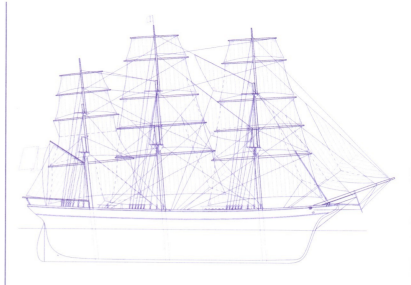

Segelfrachtschiff EcoClipper500, 2015

Der Seeweg wird seit Jahrtausenden für den Transport von Waren genutzt. Im Laufe des 19. und 20. Jahrhunderts wurden Segelschiffe sukzessive von kohle- bzw. dampfbetriebenen Schiffen und immer größeren Fracht- und Containerschiffen mit Dieselmotoren abgelöst. Heute werden rund 90 Prozent des Welthandels über die Meere abgewickelt, so dass der Schiffsverkehr im Jahr 2021 für circa 2,6 Prozent der klimaschädlichen globalen CO_2-Emissionen verantwortlich war. Um dieser Entwicklung entgegenzuwirken, wurde 2018 EcoClipper gegründet, eine Initiative mit Sitz in den Niederlanden für den Bau einer Segelfrachterflotte. Die Wiedereinführung der Nutzung von Windkraft würde den Verbrauch von Dieselkraftstoff und die damit verbundenen CO_2-Emissionen reduzieren. Zudem belasten die motorlosen und daher geräuschlosen Schiffe die Unterwasserökosysteme nicht. EcoClipper plant, sowohl alte Schiffe für den Güterverkehr umzubauen als auch ein neues Frachtseglermodell zu entwickeln. Ein solches restauriertes Schiff ist *De Tukker*, die 2023 auf ihrer Jungfernfahrt fast 50 Tonnen Fracht geladen hatte und auf dem Weg von den Niederlanden bis nach Portugal verschiedene europäische Häfen ansteuerte. Zurzeit arbeitet das Team an der Gestaltung und Finanzierung eines neuen Schiffsprototypen, des EcoClipper500. Dieser soll mit modernen Stahlrümpfen und neuesten Navigationsinstrumenten ausgestattet sein, bis zu 500 Tonnen laden und sogar die Pazifik- und Atlantikroute bedienen können. Das Unternehmen finanziert sich durch Crowdfunding und nimmt als Kooperative Investitionen von seinen Mitgliedern an. Ob die gesammelten Gelder für die Produktion der neuen EcoClipper500 ausreichen werden, ist noch unklar.

→ TOWT

Team Sonnenwagen, Covestro Sonnenwagen, Australien, 2019

ENERGIE GESTALTET STADT

Energie bestimmt seit jeher, wo und wie wir leben. Die Verfügbarkeit fossiler Energie hat unsere Städte so geformt, dass sie viel Energie verbrauchen: Strom und Wärme konnten mit raumsparender Infrastruktur in unsere überwiegend wenig gedämmten Häuser gebracht werden. Ausgelegt auf das Auto entwickelte sich parallel das Leitbild einer funktionsgetrennten Stadt, die das Zurücklegen weiter Wege im Alltag mit sich bringt. Nun ist die Klimakatastrophe da. 84 Prozent der Treibhausgasemissionen Deutschlands sind energiebedingt. Der Wechsel von fossiler zu erneuerbarer Energie ist ein Schlüssel für die Einhaltung des 1,5-Grad-Ziels. Die Herausforderung: Erneuerbare Energien brauchen ebenso wie Maßnahmen zur Klimaanpassung neue, flächenintensive Infrastrukturen, die in der bestehenden Stadt geschaffen werden müssen. Zudem stehen sie nicht rund um die Uhr zur Verfügung. Die räumlichen und zeitlichen Auswirkungen müssen also genauer betrachtet und Funktionen überlagert werden. Dafür wirft das Projekt „Energie gestaltet Stadt" – eine Zusammenarbeit von Transsolar, Urban Catalyst und Bauhaus Earth – einen Blick auf die Quartiersebene. Transsolar, 1992 in Stuttgart gegründet, hat sich dem klimagerechten Entwerfen und Bauen verschrieben. Das Berliner Unternehmen Urban Catalyst, das seit 2017 besteht, gestaltet Räume, die sich in Transformation befinden. Der 2021 gegründete Think Thank Bauhaus Earth widmet sich der Frage, wie Gebäude, Städte und Landschaft zur Verbesserung des Klimas beitragen können. Ihr gemeinsamer Ansatz für „Energie gestaltet Stadt" ist dreistufig: Einsparen, Vernetzen, Erneuern. Mit der begrenzten Ressource Energie sparsam umzugehen heißt zunächst, mit dem zu arbeiten, was bereits vorhanden ist. Wird der Bestand genutzt und darauf wortwörtlich aufgebaut, lässt sich bei gleichbleibender Flächenversiegelung mehr Nutzungsfläche generieren. Sowohl beim Bauen als auch durch kürzere Wege, die durch Verdichtung entstehen, wird Energie gespart. Zugleich werden andernorts Flächen gespart, die für ökologische Räume genutzt werden können. Effiziente Städte sind vernetzt und benötigen dafür intelligente Strom- und Wärmeplanung, aber auch einen leistungsstarken Nahverkehr, Fahrradwege und klug geplante Wassersysteme. Ebenfalls relevant ist die Vernetzung über das Quartier hinaus, etwa mit Blick auf Bahnverbindungen und ökologische Korridore. Die Energie und Ressourcen, die nach all diesen Maßnahmen der Einsparung und Vernetzung noch benötigt werden, müssen im Kreislauf gedacht und erneuerbar zur Verfügung gestellt werden. Mit Photovoltaik kann lokal Strom erzeugt und beispielsweise durch Geothermie Wärme nutzbar gemacht werden. Wird ein Neubau mit nachwachsenden Rohstoffen realisiert, kann dieser sogar zur CO_2-Senke werden. Insgesamt ist die Umgestaltung unserer Städte zu nachhaltigen Energiezentren ein komplexer, aber notwendiger Prozess. Die beschriebenen drei Stufen sind ein integrierter Ansatz, um in Zeiten der Transformation zukunftsfähige und lebenswerte Räume zu gestalten.

→ MOBILITY DESIGN GUIDE

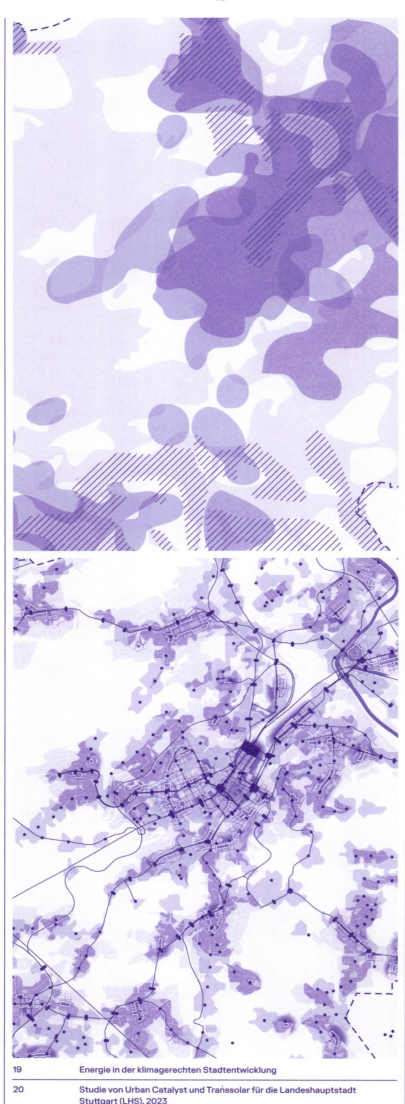

19 Energie in der klimagerechten Stadtentwicklung
20 Studie von Urban Catalyst und Transsolar für die Landeshauptstadt Stuttgart (LHS), 2023

ENERGIE- UND ZUKUNFTS- SPEICHER HEIDELBERG

In der Stadt Heidelberg sind bereits 50 Prozent aller Haushalte an das Fernwärmenetz angeschlossen. Um die Versorgung mit Fernwärme flexibler zu gestalten und abzusichern, wird seit 2017 am ehemaligen Standort eines Gasspeichers im Stadtteil Pfaffengrund der Energie- und Zukunftsspeicher Heidelberg errichtet. Er nimmt ungenutzte Wärme aus dem Fernwärmenetz auf und gibt sie bei Bedarf wieder ab. Der Speicher besteht aus zwei Zonen. In der unteren lassen sich 12.800 Kubikmeter Wasser mit einer Temperatur von max. 115 Grad Celsius speichern. Eine darüber liegende Kammer mit kälterem Wasser sorgt für den Druck, der verhindert, dass das Wasser in der Zone darunter verdampft, wenn dessen Temperatur über 100 Grad Celsius liegt. Über eine Power-to-Heat-Anlage lässt sich überschüssiger Strom aus erneuerbaren Quellen ebenfalls in Wärme umwandeln und in den Speicher einleiten. Die Anlage konnte 2019 an das Fernwärmenetz der Stadt angeschlossen werden, das Gebäude ist aber (Stand September 2023) noch nicht ganz fertiggestellt. Den Stadtwerken Heidelberg als Betreiber war wichtig, dass das 55 Meter hohe Bauwerk auch eine ästhetische Bereicherung für das Stadtbild darstellt.

→ HOT HEART HELSINKI
→ ENERGIEBUNKER

ENERGIEBUNKER

Bei der Nutzung erneuerbarer Energien spielen Speicher eine immer größere Rolle. Sie erlauben es, die fluktuierende Erzeugung erneuerbarer Energien und die Nachfrage nach Energie zu entkoppeln. Der Energiebunker in Hamburg bietet eine solche Möglichkeit. Er befindet sich in einem 1943 errichteten Flak- und Luftschutzbunker im Hamburger Stadtteil Wilhelmsburg. Im Rahmen der Internationalen Bauausstellung Hamburg wurde das seit dem Ende des Zweiten Welt-

21   Aus Hochbunker wird Energiespeicher: Energiebunker der Hamburger Energiewerke

kriegs ungenutzte Gebäude von 2010 bis 2013 zu einem Ökokraftwerk umgebaut. Für diesen Zweck wurden auf dem Dach und der Südfassade des Bunkers 2020 Quadratmeter Sonnenkollektoren angebracht, die Wärme oder Strom erzeugen. In der Energiezentrale des Bunkers werden die industrielle Abwärme aus einem benachbarten Industriegebiet, die Wärme der Solarthermie und der Blockheizkraftwerke, teilweise befeuert mit Biomethan, zusammengeführt. Mittelpunkt des Energiebunkers ist ein zwei Millionen Liter Wasser fassender Großpufferspeicher, der die Wärme der Energiequellen speichert und es ermöglicht, die angeschlossenen Haushalte über den Tagesverlauf mit Wärme zu beliefern. Der Energiebunker versorgt rechnerisch 2000 Haushalte in Wilhelmsburg mit Wärme und 1000 Haushalte mit Strom. Ab 2025 wird eine neue Geothermieanlage eingebunden, über die cirka 6000 weitere Haushalte mit Erdwärme versorgt werden. Der Energiebunker ist ein Zukunftsprojekt der Wärmewende, das auf kleinstem Raum die dezentrale und klimafreundliche Energieversorgung eines Quartiers sicherstellt. Die Anlage lässt sich im Rahmen von Führungen besichtigen. Außerdem gibt es in 30 Metern Höhe ein Café mit Aussichtsterrasse. Durch diese Art der Öffentlichkeitsarbeit soll der Energiebunker Vorbildcharakter für die zukünftige Versorgung von Stadtvierteln mit erneuerbarer Energie entfalten.

→ ABB. 64
→ HOT HEART HELSINKI
→ ENERGIE- UND ZUKUNFTSSPEICHER HEIDELBERG

ENERGY VAULT

Das Schweizer Start-up-Unternehmen Energy Vault hat sich auf die langfristige Speicherung von Sonnen- und Windenergie spezialisiert, um diese auch wetterunabhängig nutzen zu können. Während in herkömmlichen Pumpspeicherkraftwerken Wasser in die Höhe gepumpt und durch Turbinen wieder abgelassen wird, verwendet Energy Vault als Speichermedium 12 Kubikmeter große massive Betonblöcke. In einer Energy-Vault-Anlage befinden sich Hunderte solcher Betonblöcke, die

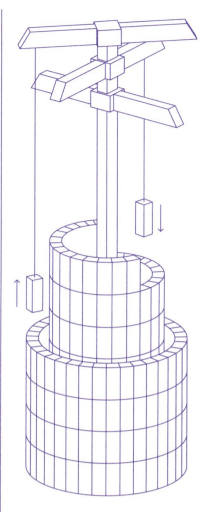

22   Kinetische Energiespeicherung von Energy Vault

sich darin auf und ab bewegen lassen. Wenn es einen Energieüberschuss aus angeschlossenen Windrädern oder Solarkraftwerken gibt, werden die 24 Tonnen schweren Blöcke in den über 100 Meter hohen Gebäuden nach oben gezogen. Wenn Energiebedarf besteht, werden sie wieder heruntergelassen. Die Energie, die dabei frei wird, treibt Generatoren zur Stromerzeugung an. Die Blöcke bewegen sich mithilfe KI-gesteuerter Wagen. Diese automatisierte Lösung ermöglicht es, Strombedarf und -produktion genau zu berechnen und zu steuern. Die erste Testanlage von Energy Vault war bis 2022 im Kanton Tessin in der Schweiz im Einsatz. Derzeit baut Energy Vault in China und im US-Bundesstaat Texas zwei Energiespeicher. Die beiden Gebäude sollen eine Speicherkapazität von 100 bzw. 36 Megawattstunden haben.

→ HOT HEART HELSINKI
→ ENERGIEBUNKER
→ ENERGIE- UND ZUKUNFTSSPEICHER HEIDELBERG

"And, as you drive, it will also use all the negative energy from your arguments."

FAZIT

Die Ursprünge des Projekts *Fazit* des Berliner Studios für Kunst und Architektur realities:united gehen auf eine Zusammenarbeit mit Bjarke Ingels Architekten (BIG) zurück. Für CopenHill, den von BIG geplanten Neubau einer Müllverbrennungsanlage in Kopenhagen, konzipierte realities:united mit Big Vortex 2015 eine Kunst-am-Bau-Installation. Mit dieser Installation hätten sie die Abgasanlage des Heizkraftwerks derart modifiziert, dass der Rauch nicht stetig, sondern periodisch ausgestoßen worden wäre: in Form von Ringen mit einem Durchmesser von 30 Metern. Jeder dieser Ringe hätte eine halbe Tonne CO_2 enthalten. So hätten die Ringe die implizite Botschaft des architektonischen Entwurfs – Wärmegewinnung durch Müllverbrennung ist nachhaltig – konterkariert. Die Installation wurde nicht verwirklicht. Für *Fazit* griff realities:united das Prinzip der Rauchsignale wieder auf und führte es gedanklich fort. Angesichts der in Deutschland auf bundespolitischer Ebene eingeläuteten sukzessiven Abschaltung der großen – mit fossilen Rohstoffen oder nuklear betriebenen – Kraftwerke setzten sie sich mit dem künstlerischen Potenzial dieser Gebäudestrukturen auseinander. *Fazit* lenkt den Blick auf deren zeichenhafte und die Landschaft prägende Kühltürme. Mittels Foto- und Filmmontagen imaginiert realities:united eine synchronisierte Abschiedsperformance der Kraftwerke in ganz Deutschland, die, bevor sie abgeschaltet werden, über ihre Kühltürme im gemeinsamen Rhythmus Rauchkringel in die Luft blasen. Ein poetisches und flüchtiges Zeichen, das auf das baukulturelle Erbe des fossilen und atomaren Zeitalters verweist und zugleich auf die für die noch zu bewältigenden Transformationsprozesse. Das Projekt wurde im Frühjahr 2019 in der Berlinischen Galerie vorgestellt.

→ ABB. 141
→ COPENHILL

FILTRATION SKYSCRAPER

Die Belastung der Weltmeere durch Plastikabfälle hat in den vergangenen Jahrzehnten stetig zugenommen. Einerseits stellt dies eine Gefahr für das maritime Ökosystem dar, andererseits handelt es sich aber auch um eine ungenutzte Ressource. Besonders berüchtigt ist der Great Pacific Garbage Patch, ein Müllstrudel im Nordpazifik, der eine Fläche von der dreifachen Größe Frankreichs bedeckt. Der in den USA ansässige Architekt Honglin Li hat 2019 für die Skyscraper

25   Honglin Li, Filtration Skyscraper, 2019

Competition des Magazins *eVolo* eine Anlage entwickelt, die den im Ozean treibenden Müll nutzt. Sein Filtration Skyscraper soll auf nicht mehr genutzten Ölplattformen im Bereich des Great Pacific Garbage Patch errichtet werden. Lis Entwurf sieht vor, Meerwasser in das Bauwerk zu pumpen, es von Schadstoffen und Verschmutzungen zu reinigen und dann ins Meer zurückzuleiten. In einer Recyclinganlage werden die aus dem Wasser gefilterten Plastikabfälle verwertet; mit nicht recycelbarem Müll wird ein Heizkraftwerk betrieben, das den Strom für den Filtration Skyscraper liefert. Bei der Skyscraper Competition wurde Lis Projekt mit einer „lobenden Erwähnung" ausgezeichnet. Seither hat das Vorhaben eine Reihe wissenschaftlicher

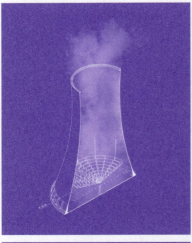
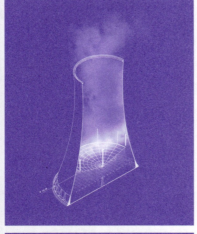
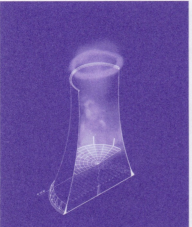
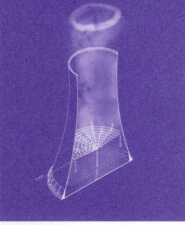

23   realities:united, *Fazit*, Braunkohlekraftwerk Jänschwalde (Detail)

24   realities:united, *Fazit*. Die Schnittisometrien eines Kühlturms zeigen den Spannvorgang einer darin installierten Membran und das Auslösen eines Rauchkringels mittels dieser Membran.

Machbarkeitsstudien durchlaufen und Honglin Li arbeitet zusammen mit anderen ArchitektInnen, IngenieurInnen, Baufirmen und BeraterInnen an der Realisierung seines Entwurfs.

FORD NUCLEON

In den 1950er Jahren trieb die Begeisterung für die friedliche Nutzung der Atomkraft mitunter seltsame Blüten. Mit dem Ford Nucleon stellte der US-amerikanische Autohersteller 1958 ein atomgetriebenes Konzeptauto vor. Das Modell im Maßstab 1:32 sollte aufzeigen, „wie die Zukunft der Energie Einfluss auf das Automobildesign nehmen könnte". Die cockpitartige Fahrerkabine war rundum aus einer säulenlosen Windschutzscheibe gebildet, auf die ein freitragendes Dach mit seitlichen, bis zum Heck fließenden Verstrebungen aufgesetzt war. Der Kernreaktor war im langgestreckten Heck platziert, zwischen zwei für das damalige Automobildesign typischen Finnen. Mit seinem Atomantrieb sollte der Nucleon nach Vorstellung der Ford-Designer eine Reichweite von bis zu 5000 Meilen haben. Probleme bezüglich der Größe und Sicherheit des Reaktors würden sich, so die Annahme, in nicht allzu ferner Zukunft lösen lassen. Das Projekt kam nie über den Modellstatus hinaus.

→ ESSAY VON D. GERMANESE, S. 156-165

26 Ford Nucleon, atomgetriebenes Konzeptauto, 1958

FROSTPUNK

Frostpunk ist ein Videospiel, das von 11 Bit Studios in Polen entwickelt wurde. Es spielt im 19. Jahrhundert in einer viktorianischen, postapokalyptischen Welt, nachdem Vulkanausbrüche die Sonne verdunkelt haben und der verbleibende Rest der Menschheit zu einem Leben in Kälte und endlosem Winter verdammt ist. Die visuelle Identität des Spiels ist von Steampunk-Einflüssen geprägt. Auch das frühe Industriezeitalter und dessen Bauten waren laut dem Senior Lead Gamedesigner Jakub Stokalski eine Inspirationsquelle. Das Leben in *Frostpunk* ist nur dank eines kohlebetriebenen Generators möglich, um den herum eine Stadt entstanden ist. Damit die Stadt weiter wachsen kann, muss der Generator stets am Laufen gehalten und ausgebaut werden. Gegenstand des Spiels ist überdies das Aushandeln von Formen der Gesellschaft und des Umgangs miteinander in einem fortdauernden Krisenmodus, bei polaren Temperaturen und knappen Energieressourcen. Energie spielt also auch in diesem 2018 veröffentlichten Videospiel eine zentrale Rolle für das Überleben der Menschheit.

→ SOLARPUNK

GENERAL FUSION DEMONSTRATION PLANT

Ähnlich wie die Kernspaltung Mitte des 20. Jahrhunderts für einige Zeit als *die* Antwort auf globale Energieknappheit erschien, verspricht die Kernfusion nun schon seit einigen Jahrzehnten unbegrenzte und CO_2-freie Energieerzeugung. Während bei der Kernspaltung Energie durch die Spaltung schwerer Atome wie Uran freigesetzt wird, verschmelzen bei der in Versuchsreaktoren herbeigeführten Kernfusion leichte Atomkerne

27 *Frostpunk*, Computerspiel von 11 Bit Studios, 2018

GENERAL FUSION DEMONSTRATION PLANT

der Wasserstoffisotope Deuterium und Tritium zu schwereren Heliumkernen. Dabei wird Energie freigesetzt. Vorbild für diesen Prozess ist die Sonne, denn in ihr fusionieren die Kerne von Wasserstoffatomen bei einem Druck von rund 200 Milliarden Bar und einer Temperatur von gut 15 Millionen Grad Celsius zu Helium. Damit eine Kernfusion gelingt, bei der am Ende die freigesetzte Energiemenge größer ist als jene, die zuvor investiert werden musste, sind die technischen Herausforderungen entsprechend groß. Das 2002 gegründete kanadische Unternehmen General Fusion, das von dem Amazon-Gründer Jeff Bezos unterstützt wird, ist eines von mehr als dreißig Privatunternehmen, die derzeit im Bereich der Kernfusion forschen. General Fusion baut in Großbritannien einen Demonstrationsreaktor, welcher der Forschung und der Vermittlung von Informationen über diese Form der Energiegewinnung dienen soll. Das Gebäude wird Teil eines Forschungszentrums der britischen Atomenergiebehörde UKAEA in Culham südlich von Oxford. Der Prototyp wird die weltweit erste Fusionsanlage, bei der mehr als 100 Millionen Grad Celsius heißes Plasma, in dem die Kernfusion passiert, magnetisch eingeschlossen wird. Die britische Architektin Amanda Levete erhielt den Auftrag, dieser neuen Bautypologie eine Form zu geben. Der konzentrische Charakter des Entwurfs auf einer Fläche von 10.500 Quadratmetern stellt die zylindrische Halle mit dem Fusionsreaktor in den Mittelpunkt und umgibt ihn mit einem Kranz aus Laboren und Büros. Das ringförmige, transparente Gebäude fungiert praktisch als eine Erweiterung des Reaktors. Dank der Integration umfangreicher Photovoltaikanlagen soll es nahezu keinen elektrischen Strom aus dem britischen Netz beziehen müssen. Der Entwurf nutzt Tages-

28 AL_A, Visualisierung der General Fusion Demonstration Plant, 2023

29 Modelle des General Motors Sun Mobile vor dem General Motors Technical Center, Warren Michigan, circa 1954
30 General Motors Sun Mobile: Simulation der Sonnenenergie mit einer 300-Watt-Taschenlampe

licht zur Beleuchtung, die Abwärme aus der Reaktoranlage zur Beheizung des Gebäudes im Winter und natürliche Belüftung zur Kühlung. Mit dem Bau wurde 2022 begonnen. Die Fertigstellung ist für 2027 geplant.

→ ITER

GENERAL MOTORS SUN MOBILE

Im Sommer 1955 präsentierte der Automobilhersteller General Motors erstmals ein mit Sonnenenergie betriebenes Fahrzeug. Dabei handelte es sich um das 38 Zentimeter große Modell einer Corvette, auf deren Motorhaube zwölf photoelektrische Zellen montiert waren. Gebaut hatte das Sun Mobile William G. Cobb, der Leiter des Programms „Previews of Progress" von General Motors. „Previews of Progress" war eine Serie von Präsentationen wissenschaftlicher Phänomene, die das Unternehmen im Rahmen von Autoschauen aufführte. 1937 lanciert, wurden die Ausstellungen während des Zweiten Weltkriegs ausgesetzt, 1945 jedoch mit zunehmendem Erfolg wieder aufgenommen. Die Vorstellung des Sun Mobile erfolgte im Rahmen des General Motors Powerama, einer großen Autoschau in Chicago. Auf einer Bühne wurde zur Simulation von Sonnenlicht die Motorhaube des Modellautos mit Taschenlampen angeleuchtet, die Photozellen trieben daraufhin einen kleinen elektrischen Motor an und das Sun Mobile fuhr los. In der offiziellen Pressemitteilung beeilte sich General Motors allerdings darauf hinzuweisen, dass es „für Sonnenenergie momentan keine praktische Anwendung" gebe. Der Großteil der Powerama-Schau widmete sich denn auch den Grundlagen von Diesel- und Benzinmotoren.

→ APTERA
→ SOLAR DO-NOTHING MACHINE
→ FORD NUCLEON
→ SION

GLOWEE

Das französische Start-up-Unternehmen Glowee entwickelt Stadtbeleuchtung, die Biolumineszenz nutzt. Die Bezeichnung Biolumineszenz beschreibt die Fähigkeit von Insekten wie Glühwürmchen oder Leuchtkäfern und vielen Meeresorganismen wie Quallen, bestimmten Fischarten, Plankton und Krill zur Produktion und Emission von Licht. Biolumineszente Lebewesen erzeugen Licht mit nur zwei Proteinen. Wenn ein solches Protein-Paar mit Sauerstoff reagiert, sendet es ein Lichtphoton aus. Wenn mehrere dieser Reaktionen gleichzeitig ablaufen, entsteht das biolumineszente Leuchten. Die Glowee-Leuchtkörper enthalten einen Behälter mit bakterienhaltigem Meerwasser, das über eine Pumpe mit Sauerstoff versorgt wird. Als Nahrung benötigen die Bakterien zudem Hefe. Glowee-Produkte sind auch für den Anschluss an kommunale Wasserverwaltungssysteme konzipiert. Die Verwendung von Biolumineszenz

31 Biolumineszierendes Phytoplankton entlang der südafrikanischen Küste bei Kapstadt

bei Stadtbeleuchtung würde den öffentlichen Energieverbrauch drastisch reduzieren. Im Januar 2023 installierte Glowee das erste Biolumineszenz-Pilotprojekt mit Beschilderung und Umgebungsbeleuchtung für städtische Infrastruktur im französischen Rambouillet. Im Sommer 2023 meldete das Unternehmen leider Bankrott an.

GROUNDFRIDGE

Menschen nutzen vermutlich schon seit Beginn ihrer Sesshaftwerdung die isolierende Wirkung von Erde, um die Haltbarkeit von Lebensmitteln zu verlängern. In historischen Erdkellern, also unterirdischen Lagerräumen abseits von Wohngebäuden, herrschen

32 Passive Kühlung für Lebensmittel: Groundfridge von Floris Schoonderbeek, 2015

eine konstant niedrige, aber über dem Gefrierpunkt liegende Temperatur und eine gleichbleibende Luftfeuchtigkeit gepaart mit geringer Luftzirkulation. Anders als in einem elektrischen Kühlschrank beginnen eingelagertes Obst und Gemüse weniger schnell auszutrocknen oder zu schimmeln und bleiben oft über Monate genießbar. Das Anlegen eines traditionellen Erdkellers ist jedoch aufwändig, da er gut gegen Feuchtigkeit abgedichtet und eine zu starke Luftzirkulation verhindert werden muss. Zu den Anbietern, die einen Erdkeller als Fertigbausatz entwickelt haben, gehört der niederländische Designer Floris Schoonderbeek. Für seinen aus einem faserverstärkten Verbundwerkstoff gefertigten Groundfridge muss lediglich ein Erdloch ausgehoben werden (2,5 × 2,5 × 2,2 m), in das der Keller versenkt wird. Mit Ausnahme der Tür wird der Keller anschließend komplett mit Erde abgedeckt, die für eine bessere Isolierung idealerweise noch bepflanzt werden soll. Ein integriertes Solarmodul liefert Strom für den Betrieb einer Lüftungsanlage, die nachts kühle Luft in den Innenraum leitet. Eine genau definierte Temperatur kann für den Innenraum aber nicht garantiert werden, da diese abhängig von den Bedingungen am jeweiligen Standort ist. Den mit Regalbrettern ausgestatteten kugelförmigen Lagerraum erreicht man über einige Treppenstufen. Eine maximale Raumhöhe von 2,10 Metern erlaubt das aufrechte Stehen im Keller. Er bietet ein Fassungsvermögen von 3.000 Litern, was nach Einschätzung Schoonderbeeks ausreichend Platz für den Ertrag eines 250 Quadratmeter großen Gemüsegartens bietet. Da der Preis des Groundfridge bei 15.900 Euro liegt, lohnt sich die Anschaffung vermutlich nur, wenn man tatsächlich regelmäßig eine entsprechend große Menge an Lebensmitteln einzulagern hat.

→ COOLAR

HARVEST/ COOLING

Bei sportlichen Aktivitäten und Tätigkeiten im Freien benötigt der Körper erheblich mehr Energie zur Regulation seiner Körpertemperatur als für die eigentliche Muskelarbeit. Wird der Kreislauf durch passive Kühlung entlastet, steht

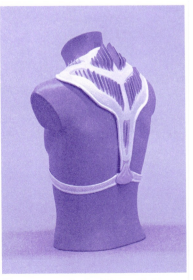

33 Passive Kühlung für den Körper: Harvest/Cooling von Arvid Riemeyer, 2023

mehr Energie für andere Zwecke zur Verfügung. Angesichts der globalen Erwärmung gewinnen Kühlungsmöglichkeiten für den menschlichen Körper immer mehr an Bedeutung, vor allem für ältere Menschen. So wären etwa Hitzekollapse durch individuelle Kühlung vermeidbar. Harvest/Cooling von Arvid Riemeyer ist ein Wearable, etwa in Gestalt einer Weste, welche unter lockerer Kleidung getragen werden kann und die körpereigene Kühlung passiv unterstützt. Durch die Aluminiumrippen wird die Wärme effizienter abgeführt. Solange die Umgebungstemperatur unter der Körpertemperatur liegt, kann sie „geerntet" und genutzt werden, um den Körper zu kühlen, ähnlich wie bei einem Wärmetauscher. Das Modell ist eine exemplarische Lösung für die sich zuspitzende Thematik von Hitze im Alltag und kann an verschiedene Nutzungs- und Bekleidungsszenarien angepasst werden. Die ausladenden Rippen im Nackenbereich ragen unter der Kleidung heraus, während die übrigen Rippen einen Abstand zum Textil schaffen und für Belüftung sorgen.

→ HARVEST/ENERGY
→ HARVEST/SOLAR

HARVEST/ENERGY

Harvest Energy entstand als Designentwurf und Versuchsanordnung zur thermochemischen Energiegewinnung aus der Arbeit der Studenten Jesse Jacobsen, Karl Sperhake und Paul Meyer der Muthesius Kunsthochschule in Kiel. Der Prototyp der Apparatur besteht aus einem über einen drehbaren Sockel rotierbaren und über eine Achse kippbaren Metallrahmen, an dessen einem Ende eine Fresnel-Linse montiert ist, mit der man Sonnenlicht fokussieren kann. Am Brennpunkt der Linse, der über der Achse des Metallrahmens liegt, befindet sich ein Teller, auf dem Calciumhydroxid angehäuft wird. Sobald die Linse nach der Sonne ausgerichtet ist und das gebündelte Licht auf den Teller trifft, reagiert das Pulver aufgrund der starken Wärmeeinwirkung: Das darin enthaltene Wasser verdampft und es entsteht Calciumoxid, gebrannter oder ungelöschter Kalk. Fügt man dem Calciumoxid wieder Wasser hinzu – man spricht dabei auch von „Kalklöschen" – entsteht in einer exothermen Reaktion Hitze. Der Prozess, der von der Antike bis in die frühe Neuzeit noch als Rätsel galt, veranschaulicht die Eignung von Kalk als thermochemisches Speichermaterial für Sonnenenergie.

→ HARVEST/COOLING
→ HARVEST/SOLAR

HARVEST/SOLAR

Harvest/Solar von Christa Carstensen ist eine solarbetriebene Tischleuchte. Das runde Solarpaneel, über welches der Akku der Leuchte geladen wird, ist im Brennpunkt des spiegelnden Parabolkollektors positioniert, um die Nutzung der Sonnenenergie zu optimieren. Die LED-Leuchtfläche befindet sich auf der anderen Seite des drehbaren Moduls im Fokuspunkt des Kollektors. Wenn der Akku ausreichend geladen ist, kann die Leuchtfläche nach vorne gedreht werden. Dann dient der Parabolspiegel dazu, das Licht, das die Lampe emittiert, zu verstärken. Das Projekt ist inspiriert von größeren Solaranlagen, bei denen Spiegel genutzt werden, um Sonnenstrahlen gezielt auf Solarpaneele zu lenken. Der Leuchten-Prototyp entstand 2023 als Diplomarbeit an der Kunsthochschule Muthesius in Kiel.

→ ABB. 128
→ HARVEST/ENERGY
→ HARVEST/COOLING
→ SUNNE

HELIOS SOLAROFEN

Léon Félix schloss 2022 sein Studium in Industriedesign an der École cantonale d'art de Lausanne (ECAL) mit dem Diplom ab. Schon während seines Studiums beschäftigte er sich mit der Verbindung von erneuerbaren Energien und Design. Mit Helios entwarf der junge Designer einen

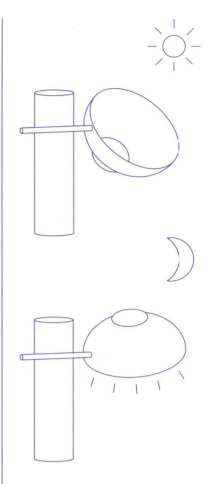

36 Die Parabolschüssel von Harvest/Solar dient zum Bündeln von Sonnenlicht und als Reflektor.

34 Calciumhydroxid als Speicher von Wärmeenergie: Harvest/Energy von Jesse Jacobsen, Karl Sperhake und Paul Meyer, 2023

35 Solarbetriebene Tischleuchte Harvest/Solar von Christa Carstensen, 2023

37 Falt- und transportierbarer Solarkocher Helios von Léon Félix, 2022

Solarofen, der sich, anders als bereits existierende Solaröfen, kompakt zusammenfalten und daher leicht transportieren lässt. Der parabolförmige Reflektor besteht aus einem Nylonstoff, der mit Mylar beschichtet ist, das die Sonne ähnlich effektiv reflektiert und bündelt wie Metalloberflächen. Die Folie wird mittels eines vierfüßigen Gerüsts aus Aluminiumrohr und Seil aufgespannt. Bei Sonnenschein kann mit dem Solarofen gekocht werden, indem in seinem Brennpunkt in einer Halterung an einem Aluminiumrohr Töpfe oder Pfannen platziert werden.

→ ABB. 140
→ HYDROGEN COOKER

HONNEF WINDKRAFTWERKE

Der deutsche Ingenieur Hermann Honnef (1878–1961) war ein Pionier der Windkraftforschung, der schon in den 1930er Jahren ganz Deutschland mit Strom aus Windkraftwerken versorgen wollte. Mitte der 1920er Jahre errichtete Honnef mit seiner in Lahr ansässigen Firma für Eisenhoch- und Brückenbau einen 243 Meter hohen Stahlfachwerkturm für eine Radiosendeanlage bei Königs Wusterhausen. Der Turm, damals das höchste freistehende Bauwerk Deutschlands, inspirierte Honnef dazu, auf solchen Turmkonstruktionen riesige Windkraftanlagen zu imaginieren. Honnefs Forschungen zu dem Thema mündeten 1931 in seiner Dissertation „Electric Tower for Wind Power Stations". Darin erwähnte Honnef als weiteren Grund für seine Forschungen die Zweite Weltkraftkonferenz, die 1930 in Berlin stattgefunden hatte und bei der ein Mangel an großen Windkraftanlagen bedauert worden sei. Denn, so Honnef: „Wasser, Kohle, Öl, alle großen Energiequellen stehen nur eingeschränkt zur Verfügung. Eine Erschöpfung dieser Materialien muss befürchtet werden."
Für seine gigantischen Windkrafttürme stellte Honnef Studien im Aerodynamischen Institut Göttingen an. Zudem orientierte er sich an der Arbeit von Meteorologen wie Richard Aßmann und Gustav Hellmann. Diese gingen davon aus, dass sich in 200 bis 300 Metern Höhe die Windgeschwindigkeit gegenüber dem Boden verdopple und der Wind gleichmäßiger wehe. Der Öffentlichkeit stellte Honnef seine Berechnungen und Visionen 1932 in seinem Buch *Honnef Windkraftwerke* vor. Darin befanden sich nicht nur zahlreiche Entwürfe für Windkrafttürme aus einem Stahlfachwerk, sondern auch ein Plan für ein durch Windkraft gespeistes Elektrizitätsnetz für ganz Deutschland. Überschüssige Windenergie wollte Honnef mittels eines Pumpspeicherwerks am Selenter See bei Hamburg speichern. 1940/41 konnte Honnef auf dem Mathiasberg in Bötzow nordwestlich von Berlin ein Windkraftversuchsfeld einrichten. Eine kommerzielle Nutzung ergab sich daraus jedoch nicht mehr. Nach dem Zweiten Weltkrieg wurden Honnefs Versuchskraftwerke demontiert und im Stahlwerk Hennigsdorf eingeschmolzen. Für seine Pionierleistungen in der Windkraftforschung erhielt Honnef 1952 das Bundesverdienstkreuz.

→ U.F.O.G.O.

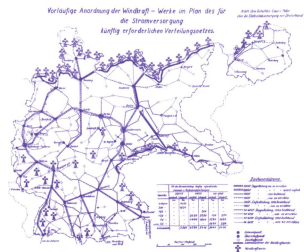

38 Windkraftpionier Hermann Honnef mit Tochter Lieselotte Honnef

39 Plan von Hermann Honnef für die Elektrizitätsversorgung in Deutschland durch ein Windkraftnetzwerk. Veröffentlicht in *Westdeutsche Technische Blätter*, 1. Dezember 1934

40 Maßstabsmodell eines Windkraftwerks von Hermann Honnef, 1934

HOT HEART

2020 rief die finnische Hauptstadt die „Helsinki Energy Challenge" aus: einen Wettbewerb, bei dem Unternehmen, Start-ups und Forschungseinrichtungen dazu aufgerufen wurden, Lösungen zur Dekarbonisierung des innerstädtischen Heizens vorzuschlagen. Die Projekte sollten dazu beitragen, dass Helsinki sein selbstgestecktes Ziel der Klimaneutralität bis 2035 erreicht. Zu den ausgezeichneten Projekten gehört Hot Heart von Carlo Ratti Associati (CRA). Gemeinsam mit einem transdisziplinären Team entwickelte das Innovationsunternehmen ein flexibles System aus zehn schwimmenden Becken mit einem Durchmesser von jeweils 225 Metern, die vor der Küste Helsinkis installiert werden sollen. Die Becken können mit bis zu zehn Millionen Kubikmetern Meerwasser gefüllt werden und sollen wie eine riesige Wärmebatterie funktionieren: Solar- oder Windenergie sollen in Zeiten, in denen sie in Fülle vorhanden und daher günstig sind, in Wärme umgewandelt und im Wasser der Tanks thermisch gespeichert werden. Im Winter könnte die gespeicherte Wärme dann in die Verteilungskanäle der Stadt eingespeist werden. Energiespeicherung und -abgabe sollen von künstlicher Intelligenz gesteuert werden, um das nationale Energienetz auch bei schwankendem Angebot zu stabilisieren. Hot Heart soll den BürgerInnen von Helsinki jedoch nicht nur als Wärmespeicher, sondern auch als Freizeitattraktion dienen. Der Entwurf sieht vor, dass vier der zehn Tanks mit aufblasbaren Dachstrukturen versehen sind, die sogenannte „Floating Forests" überspannen. Diese schwimmenden Wälder sollen aus tropischen Pflanzen aus verschiedenen Weltregionen bestehen, die von den darunter liegenden Becken auf natürliche Weise beheizt werden.

→ ABB. 68
→ ENERGIEBUNKER
→ ENERGIE- UND ZUKUNFTSSPEICHER HEIDELBERG

41 Carlo Ratti Associati, Hot Heart, thermischer Energiespeicher, Vision für Helsinki 2030, 2020

42 Kochen mit grünem Wasserstoff. Hydrogen Cooker von Stefan Troendle, 2022

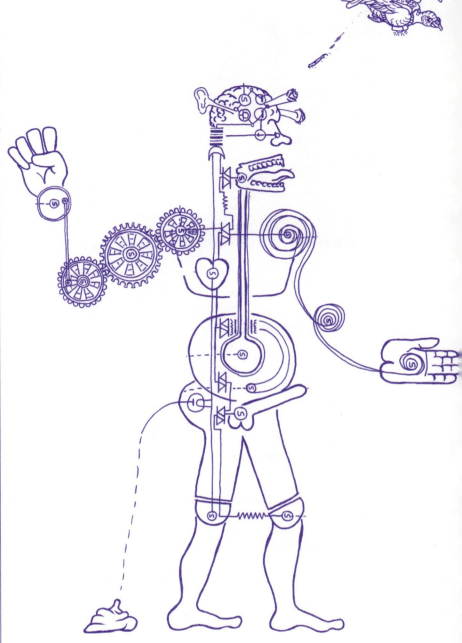

43 Der Mensch als nachhaltige Energiequelle. Kris de Decker, Melle Smets, *Human Power Plant*,

HUMAN POWER PLANT

Das Kunstprojekt des Journalisten Kris de Decker und des Künstlers Melle Smets widmet sich einer zentralen Frage: Wäre eine moderne Gesellschaft denkbar, die nur die Energie des Menschen nutzt? Anders als Windkraft und Solarenergie ist die menschliche Kraft unabhängig vom Wetter und den Jahreszeiten. Anders als fossile Brennstoffe ist menschliche Kraft eine saubere Energiequelle, die mit dem Wachstum der Bevölkerung zunimmt. Vor allem aber rückt der Fokus auf die menschliche Kraft unseren Energiebedarf in ein neues Licht: Erst wenn uns Energieerzeugung selbst Mühe kostet, werden wir uns fragen, wieviel Energie wir eigentlich wirklich brauchen. Smets und De Decker suchen nach Antworten, indem sie Prototypen und Zukunftsszenarien für Gemeinschaften entwickeln, deren Energieerzeugung auf menschlicher Kraft basiert. Die Szenarien des *Human Power Plant* entstanden ab 2020 für das Museum Boijmans van Beuningen und reichen von

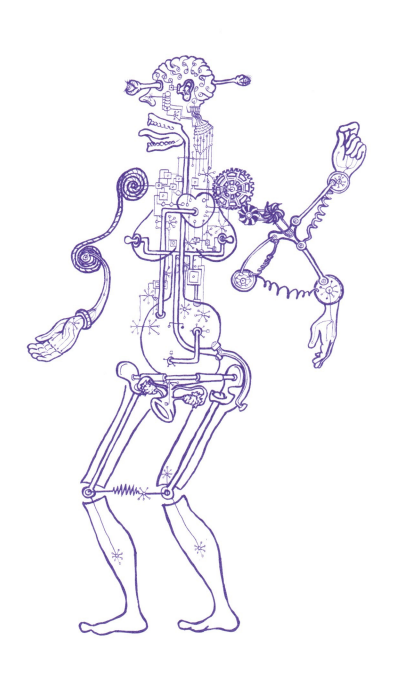

2023 (Detail)

44 Die Windturbinen CW100 und RW100 von IceWind in der Nähe des Geothermalkraftwerks Hellisheidi auf Island, 2022

einem Studentenwohnheim über einen Bauernhof bis zu einem ganzen Stadtviertel, dem Rotterdamer Quartier Bospolder-Tussendijken (BoTu). Keimzelle des Projekts ist das Gemeindezentrum Huis van de Toekomst (Haus der Zukunft), das 2019 in Zusammenarbeit mit der Academie voor Beeldvorming und der Initiative Bakkerij de Eenvoud gegründet wurde. Das Haus der Zukunft wird nun ausgedehnt auf einen kompletten Wohnblock mit 125 Appartements, die zum Teil durch menschliche Kraft unterhalten und über gemeinschaftliche Gemüsegärten und eine Gemeinschaftsbäckerei und -küche versorgt werden. Die großformatige, als Panorama angelegte Zeichnung *Human Power Plant*, die erstmals 2023 im Museum Boijmans van Beuningen in Rotterdam ausgestellt wurde, zeigt einen Spaziergang durch Rotterdams BoTu-Viertel in einer klimaneutralen Zukunft im Jahr 2050.

→ ABB. 147
→ AVAILABLE NETWORKS
→ WORLD GAME
→ LOW TECH MAGAZINE
→ RECONSTRAINED DESIGN GROUP

HYDROGEN COOKER

Nach Angaben der Weltgesundheitsorganisation (WHO) kocht rund ein Drittel der Weltbevölkerung (etwa 2,4 Milliarden Menschen) auf offenen Feuerstellen oder ineffizienten Öfen, die mit Kerosin, Biomasse aus Holz, Dung und Ernteabfällen oder Kohle befeuert werden. Die Luft in diesen Haushalten ist mit Schadstoffen belastet, was – nach einer anderen Schätzung der WHO – allein im Jahr 2020 etwa 3,2 Millionen Todesfälle verursacht hat, vor allem unter Frauen und Kindern. Der Student der École cantonale d'art de Lausanne (ECAL) Stefan Troendle möchte mit seinem Abschlussprojekt einen Beitrag dazu leisten, diese besorgniserregende Zahl zu verringern. Sein Hydrogen Cooker ist eine mobile Kochstation, die 2022 in Zusammenarbeit mit dem Renewable Energy Research Laboratory der École Polytechnique Fédéral de Lausanne (EPFL) und Softpower, einem Start-up-Unternehmen aus Kamerun, entwickelt wurde. Das Gerät verwendet aus Solarenergie erzeugten Wasserstoff, es kann ohne Strom oder offenes Feuer verwendet werden und gibt nur Wasserdampf ab. Zur Entwicklung seines Entwurfs reiste Troendle nach Kamerun, um sicherzustellen, dass das Gerät dort nicht nur benutzt, sondern auch hergestellt und – falls nötig – vor Ort repariert werden kann.

→ ABB. 61
→ HELIOS

ICEWIND

Ein Problem horizontaler Windkraftanlagen, allgemein Windräder genannt, ist, dass sie bei hohen Windgeschwindigkeiten abgeschaltet werden müssen. Zwar würden diese zu einem besonders hohen Stromertrag führen, doch es könnte zu einer Überlastung und infolgedessen zu einer Beschädigung der Anlagen kommen. Weitere Nachteile sind die Notwendigkeit, die Anlagen immer wieder nach dem Wind auszurichten, der durch die Rotorbewegung verursachte Lärm und die hohen Wartungskosten. Zu den Firmen, die Alternativen entwickelt haben, gehört das isländische Unternehmen IceWind. Seit 2022 bietet es Windturbinen für den privaten und industriellen Gebrauch an. Darunter sind Systeme, die an das Stromnetz angeschlossen werden, und solche für die Off-Grid-Nutzung. Die Anlagen von IceWind arbeiten mit in sich gedrehten Rotorblättern, die sich vertikal um eine Achse bewegen. Das führt dazu, dass sich der Rotor bei zunehmender Windgeschwindigkeit nicht immer schneller dreht, sondern ab einer bestimmten Drehzahl abbremst. Dadurch kann die Anlage auch während eines Hurrikans, ohne Schaden zu nehmen, weiterarbeiten. Der Hersteller verspricht zudem, dass die Fertigung der Anlagen aus kohlenstofffaserverstärktem Kunststoff, Edelstahl und Aluminium die Haltbarkeit erhöht und die Wartungskosten senkt. Mit 30 Dezibel arbeiten die Anlagen außerdem nahezu geräuschlos. Eine Analyse der vom Hersteller bereitgestellten Daten durch den YouTube-Kanal Norio kommt allerdings zu dem Ergebnis, dass die Windkraftanlagen von IceWind tatsächlich nur bei hohen durchschnittlichen Windgeschwindigkeiten rentabel Strom erzeugen. Daher lohnt sich der Einsatz etwa auf Island oder in der Mitte der USA, in küstenfernen Gegenden Deutschlands aber beispielsweise nicht.

→ EAZ WIND
→ O-WIND-TURBINE
→ U.F.O.G.O.

INTERNATIONAL THERMONUCLEAR EXPERIMENTAL REACTOR (ITER)

Auf einem Gipfeltreffen im schweizerischen Genf im November 1985 beschloss eine Gruppe von Industrienationen, bei der Entwicklung eines Versuchsreaktors für die Erzeugung von Energie durch Kernfusion zusammenzuarbeiten. Drei Jahre später begann die Entwicklungsarbeit am International Thermonuclear Experimental Reactor (ITER), dem größten und teuersten Forschungsprojekt seiner Art weltweit. Hauptziel von ITER ist es, einen Nachweis für die Anwendbarkeit von Kernfusion für die Energiegewinnung zu erbringen und die wissenschaftlichen und technischen Probleme zu lösen, die dem Einsatz der Kernfusion bislang im Wege stehen. ITER ist ein Reaktor des Typs Tokamak. Bei diesem ist ein Plasma aus Wasserstoffisotopen zwischen drei sich überlagernden Magnetfeldern eingeschlossen. Mithilfe der Magnetfelder lässt sich das Plasma auf eine Temperatur und Dichte bringen, die eine kettenreaktionsartig ablaufende Kernfusion in Gang setzen. Der Reaktor soll so zehnmal so viel Energie erzeugen können, wie benötigt wird, um die Fusionsreaktion zu starten. ITER selbst wird keinen Strom erzeugen; für diesen Zweck ist der Bau eines Demonstrationskraftwerks namens DEMO beabsichtigt. Der finale Entwurf für ITER wurde 2001 durch die teilnehmenden Staaten angenommen und die Errichtung des Reaktors in der Nähe des französischen Aix-en-Provence konnte 2010 starten. Aufgrund der Komplexität des Vorhabens – sowohl auf wissenschaftlich-technischer Ebene als auch wegen der großen Zahl an Kooperationspartnern (heute sind das China, die EU, Indien, Japan, Südkorea, Russland und die USA) – ist der Zeitpunkt der Fertigstellung ungewiss. Mittlerweile ist abzusehen, dass die Inbetriebnahme wohl nicht wie anvisiert im Jahr 2035 stattfinden kann.

→ GENERAL FUSION DEMONSTRATION PLANT

IS THIS YOUR FUTURE?

Niemand hat den Begriff des „Speculative Design" so stark geprägt wie Anthony Dunne und Fiona Raby. Seit 1994 denken sie nicht nur darüber nach, welche Zukunftstechnologien sich wohl durchsetzen werden, sondern zeigen auch auf, wie ein Alltag – oder, wie sie sagen, ein „alternatives Jetzt" – mit diesen Technologien ganz konkret aussehen würde. Im Jahr 2004 setzten sie sich im Auftrag des Science Museum London damit auseinander, wie drei verschiedene Energiegewinnungsformen im kleinsten ökonomischen Maßstab, nämlich im Familienleben, Gestalt annehmen könnten. In der für Kinder konzipierten Installation *Is this your Future?* in der Energy Gallery des Science Museum London porträtierten sie Familien, in denen jeweils einer von drei neuen Energieträgern verwendet oder hergestellt wird – Wasserstoff, tierisches Blut und recycelte menschliche Exkremente. Im hier abgebildeten Wasserstoff-Szenario verdient ein Mädchen ihr Taschengeld damit, den selbst produzierten Wasserstoff im Vorgarten zu verkaufen. Dabei trägt es eine Uniform mit dem Logo der familieneigenen Wasserstoffmarke.

→ ABB. 60
→ AVAILABLE NETWORKS

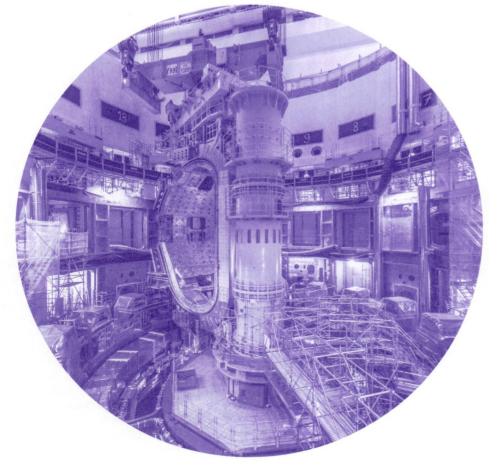

45 ITER im Bau, Juni 2023

46 Dunne & Raby, *Hydrogen Energy Future*, Installation in der Ausstellung *Is This Your Future?*, Science Museum London, 2004

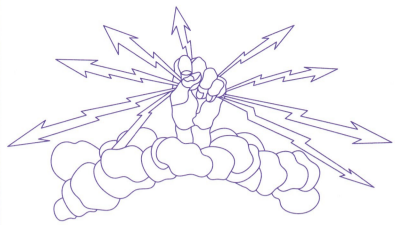

51 Das Logo von Kunststrom, gestaltet von Lorenz Klingebiel nach historischem Vorbild

KISS THE PETROL KIOSK GOODBYE

Die Verdrängung von Fahrzeugen mit Verbrennungsmotor durch Elektrofahrzeuge wird die klassische Tankstelle in nicht allzu ferner Zukunft obsolet machen. Mit dem Projekt Kiss the Petrol Kiosk Goodbye hat die Designagentur SPARK 2018 ihre Vision für die Nutzung dieser bald nicht mehr benötigten Anlagen vorgestellt. SPARK geht davon aus, dass in Singapur, einem der Standorte der Agentur, im Jahr 2030 bis zu 120 Tankstellen geschlossen sein werden und damit eine Fläche von 24 Hektar für eine neue Nutzung zur Verfügung steht. Mit der Errichtung von Servicestationen, die sich mit ihrem Angebot jeweils an die umliegenden Nachbarschaften richten, will sich das Projekt den Umstand zunutze machen, dass das existierende Netz an Tankstellen alle Gegenden der Stadt abdeckt. SPARK hat sich 25 Nutzungsmöglichkeiten für diese Servicestationen überlegt, darunter naheliegenderweise die Installation von Ladesäulen für E-Autos, aber auch die Errichtung von Sportstätten und Veranstaltungsorten. Darüber hinaus ist eine Vielzahl unterschiedlicher Einrichtungen vorgesehen, die sich mit einigen der zentralen Probleme unserer Zeit beschäftigen, insbesondere der Rohstoffverschwendung und der Ressourcenknappheit. Dazu gehören eine Mall für Second-Hand-Bekleidung und Gebrauchtwaren, eine Anlage für die Herstellung von Ziegeln aus recyceltem Plastik, eine Farm für die Zucht von Insekten als Lebensmittel, eine Anlage für die Umwandlung von Lebensmittelabfällen in Biogas und eine 3D-Druckerei für Objekte aus algenbasiertem Kunststoff. Als zusätzliche Option schlägt SPARK vor, an den ehemaligen Tankstellen Zugänge zur bestehenden unterirdischen Infrastruktur, wie U-Bahn-Linien, Tunnel und Versorgungsleitungen, einzurichten.

KUNSTSTROM

Der Künstler Pablo Wendel und die Kuratorin Helen Turner übernahmen 2017 ein ehemaliges und bereits länger leerstehendes Elektrizitätswerk in Luckenwalde, um es wieder in einen Ort der Energieerzeugung und zugleich in einen Ort der Kunst zu verwandeln. Heute werden im E-WERK Luckenwalde, wo früher Braunkohle verbrannt wurde, Holzabfälle in einem Pyrolyseprozess vergast, um Elektrizität zu erzeugen. Damit kann sich das 1913 errichtete Kraftwerk nicht nur selbst versorgen, es speist überschüssigen Strom auch ins Netz ein. Über den gemeinnützigen Verein Kunststrom, der 2012 von Wendel gegründet wurde, kann man den Strom aus Luckenwalde bundesweit beziehen.

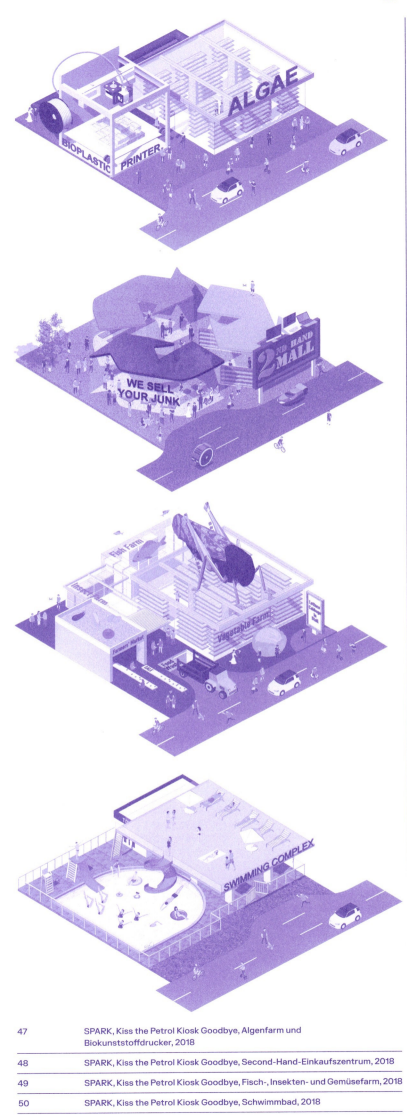

47 SPARK, Kiss the Petrol Kiosk Goodbye, Algenfarm und Biokunststoffdrucker, 2018

48 SPARK, Kiss the Petrol Kiosk Goodbye, Second-Hand-Einkaufszentrum, 2018

49 SPARK, Kiss the Petrol Kiosk Goodbye, Fisch-, Insekten- und Gemüsefarm, 2018

50 SPARK, Kiss the Petrol Kiosk Goodbye, Schwimmbad, 2018

Dafür arbeitet Kunststrom mit den Bürgerwerken zusammen. Die Bürgerwerke bündeln die Stromerzeugung von erneuerbaren Energieanlagen, die von Bürgern in ganz Deutschland betrieben werden, und ermöglichen somit einen flächendeckenden Bezug von Strom, unabhängig von Energiekonzernen. Derzeit betreibt die Energiegenossenschaft mehr als 1.400 Anlagen. Die Einnahmen aus dem Energieverkauf von Kunststrom fließen in die Produktion von Kunststrom zurück und finanzieren zudem ein vom E-WERK Luckenwalde organisiertes Programm für zeitgenössische Kunst. Das E-WERK zeigt Ausstellungen, beherbergt Studios für KünstlerInnen und bietet diesen ein Residenzprogramm mit Stipendien an.

→ ABB. 135
→ BROOKLYN MICROGRID
→ ENERGIEBUNKER

LEVANTE — ORIGAMI SOLARPANEEL

Zu den vielen jungen Unternehmen, die sich die Nutzung von erneuerbaren Energien für den Outdoor-Bereich zum Ziel gesetzt haben, gehört das von Sara Plaga und Kim-Joar Myklebust in Italien gegründete Tech-Start-up Levante. Für Camping- oder Segelbootausflüge entwickelten sie leicht transportierbare Solaranlagen in zwei Varianten, die – je nach Größe – eine Leistung von 330 oder 500 Watt haben. Die Solarpaneele lassen sich – in Anlehnung an die japanische Origami-Falttechnik – kompakt zu einer rechteckigen Tafel zusammenklappen. Mithilfe zweier Teleskoparme kann das aufgefaltete Paneel im Winkel von 30 oder 60 Grad zur Sonne ausgerichtet werden. Das Projekt wurde 2023 über eine Crowdfunding-Kampagne erfolgreich gestartet und ab Anfang 2024 sollen erste Paneele erhältlich sein.

→ ABB. 144
→ SOLGAMI

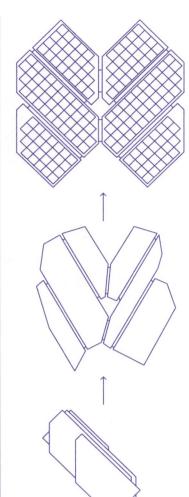

52 Faltprinzip des Origami Solarpaneels von Levante

53 Levante – Origami Solarpaneel für Camper

LIGHTED

Laut der International Energy Agency hatten im Jahr 2022 weltweit 775 Millionen Menschen keinen Zugang zu Elektrizität. Für die Betroffenen bedeutet das gesundheitliche Beeinträchtigungen, denn durch Holz- oder Plastikfeuer, mit denen sie kochen und heizen, werden Innenräume mit Schadstoffen belastet. Das nigerianische Start-up-Unternehmen LightEd, das von Stanley Anigbogu gegründet wurde, entwickelt, produziert und verkauft Solaranlagen und solarbetriebene Lampen für den Hausgebrauch. Ziel ist es, Haushalten, kleinen Unternehmen und Geschäften, die derzeit auf dem afrikanischen Kontinent unterversorgt oder vom Netz abgeschnitten sind, Zugang zu sauberer und erschwinglicher Energie und Elektrizität zu verschaffen. Die Solaranlagen von LightEd, sogenannte Power Boxes, werden zu 70 Prozent aus Elektronikschrott hergestellt. Für die Herstellung der Solarlampen

54 Das System LightEd plus zum Speichern von Solarenergie

werden Elektronikschrott und Einweg-Plastikflaschen verwendet. Ein Solarmodul liefert Sonnenenergie, die von der Power Box gespeichert wird. Mit der in diesem kleinen Kasten gespeicherten Energie kann man eine Wohnung beleuchten sowie Telefone und andere elektronische Geräte aufladen. Im Sinne der Kreislaufwirtschaft wird die Power Box in Nigeria für den lokalen afrikanischen Markt produziert und auch ein Reparaturservice wird hier angeboten.

→ SOLAR MAMAS
→ SOLAR TURTLE

LIGHTYEAR

Das solarbetriebene Auto Lightyear 0 war ein Projekt des gleichnamigen niederländischen Start-ups, das 2016 mit dem Ziel gegründet wurde, ein E-Auto zu entwickeln, das unabhängiger von Lademöglichkeiten ist. Dafür war der Lightyear 0 mit Solarmodulen auf Motorhaube, Dach und Heck ausgestattet. Diese hätten das Aufladen des Akkus per Steckdose zwar nicht vollkommen ersetzt, doch bei ausreichender Sonneneinstrahlung für sein partielles Wiederaufladen gesorgt. Bei einem Test verbrauchte ein Prototyp des Lightyear 0 bei einer konstanten Geschwindigkeit von 85 Stundenkilometern zudem nur 8,5 Kilowattstunden Strom pro 100 Kilometer. Im Vergleich dazu lag der Verbrauch eines Tesla 3, also eines konventionellen E-Autos, bei 23,5 Kilowattstunden pro 100 Kilometer. Dieser derart geringe Energieverbrauch gepaart mit der Nutzung von Solarenergie hätte zu einer Reichweite von bis zu 1.000 Kilometern geführt. Dem Unternehmen Lightyear gelang es zwar, das Modell zur Produktionsreife zu bringen, es musste die im Dezember 2022 bei Valmet Automotive im finnischen Uusikaupunki gestartete Produktion jedoch bereits Anfang 2023 wieder einstellen. Kurz darauf meldete Lightyear Konkurs an. Ein Grund für den Misserfolg könnte der kalkulierte Verkaufspreis von 300.000 Euro pro Fahrzeug gewesen sein. Doch ein Teil des Unternehmens konnte gerettet werden und arbeitet seither an der Entwicklung eines anderen solarbetriebenen Modells namens Lightyear 2, das mit einem niedrigeren Preis auf eine breitere Käuferschaft abzielt, jedoch voraussichtlich nur eine Reichweite von maximal 800 Kilometern haben wird.

→ ABB. 133
→ APTERA
→ GENERAL MOTORS SUN MOBILE
→ SION

LIGNODE

Mit der zunehmenden Elektrifizierung stieg in den vergangenen Jahren die Nachfrage nach Lithium-Ionen-Batterien,

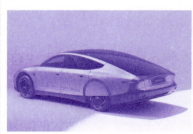

55 Lightyear 0, 2022

die beispielsweise in Smartphones, E-Bikes und E-Autos zum Einsatz kommen, rasant. Das wichtigste Anodenmaterial für diese Art von Batterien ist Graphit. Meist wird Naturgraphit genutzt, das im Bergbau gewonnen wird. Größter Graphitproduzent ist China, wo Abbau und Nachbearbeitung des Minerals aufgrund unzureichender Schutzvorschriften die Umwelt und die Gesundheit der dort Beschäftigten schädigen. Für westliche Industrienationen ist zudem die Abhängigkeit von China als Graphitlieferant problematisch. Eine deutlich teurere Alternative zu Naturgraphit ist synthetisch hergestelltes Graphit, für das eine Kohlenstoffquelle – in der Regel fossilen Ursprungs – erforderlich ist. Das finnisch-schwedische Unternehmen Stora Enso hat hingegen eine Möglichkeit entwickelt, Graphit durch einen Hartkohlenstoff zu ersetzen, der sich aus dem in Holz enthaltenen Lignin herstellen lässt. Das verwendete Holz stammt ausschließlich aus nachhaltig bewirtschafteten Wäldern in Europa. Das Lignin fällt als Nebenprodukt bei der Herstellung von Zellulosefasern an und wird sonst üblicherweise verbrannt. Die unter dem Namen Lignode® vermarktete Entwicklung kann in Pulverform als negative Anode einer Batterie dienen oder zu Elektrodenplatten und -rollen verarbeitet werden. Laut Stora Enso lassen sich Batterien mit Lignode® schneller aufladen und funktionieren bei niedrigen Temperaturen zuverlässiger als graphithaltige Batterien. Dies soll die Elektromobilität attraktiver machen. Mit seinem Produkt begegnet Stora Enso auch der Annahme, dass die natürlichen Reserven an Graphit nicht für eine flächendeckende Elektrifizierung des Straßenverkehrs ausreichen werden. Zur Entwicklung von Batterien ist Stora Enso 2022 eine Kooperation mit dem Batteriehersteller Northvolt eingegangen und arbeitet seit 2023 außerdem mit dem E-Auto-Hersteller Polestar zusammen.

56 Website und Solar-Server des *Low Tech Magazine*

LOW TECH MAGAZINE

Das digitale *Low-Tech Magazine* wurde 2007 von dem niederländischen Journalisten und Autor Kris de Decker gegründet, um den weit verbreiteten Glauben zu hinterfragen, dass die globale Energiekrise mit High-Tech zu lösen sei. So hat es sich das *Low Tech Magazine* zur Aufgabe gemacht, „das Potenzial vergangener und oft vergessener Technologien" zu untersuchen und aufzuzeigen, „wie diese nachhaltige Energiepraktiken beeinflussen können". Die von dem Magazin untersuchten und diskutierten Themen und Lösungsansätze reichen von Körperpflege über Landwirtschaft und Lebensmittelproduktion bis hin zu Mobilität und Städtebau. Vermeintliche Gewissheiten, wie etwa das Bedürfnis nach hundertprozentiger Energiesicherheit rund um die Uhr, werden dabei immer wieder in Frage gestellt. Ab 2018 wurde die Website des *Low-Tech Magazine* teilweise mit Solarstrom betrieben, seit Ende 2023 ist der Server komplett auf Solarstrom umgestellt. Alle Artikel des Magazins sind für die Offline-Lektüre auch als „Print on demand"-Bücher erhältlich. Bisher sind drei Bände erschienen, dazu ein vierter Band mit den Kommentaren der zahlreichen Benutzer der Website.

→ HUMAN POWER PLANT
→ ESSAY VON G. LION, S. 106-116
→ SOLAR PROTOCOL

MEYGEN TIDAL POWER

Nördlich von Schottland entsteht seit 2016 die weltweit größte Gezeiten-Energiefarm, die die Strömungsenergie des Wassers zwischen Ebbe und Flut nutzt. Die Meeresregion Pentland Firth and Orkney Waters zwischen der Nordküste Schottlands und den Orkney Inseln wurde von der schottischen Regierung aufgrund der dort herrschenden Strömungsverhältnisse

"Did management say you could go off the grid?"

als besonders geeignet befunden. Bislang sind am Meeresboden vier Turbinen installiert, die jeweils 150 Tonnen wiegen und mit je drei Rotorblättern mit einem Rotordurchmesser von 18 Metern ausgestattet sind. Über ein 1450 Tonnen schweres Fundament ist jede Turbine mit dem Meeresboden verankert. Von 2017 bis 2023 haben die vier Turbinen 51 Gigawattstunden ins schottische Stromnetz eingespeist. Laut dem Be-treiber SAE Renewable hat die erste Phase des Bauprojekts damit den Beweis erbracht, dass die Entwicklung von Gezeitenkraftwerken nicht nur technisch machbar, sondern auch rentabel ist. Mit finanzieller Unterstützung der schottischen Regierung soll das Kraftwerk am Ende 269 Turbinen umfassen, die 175.000 Privathaushalte mit Strom versorgen. Grundlage des Projekts ist der von Schottland 2010 verabschiedete National Marine Plan, der erstmals die Nutzung der Meeresfläche regelt, die zum schottischen Hoheitsgebiet gehört. Die Meeresfläche umfasst das Sechsfache der Landfläche Schottlands. Wie die zahlreichen Offshore-Windparks, die vielerorts entstehen, ist das Gezeitenkraftwerk allerdings auch ein Beispiel für die zunehmende Industrialisierung des Meeres, die die Energiewende mit sich bringt.

→ ORBITAL MARINE POWER O2 MW

57 MeyGen Tidal Power. Installation einer Turbine am Meeresboden, 2017

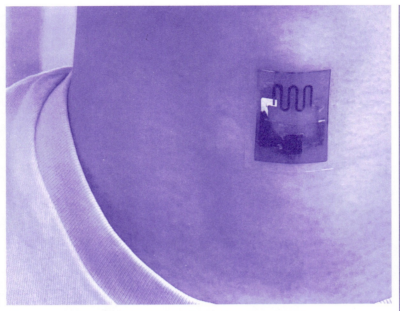

58 Biofilm zur Umwandlung von Feuchtigkeit in Strom, 2022

MIKROBIELLER STROM-ERZEUGENDER BIOFILM

Die Erzeugung von Energie aus verdunstendem Wasser ist eine Idee, die bisher nicht mit ausreichendem Ertrag umgesetzt werden konnte. Bei diesem Problem setzte eine Forschungsgruppe der University of Massachusetts Amherst an. 2022 konnte sie bekanntgeben, dass ihr die Entwicklung eines Biofilms gelungen sei, der menschlichen Schweiß für die Stromerzeugung nutzbar macht. Der Biofilm enthält eine manipulierte Form des Bakteriums Geobacter sulfurreducens. Diese elektrochemisch aktive Bakterienart wird bereits in mikrobiellen Brennstoffzellen eingesetzt, doch benötigte sie bisher immer eine Nährstoffquelle. Der neu entwickelte Biofilm enthält hingegen nur tote Zellen, die nicht mehr mit Nahrung versorgt werden müssen. Der etwa briefmarkengroße Biofilm, der nur so dünn ist wie ein Blatt Papier, wird zwischen zwei Netzelektroden gebettet und dann von beiden Seiten mit einem weichen, atmungsaktiven Polymer versiegelt. Dieser lässt sich wie ein Pflaster direkt auf die Haut aufkleben. Der Biofilm wandelt dann die bei der Verdunstung von Schweiß auf der Haut freigesetzte Energie in Strom um. Der Ertrag reicht aus, um tragbare elektronische Geräte zu laden. Interessant ist diese Technologie auch für den Betrieb medizinischer Sensoren. Die Forschungsgruppe hat sich nun die Entwicklung größerer Biofilme vorgenommen, die ganze elektronische Systeme mit Energie versorgen können.

→ ULTRADÜNNE GLUKOSE-BRENNSTOFFZELLEN

MICROBIAL HOME

Das Design Probes Program des niederländischen Technologie- und Elektronikkonzerns Philips mit Sitz in Eindhoven ist eine Zukunftsforschungsinitiative, die neue Entwicklungen in fünf Schlüsselbereichen verfolgt: Politik, Wirtschaft, Umwelt, Technologie und Kultur. Das 2011 präsentierte Microbial Home umfasst eine Reihe von Designkonzepten für ein autarkes Haus, das als zyklisches Ökosystem angelegt ist und Abwasser und Müll in Energie umwandelt. Es besteht aus mehreren Komponenten: Im Paternoster-Plastikmüllverwerter werden Kunststoffabfälle durch Myzele enzymatisch zersetzt und dienen dadurch den Pilzen zugleich als Nährstoff. Der urbane Bienenstock bietet Bienen im städtischen Raum ein Zuhause und ermöglicht zugleich die Hausimkerei. Das Biolicht leuchtet entweder dank biolumineszierender Bakterien oder dank fluoreszierender Proteine. Die filternde Toilette spart Wasser durch einen speziellen Spülmechanismus, filtert die festen Toilettenabfälle heraus und führt sie der Verwendung im Methan-Bio-Digester zu. Die Apothecary stellt die Gesundheit in den Mittelpunkt: Sie verfügt über Überwachungs-, Diagnose- und Heilmittelkomponenten, aber ihr Hauptaugenmerk liegt auf der Früherkennung und Prävention von Krankheiten. Dafür ist das Badezimmer mit entsprechenden Analysefunktionen ausgestattet. Schließlich bilden die Bio-Digester-Insel und der Larder, der Vorratsschrank, die Küche. Zu der Kücheninsel gehören eine Arbeitsfläche mit einem Häcksler für pflanzliche Abfälle, ein Gasherd, ein Glasbehälter, der die Energiereserven anzeigt, und Glaselemente, die Druck, Volumen und Zustand des Kompostschlamms anzeigen. Das Biogas wird bakteriell aus Fäkalien und organischen Haushaltsabfällen erzeugt und versorgt den Gasherd und die Gaslampen der Kücheninsel. Das Wasser in den Leitungen wird durch den Fermenter vorgewärmt und zu anderen Komponenten des mikrobiellen Haussystems geleitet. Der Vorratsschrank besteht aus einem doppelwandigen Verdunstungskühler aus Terrakotta, dessen Fächer und Kammern unterschiedliche Wandstärken und Volumina haben, so dass darin verschiedene Arten von Lebensmitteln bei jeweils optimalen Temperaturen aufbewahrt werden können. Die Außenfläche des Kühlers wird durch Warmwasserrohre erwärmt, die zuvor durch den Methankocher des Microbial Home Systems vorgeheizt wurden. Über dem Tisch befinden sich ein Keramik-Kräutergarten und eine Lagervorrichtung für Gemüse.

→ ESSAY VON C. ROSSI, S. 118–123

59	Aptera Solarmobil, 2023
60	Dunne & Raby, Hydrogen Energy Future, Installation in der Ausstellung *Is This Your Future?*, Science Museum London, 2004
61	Stefan Troendle, Hydrogen Cooker, 2022
62	BIG, CopenHill, Kopenhagen, 2019
63	Marjan van Aubel Studio, Solartisch Current Table, 2016
64	Hamburger Energiewerke, Energiebunker Hamburg, 2013
65	Tobias Trübenbacher, Papilio, mit Windkraft betriebene Straßenlaterne, 2021
66	Team Sonnenwagen, Covestro Sonnenwagen, 2019
67	Anne Lund, „Atomkraft? Nein Danke". Logo in 24 Sprachen
68	Carlo Ratti Associati, Hot Heart, thermischer Energiespeicher, Vision für Helsinki 2030, 2020
69	Marjan van Aubel, Ra, solarbetriebener Wandbehang, 2022

MOBILITY DESIGN GUIDE

In Deutschland war der Verkehr im Jahr 2020 für gut 20 Prozent des Gesamtenergieverbrauchs verantwortlich. Die Umstellung von Verbrennungsmotoren auf Elektromotoren im automobilen Individualverkehr allein wird nicht ausreichen, um den Energieverbrauch und den CO_2-Ausstoß der individuellen Mobilität im nötigen Maße zu reduzieren. Mobility Design kann dazu beitragen, die Akzeptanz der Fortbewegung zu Fuß oder mit dem Fahrrad, der Nutzung von öffentlichen Verkehrsmitteln und von Sharing-Angeboten sowie die kombinierte Nutzung all dieser Möglichkeiten zu erhöhen. Der digitale Mobility Design Guide möchte daher dazu anregen, öffentliche analoge und digitale Mobilitätsangebote sichtbarer zu machen und besser miteinander zu verknüpfen, Wartesituationen zu verbessern und die subjektive und objektive Sicherheit von Fahrgästen zu erhöhen. Die Möglichkeiten, das Mobilitätserlebnis zu beeinflussen, für die der Mobility Design Guide zahlreiche Beispiele aufführt, reichen von Prozess- über Raumgestaltung bis hin zu analogen oder digitalen Informationsprodukten. Der digitale Guide wurde als aktualisierbarer, interaktiv nutzbarer Leitfaden entwickelt. Sein Ansatz ist systemisch, er zeigt Beispiele für verschiedene Mobilitätsschwerpunkte und verschiedene Mobilitätsknotenpunkte. Er wendet sich an Verantwortliche in Politik, Stadt- und Verkehrsplanung, aber auch an ArchitektInnen und DesignerInnen im Mobilitätsbereich. Der Mobility Design Guide entstand aus einem Forschungsprojekt im LOEWE-Schwerpunkt „Infrastruktur – Design – Gesellschaft", einem Forschungsverbund der Hochschule für Gestaltung Offenbach, der Frankfurt University of Applied Sciences, der Technischen Universität Darmstadt und der Goethe-Universität Frankfurt. Er wurde von 2018 bis 2022 vom Hessischen Ministerium für Wissenschaft und Kunst gefördert.

→ ENERGIE GESTALTET STADT
→ ESSAY VON STEFAN RAMMLER, S. 128–133

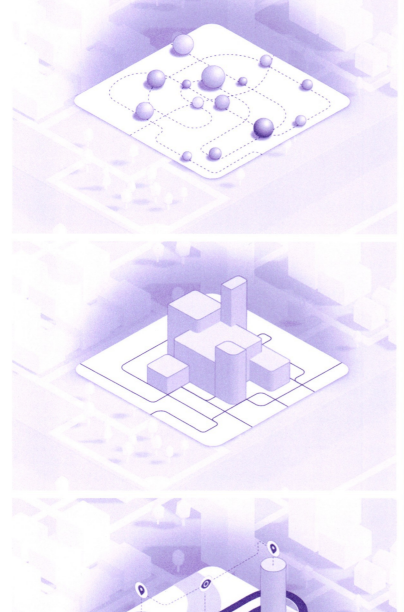

70 Mit dem digitalen Mobility Design Guide lassen sich Mobilitätsstrategien und -lösungen auf verschiedenen „Flughöhen" erkunden.

71 Acopian Solar Radio (1957) aus der Sammlung des Museum of Solar Energy

MUSEUM OF SOLAR ENERGY

Das Museum of Solar Energy (MOSE) befindet sich in Duluth, Minnesota, in den USA. Der Gründer des Museums Karl Wagner ist fasziniert von der Eleganz der Photovoltaiktechnologie und sammelt seit 20 Jahren Solarobjekte. Zunächst begann er damit, überschüssige Solarzellen aufzubewahren, um damit verschiedene sonnenbetriebene Gadgets, Beleuchtungen und Modelle herzustellen. Im Laufe der Zeit trug er eine umfangreiche Sammlung verschiedener Solarobjekte von 1900 bis heute zusammen. Ein Besuch der Ausstellung *Mark Dion: Misadventures of a 21st-Century Naturalist* 2017 im Institute of Contemporary Art in Boston inspirierte Karl Wagner zur Gründung des Museum of Solar Energy und dazu, mit seiner Sammlung Geschichten zu erzählen. Im Einklang mit Charles Eames' Motto „We want to make the best for the most for the least" ist das Museum als digitale Plattform konzipiert, um weltweit Zugang zu seiner Sammlung zu ermöglichen. Seitdem die Website im Sommer 2019 online ging, wurden bereits 250 solarbetriebene Objekte inventarisiert, Hunderte weitere sind in Bearbeitung. Zur Sammlung gehören unter anderem die erste moderne Solarzelle, die 1954 von den Bell Laboratories erfunden wurde, zahlreiche Solar Radio-Modelle, wie das Acopian Solar Radio (1957), Spielzeug und pädagogische Bausätze, wie das Bell Solar Energy Experiment

*"Nuclear power! This will **really** put Atlantis on the map!"*

(1962). Mit diesem Bausatz konnten SchülerInnen schon damals selbst eine „funktionierende" Solarzelle herstellen.

→ ESSAY VON D. BARBER, S. 140–145
→ SOLAR DO-NOTHING MACHINE

NACH DER KERNKRAFT — KONVERSIONEN DES ATOMZEITALTERS

Nach der Nuklearkatastrophe in Fukushima, Japan, im März 2011 wurde im Deutschen Bundestag noch im Juni des gleichen Jahres der Ausstieg aus der Atomenergie beschlossen. Im April 2023 wurden die letzten drei Atomkraftwerke im Land abgeschaltet. Damit stellt sich die Frage, was mit den gigantischen Anlagen passieren soll und ob diese nicht einer neuen Nutzung zugeführt werden können. Denn nur ein sehr geringer Teil der Anlagen ist tatsächlich radioaktiv belastet. In einer dreijährigen Studie widmete sich der Fachbereich Städtebau der Universität Kassel fünf Standorten von Atomkraftwerken in Deutschland: Brunsbüttel, Brokdorf und Krümmel im Norden sowie Biblis und Gundremmingen im Süden des Landes. Für diese umstrittenen Orte entwickelten die StudentInnen sieben Konversionsszenarien und neue Nutzungskonzepte. Diese reichen von der Umnutzung für die Produktion und Speicherung regenerativer Energien über die kulturelle und wissenschaftliche Nutzung bis zu einem KernKraft-Museum in Brokdorf. Das Projekt mündete in einem gleichnamigen Buch und einer Ausstellung, die 2021 in Kassel und Anfang 2023 im Bundesamt für die Sicherheit der nuklearen Entsorgung in Berlin gezeigt wurde.

→ ATOMTELLER
→ FAZIT

NATURAL FUSE

Umbrellium ist ein in London ansässiges Designstudio, das sich der Transformation urbaner Räume widmet und dabei auf partizipative Projekte setzt. Das von Umbrellium 2008 entwickelte System Natural Fuse kam im Rahmen von Ausstellungsprojekten bereits an mehreren Orten weltweit temporär zum Einsatz. Die Hauptkomponente des Systems, das die Bereitstellung von Strom für den Betrieb eines Geräts an den CO_2-Verbrauch einer Pflanze koppelt, ist die sogenannte Fuse Unit. Sie besteht aus einem Topf, der mit einer Zimmerpflanze bepflanzt und sowohl mit einem Bewässerungssystem als auch einer Klinkenbuchse ausgestattet ist. An Letzterer lässt sich ein elektrisches Kleingerät – wahlweise eine Tischlampe, ein Radio oder ein Lüfter – anschließen. Das Gerät wird zunächst nur so lange mit Strom versorgt, wie die Menge des bei der Stromerzeugung freigesetzten CO_2 nicht größer ist als die Menge, die die Pflanze aufnehmen kann. Da Natural Fuse jedoch aus einem Netzwerk aus Töpfen besteht, das sich über eine ganze Stadt erstreckt, kann der zu hohe Stromverbrauch einer Fuse Unit durch eine andere, die gerade keinen Strom verbraucht, ausgeglichen werden. Für die Interaktion im Netzwerk sind die Fuse Units daher mit einem Schalter ausgestattet, der sich auf „off", „selfless" (selbstlos) oder „selfish" (egoistisch) stellen lässt. Steht der Schalter auf „selfless" wird nur so viel Strom bereitgestellt, dass das gesamte Netzwerk im Gleichgewicht bleibt, aber auch nur ein zeitlich begrenzter Betrieb des Elektrogeräts möglich ist. Wer sein Gerät unbegrenzt nutzen möchte, stellt den Schalter auf „selfish", riskiert dadurch aber, dass der CO_2-Ausstoß des gesamten Netzwerks dauerhaft die Menge überschreitet, die durch die Pflanzen absorbiert wird. Dies führt letztlich zum Zusammenbruch des Systems und dazu, dass Natural Fuse eine zufällig ausgewählte Pflanze zum Absterben bringt, indem der Erde Essig zugeführt wird. So zeigt Natural Fuse einerseits ganz unmittelbar die negative Auswirkung übermäßigen Energiekonsums und andererseits, dass in einem gemeinschaftlichen Energie-Management zwar Chancen liegen, dieses aber auch ein solidarisches Verhalten erfordert, da es sonst zum Scheitern verurteilt sein kann.

→ ESSAY VON C. ROSSI, S. 118–127

NEWTON MACHINES

Die Reconstrained Design Group wurde 2017 am Madeira Interactive Technologies Institute gegründet, zu ihren Mitgliedern zählen unter anderem mehrere Designer, eine Philosophin, eine Autorin und ein Mathematiker. Im Fokus der Praxis der interdisziplinären Gruppe steht

72 — Teil eines Netzwerks für einen ausgeglichenen CO₂-Haushalt: Natural-Fuse-Einheit mit Tischleuchte, 2011

OCEANBIRD

Mit 940 Millionen Tonnen setzt der weltweite Schiffsverkehr jährlich mehr Kohlendioxid frei als ganz Deutschland. Bei der Umsetzung des Ziels, die CO_2-Emmissionen zu verringern, sind daher die Schiffsbauer besonders gefragt. In Schweden entwickeln die Reederei Wallenius Marine, die Königlich Technische Hochschule (KTH) und das Forschungsinstitut SSPA seit 2019 ein Konzept für einen emissionsarmen Schiffsantrieb namens Oceanbird, der die Windkraft nutzt, indem er auf die altbewährte Technik des Segels zurückgreift. Dadurch sollen sich im Vergleich zu motorbetriebenen Schiffen 90 Prozent CO_2 einsparen lassen. Oceanbird sieht lediglich einen Hilfsmotor vor, der z. B. bei Flaute oder beim Manövrieren im Hafen zum Einsatz kommen kann. Anders als herkömmliche Segel bestehen die Oceanbird-Segel nicht aus einem Gewebe, sondern werden aus Metall und einem Verbundwerkstoff

die Beschäftigung mit den Beschränkungen (Constraints), die die Arbeit von DesignerInnen prägen. James Auger und Julian Hanna, zwei der Gründer, zitieren dazu den Designer Charles Eames, der 1972 in einem Fragebogen äußerte, dass Design vor allem „von der Fähigkeit des Designers abhänge, so viele Beschränkungen zu erkennen wie möglich; von seiner Bereitschaft und seinem Enthusiasmus, innerhalb dieser Beschränkungen zu arbeiten. Beschränkungen im Preis, der Größe, der Stabilität, der Balance, der Oberfläche, der Zeit und so weiter." Die Reconstrained Design Group bezieht sich jedoch auf größere, systemische und alles durchdringende Voraussetzungen und Beschränkungen, innerhalb derer DesignerInnen arbeiten, nämlich die historisch entstandenen Pfadabhängigkeiten, wie sie etwa im Bereich der Energie vorliegen. Die Reconstrained Design Group stellt das Dogma des Fortschritts in Frage und denkt Design von den zu erreichenden Zielen her, um die Mittel und Wege dorthin neu zu gestalten. Zu den ersten Projekten der Gruppe gehören ihre Newton Machines: Energiemaschinen, die in einem gemeinschaftlichen Prozess an verschiedenen Orten jeweils mit Ortsansässigen aus lokalen Ressourcen entstehen, die Abhängigkeit von Energie sichtbar machen und zugleich dazu beitragen, von bestehenden Energieinfrastrukturen unabhängig zu werden und „off grid" zu gehen. Ein erstes Beispiel einer solchen Newton Machine ist der Prototyp einer Gravity Battery, die auf Madeira entstand, wo Windkraft und Solarenergie bereits eine wichtige Rolle spielen. Die Gravity Battery nutzt einen 10 bis 20 Kilogramm schweren Wassercontainer, der zum Speichern von Energie hochgezogen und zum Abgeben der Energie wieder herabgelassen wird. Eine zweite Gravity Battery entstand in einem Workshop auf den Orkney Inseln. Aus diesen Experimenten heraus hat die Reconstrained Design Group zuletzt einen Gravity Turntable und eine Gravity Lamp entwickelt, die die Energie für ihren Betrieb aus dem langsamen Absenken einer zuvor in die Höhe beförderten Masse beziehen.

→ AVAILABLE NETWORKS
→ LOW TECH MAGAZINE

73 — Reconstrained Design Group, Gravity Turntable, 2018

74 — Oceanbird Frachtschiff mit 40 Meter hohen Segeln, 2019

gefertigt. Dieses Material – aber auch die Form – machen sie vergleichbar mit einer Flugzeugtragfläche. Nachdem man verschiedene Konstruktionsmöglichkeiten getestet hat, ist man mittlerweile bei einem Segel angelangt, das aus zwei Elementen besteht. Bei zu starkem Wind lässt es sich zunächst vertikal zusammen- und dann auf das Deck herunterklappen. Für den Bau von Schiffen nach dem Oceanbird-Konzept gründete Wallenius 2021 zusammen mit der Alfa Laval AB das Joint Venture AlfaWall Oceanbird. Für 2024 ist als Probelauf zunächst die Ausstattung eines existierenden Schiffs, des Autofrachters *Tirranna*, mit einem Oceanbird-Segel geplant. Der erste vollständig nach dem Oceanbird-Konzept gebaute Frachter wird die *Orcelle Wind* sein. Mit einer Länge von 220 Metern und einer Breite von 40 Metern wird sie eine Ladekapazität für mehr als 7.000 Autos haben. Der Stapellauf ist für 2027 geplant.

→ WISAMO

O-WIND-TURBINE

Im urbanen Raum entwickeln sich in den engen Straßenschluchten zwischen den Hochhäusern aufgrund des Düseneffekts oft Windströmungen mit hoher Geschwindigkeit, die mitunter an Häuserecken verwirbeln. Um diesen Wind als Ressource für die innerstädtische Stromerzeugung zu nutzen, hat das britische Unternehmen

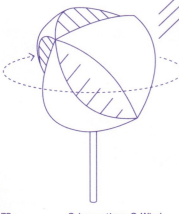

75   O-Innovations, O-Wind-Turbine, 2023

O-Innovations das Konzept der sogenannten O-Wind-Turbine entwickelt. Mit einem Durchmesser von nur 25 Zentimetern ist die Turbine so klein, dass sie sich über ein Seilsystem mitten in der Stadt, etwa an Fassaden oder Balkonen, aufhängen ließe. Die besondere Innovation ist aber, dass die Turbine Wind aus wechselnden Richtungen in eine Rotation um eine einzige Achse umsetzen kann. Die kugelförmige Konstruktion ist hierfür mit großen, in Reihen angeordneten Öffnungen versehen, durch die Luft einströmt. Die Luft kann nur durch kleine Schlitze wieder

76   ONO E-Cargobike mit Frachtcontainer, 2020
77   Mobiles Gezeitenkraftwerk Orbital O2 2MW

austreten, was dazu führt, dass sie sich im Inneren der Kugel staut. Der hierdurch entstehende Rückstoß setzt die Kugel in Bewegung und treibt einen Generator für die Erzeugung von Strom an. Dieser lässt sich entweder ins Stromnetz einspeisen oder direkt nutzen. Die Hauptzielgruppe von O-Innovations sind Privathaushalte in innerstädtischen Mehrfamilienhäusern. Die O-Wind-Turbine ließe sich aber auch an Wohnwagen oder auf Booten installieren. Mit dem James Dyson Award erhielt O-Innovations 2018 eine erste Auszeichnung sowie eine damit verknüpfte Finanzierung für die Weiterentwicklung der Turbine. Derzeit ist das Unternehmen dabei, die für die Markteinführung notwendige Finanzierung sicherzustellen, und plant ein Crowdfunding.

ONO E-CARGOBIKE

Seit einigen Jahren werden die Straßen in Deutschland, besonders in den Innenstädten, zunehmend durch den gewerblichen Lieferverkehr belastet, eine Entwicklung, die im Zusammenhang mit dem Wachstum des Onlinehandels steht. Das Berliner Start-up Onomotion hat sich daher zum Ziel gesetzt, mit seinem E-Cargobike ONO einen Beitrag zur Entlastung des Straßenverkehrs zu leisten und den Emissionsausstoß und Energieverbrauch des Logistikbereichs zu senken. Das 2020 auf den Markt gebrachte dreirädrige Fahrrad kann dank Unterstützung durch einen Elektromotor beim Warentransport, und zwar insbesondere auf der „letzten Meile" zum Endverbraucher, eingesetzt werden. Weitere Zielgruppen sind Handwerksbetriebe und das Facility Management. ONO ist wahlweise mit einem geschlossenen oder oben offenen Container ausgestattet, dessen Innenraum sich für den Transport verschiedener Waren, Werkzeuge oder Geräte konfigurieren lässt. In dem 2 Kubikmeter fassenden Container kann ein Gewicht von bis zu 200 Kilogramm transportiert werden. Eine Rampe am Fahrrad ermöglicht den schnellen Austausch von Containern. Die Fahrzeuge erreichen eine Höchstgeschwindigkeit von 25 Kilometern pro Stunde, sind aber für die Nutzung auf Radwegen und ohne Führerschein zugelassen. Der Akku des Elektromotors hat eine Reichweite von max. 30 Kilometern. Eine Kabine schützt die FahrerInnen vor der Witterung. Zu den Kunden von Onomotion zählen bereits mehrere große Logistikunternehmen. Das Start-up verfügt aber auch über eine eigene Lieferflotte. An mehreren Standorten in Deutschland werden außerdem Wartung und Reparatur der Fahrzeuge angeboten. Onomotion lässt sein E-Cargobike in Deutschland produzieren und bezieht seine Teile hauptsächlich von Zulieferern aus der EU, um auch im Bereich der Fertigung die Emissionen möglichst gering zu halten.

ORBITAL O2 2MW

Die Umwandlung von Wasserkraft in elektrischen Strom begann im 19. Jahrhundert mit der Installation von Turbinen in Flüssen. Zu Beginn des 20. Jahrhunderts wurden erste Versuche unternommen, auch die

Gezeitenströmung für die Stromerzeugung nutzbar zu machen, doch dauerte es bis in die 1960er Jahre, bis die ersten Gezeitenkraftwerke gebaut werden konnten. Allerdings machten die in Küstennähe oder in Flussmündungen arbeitenden Anlagen die Errichtung eines Staudamms erforderlich, was mit erheblichen Kosten verbunden war und zudem einen massiven Eingriff in das lokale Ökosystem darstellte. Seit einigen Jahren versucht man, diesen Problemen mit Gezeitenturbinen, die auf dem offenen Meer zum Einsatz kommen, auszuweichen. Viele Projekte mussten jedoch nach einem erfolglosen Probelauf wieder eingestellt werden, entweder aufgrund mangelnder Rentabilität oder weil die Anlagen durch zu starke Strömung, Korrosion oder eindringendes Wasser zerstört worden waren. Zudem gilt es bei der Entwicklung dieser Anlagen zu beachten, dass die maritime Tier- und Pflanzenwelt möglichst wenig gestört wird. Zu den wenigen aktuell erfolgreich arbeitenden Gezeitenturbinen gehört die Orbital O2 2MW des schottischen Unternehmens Orbital Marine Power. Ein erstes Exemplar der bisher leistungsstärksten Turbine ihrer Art — laut Herstelleraussagen kann sie 2000 britische Haushalte mit Strom versorgen — wurde 2021 in einer Meerenge in der Nähe der zum Orkney-Archipel gehörenden Insel Eday installiert. Während andere Gezeitenturbinen unter hohem Aufwand auf dem Meeresboden errichtet werden, besteht O2 2MW aus einer schwimmenden, 74 Meter langen Träger-Boje, die lediglich im Meeresboden verankert ist. Zwei seitlich an der Boje befestigte flügelartige Ausläufer halten jeweils einen Rotor mit einem Durchmesser von 20 Metern. Die Ausläufer werden für den Betrieb der Anlage ins Wasser abgesenkt, lassen sich aber für die Wartung der Rotoren wieder nach oben klappen, was den Prozess erheblich vereinfacht. Vielversprechend ist O2 2MW auch insofern, als die Anlage auf bereits in Serie produzierten kleineren Flussturbinen basiert, weshalb Orbital Marine Power davon ausgeht, auch die für den Einsatz im Meer konzipierte Turbine vergleichsweise kostengünstig produzieren zu können.

→ MEYGEN

PAPA FOXTROT

Die Faszination für die Ästhetik technischer Konstruktionen und Infrastrukturen motivierte das in London und Hamburg ansässige Industriedesignstudio PostlerFerguson 2011 zur Gründung einer eigenen Spielzeugmarke mit dem Namen Papa Foxtrot. Zu den hochwertigen, handgefertigten Holzmodellen, die unter dem Label vertrieben werden, gehören Frachtschiffe, Bojen, Satelliten, aber auch einige Bauten aus dem Energiesektor, die man normalerweise nicht aus nächster Nähe betrachten kann: die Ölplattform Neptune Spar, die im Golf von Mexiko verankert ist, das deutsche Kernkraftwerk Grafenrheinfeld und die englische Off-Shore-Windkraftanlage Haliade-X in Yorkshire. Die auf wesentliche Bauelemente und Formen reduzierten Modelle unterstreichen die Schönheit, die aus

reiner Funktionalität entstehen kann. Die Modelle des Kernkraftwerks und der Windkraftanlage wurden in die Sammlung des Londoner Victoria and Albert Museum aufgenommen.

→ ABB. 139
→ SOLAR DO-NOTHING MACHINE

PAPILIO

Seit Beginn der Industrialisierung wird die Nacht vom Menschen immer effektiver ausgeleuchtet. Besonders in Städten ist das Phänomen der Lichtverschmutzung mittlerweile ein akutes Problem. Über 80 Prozent aller Erdenbewohner sind heute mit deren Folgen konfrontiert. Dazu zählen Gesundheitsprobleme beim Menschen, wie zu wenig und schlechter Schlaf, aber auch reduzierte Biodiversität und ein ständig steigender Verbrauch planetarer Ressourcen. Im Rahmen seiner Abschlussarbeit 2020/21 an der Berliner Universität der Künste entwarf Tobias Trübenbacher mit Papilio eine Leuchte für öffentliche Räume, die dazu beitragen könnte, Lichtver-

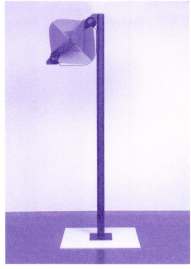

79 Papilio, mit Windkraft betriebene Straßenlaterne von Tobias Trübenbacher, 2021

schmutzung und Insektensterben zu minimieren. Angetrieben durch einen Windrotor, bei dem die Windrichtung keine Rolle spielt, erzeugt die Laterne klimaneutrale Energie für eine Beleuchtung mit stromsparenden LEDs. Da die Straßenleuchte über einen Akku verfügt und nicht verkabelt werden muss, sind für ihre Installation keine aufwändigen Erdarbeiten nötig. Die LEDs leuchten in einem Spektrum, das möglichst wenige Insekten anzieht. Sie sind zudem so verbaut, dass Licht nur nach unten abgestrahlt und nicht zur Seite oder gar nach oben in den Nachthimmel emittiert wird. Schließlich verfügt Papilio über einen integrierten Sensor, so dass das Licht nur dann aktiviert wird, wenn sich Personen nähern.

→ ABB. 65
→ O-WIND TURBINE

PLUS MINUS 25 °C

Um Wohnräume im Sommer ohne Stromzufuhr zu kühlen und im Winter zu wärmen, haben Anna Koppmann und Esmée Willemsen, zwei Studentinnen der Universität der Künste Berlin, ein neues Konzept für einen temperaturregulierenden Vorhang entwickelt: Der Stoff des Vorhangs Plus Minus 25 °C ist mit sogenanntem PCM (Phasenwechselmaterial) bedruckt. Bei über 25 Grad Celsius absorbiert das

78 Energie-Infrastruktur als Spielzeug: Papa Foxtrot, 2011

PLUSENERGIE-QUARTIER P18

80   Plus Minus 25 °C, Vorhang mit Phasenwechselmaterial (PCM) von Anna Koppmann und Esmée Willemsen, 2020

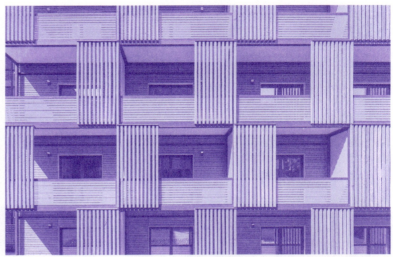

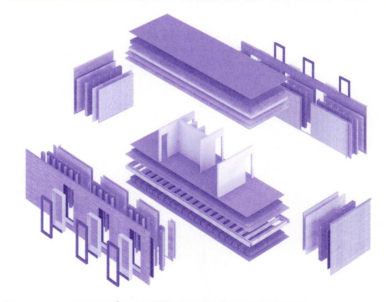

81   Plusenergiequartier P18 von Werner Sobek und Aktivhaus. Fassade mit Balkonen, 2021–2023

82   Blick ins Plusenergiequartier P18, 2021–2023

83   Explosionszeichnung eines Wohnmoduls des Plusenergiequartiers P18

Material Umgebungswärme und verändert dabei seinen Zustand von fest zu flüssig. Sobald die Raumtemperatur unter 25 Grad Celsius fällt, wird das Material wieder fest und gibt Wärme ab. Vergleichbar ist dies mit der Funktionsweise eines herkömmlichen Handwärmers oder Kühlakkus, nur dass hier der Wechsel des Aggregatzustands vor allem durch die Intensität der Sonneneinstrahlung durch Fenster sowie durch den Tag-Nacht-Wechsel hervorgerufen wird. Die Studentinnen verwenden einen PCM-Puder, der mit Farbe vermischt und auf den Stoff durch Siebdruck aufgebracht wird. Insgesamt drucken sie zwei Schichten, je eine pro Stoffseite, um einen temperaturregulierenden Effekt zu erzielen. Da der Vorhangprototyp von Koppmann und Willemsen viel Anklang fand, suchen die Entwicklerinnen nun nach Möglichkeiten, ihn als Produkt auf den Markt zu bringen.

PLUSENERGIE-QUARTIER P18

Das 1992 von Werner Sobek in Stuttgart gegründete und heute weltweit tätige Ingenieurs- und Architekturbüro hat sich dem nachhaltigen Bauen verschrieben. Die Reduktion von Energieverbrauch, Emissionen und Abfallentwicklung ist ein erklärtes Ziel des Unternehmens. Das Plusenergie-Quartier P18 im Stuttgarter Stadtteil Bad Cannstatt, von Werner Sobek gemeinsam mit dem Unternehmen AH Aktiv-Haus geplant, verkörpert diesen Ansatz exemplarisch. Das 2021 bis 2023 bislang größte in nachhaltiger Holzmodulbauweise in Deutschland realisierte Wohnbauprojekt für MitarbeiterInnen des Klinikums Stuttgart umfasst 330 Wohnungen, die sich auf sechs Gebäude mit vier bzw. fünf Geschossen verteilen. Durch die innovative und leichte modulare Holzständerbauweise konnten gegenüber einem konventionell errichteten Gebäude 75 Prozent an Gebäudemasse eingespart werden. Die verbauten Holzmodule wurden seriell im Werk gefertigt und auf der Baustelle miteinander verbunden. Dies reduzierte den Materialverbrauch und die Abfallerzeugung in der Produktion und ermöglichte eine durchgehende Qualitätssicherung. Die Module wurden komplett inklusive Küchen,

Lampen, Steckdosen usw. vorgefertigt und auf der Baustelle nach Anlieferung durch einen Schwertransporter innerhalb von 30 Minuten eingebaut. Pro Tag konnte so ein Stockwerk errichtet werden, pro Woche ein Gebäude. Im ersten Bauabschnitt wurde das Quartier in einer Rekordzeit von nur sechs Monaten errichtet und an den Bauherren, die Stuttgarter Wohnungs- und Städtebaugesellschaft (SWSG), übergeben. Im Falle eines Rückbaus könnten die Holzmodule vollständig abgebaut und sortenrein getrennt werden. Die verwendeten Materialien sind zu 98 Prozent recycelbar, 82 Prozent davon könnten ohne zusätzliche Bearbeitung wiederverwendet werden. Das autofreie Plusenergie-Quartier erzeugt im Jahresmittel mehr Energie aus nachhaltigen regenerativen Quellen, als es selbst verbraucht. Dafür sorgt ein effizientes Heizungssystem auf Basis von Sole-Wasser-Wärmepumpen, Photovoltaikmodulen und Solar-Hybridkollektoren. Zusätzliche Wärmepumpen auf den Dächern sorgen für eine Wärmerückgewinnung aus der Abluft und einen minimalen Energieverlust. Die Dächer aller Gebäude sind mit PVT-Kollektoren belegt, um Solarenergie sowohl in Form von Strom als auch Wärme nutzen zu können. Die Südfassaden der meisten Gebäude sind zusätzlich mit fassadenintegrierten PV-Modulen ausgestattet, um die Energiegewinnung pro Haus zu maximieren. Batteriespeicher erhöhen die Autarkie des Quartiers. So konnte am Ende sogar auf den ursprünglich zu Spitzenlastabdeckungen im Winter vorgesehenen Anschluss an die vorhandene Fernwärme des Klinikums verzichtet werden.

→ ABB. 145
→ POWERHOUSE BRATTØRKAIA

POWER SUITS

Power Suits ist eine Kollektion tragbarer Energiegeneratoren, die von dem britischen Studio Isabel + Helen entworfen wurde. Mit insgesamt sieben verschiedenen, zugleich spielerisch und poetisch anmutenden Modellen veranschaulicht die Kollektion die Energie des menschlichen Körpers in Bewegung. Aus bewegter Luft entsteht Licht. Das in London ansässige Studio von Isabel Gibson und Helen Chesner besteht seit 2012 und kreiert experimentelle und ausgetüftelte Installationen und kinetische Skulpturen an der Schnittstelle von Kunst und Design. Die Power Suits wurden im September 2023 mit einer Modenschau während des London Design Festivals im Innenhof des Victoria and Albert Museum präsentiert.

→ ABB. 132
→ HUMAN POWER PLANT
→ SOLAR DO-NOTHING MACHINE

POWERHOUSE BRATTØRKAIA

Das norwegisch-amerikanische Architekturbüro Snøhetta hat sich in den letzten Jahren in einer Reihe von Bauprojekten ganz gezielt mit der Optimierung der Energiebilanz der Gebäude beschäftigt. Zu diesen „Powerhouses" zählen zwei Bürogebäude – das aus einem Bestandsgebäude durch energetische Optimierung entwickelte Powerhouse Kjørbo (2012-2014) und das neu erbaute Powerhouse Telemark (2015-2020) – sowie eine Montessori-Schule, das Powerhouse Drøbak (2015-2018). Das 2019 fertiggestellte Powerhouse Brattørkaia am Hafen von Trondheim, Norwegen, ist das nördlichste energiepositive Gebäude der Welt. Das Bürogebäude erzeugt mehr Energie, als es während seiner Lebensdauer verbraucht, eingerechnet Bau, Abriss und die in den verwendeten Materialien enthaltene Energie. Es hat eine Gesamtfläche von 18.200 Quadratmetern, die sich auf acht Stockwerke, ein Zwischengeschoss und eine Tiefgarage verteilen. Das abgewinkelte,

84 Power Suit von Studio Isabel + Helen, 2023
85 Power Suit Collection von Studio Isabel + Helen, 2023

"Technically, he's supposed to generate more energy than he uses."

fünfeckige Dach und der obere Teil der Fassade sind mit etwa 2870 Quadratmetern Solarzellen bedeckt. Diese erzeugen im Laufe eines Jahres insgesamt etwa 460.000 Kilowattstunden Energie. Das ist im Durchschnitt pro Tag mehr als doppelt so viel Strom, wie das Gebäude täglich verbraucht. Über ein lokales Mikronetz kann das Powerhouse daher seine Nachbargebäude und städtische Elektrobusse mitversorgen. Die energetische Planung von Snøhetta berücksichtigte außerdem die maximale Nutzung von Tageslicht, die Wärmerückgewinnung im Belüftungssystem und aus dem Grauwasser sowie die Nutzung des Meerwassers im Hafenbecken zum Heizen und Kühlen. Eine Vorstudie, die für das Powerhouse Brattørkaia durchgeführt wurde, zeigte, dass die graue Energie der Materialien und technischen Anlagen und Komponenten einen erheblichen Anteil am Gesamtenergiekonto des Baus ausmacht. Daher wurde auch der Materialwahl große Aufmerksamkeit gewidmet. So wurde für dieses Projekt eine Betonmischung mit sehr niedriger grauer Energie und niedrigen Treibhausgasemissionen entwickelt, die sich zugleich besonders gut als Wärmespeicher eignet. Von den untersuchten Photovoltaik-Paneelen hingegen wurden schließlich jene ausgewählt, für deren Produktion am meisten Energie gebraucht wurde, denn auf ihre gesamte Lebensdauer gesehen war ihre Energiebilanz aufgrund ihrer höheren Effizienz die beste.

→ PLUSENERGIE-QUARTIER P18

RA

Die niederländische Designerin Marjan van Aubel stellte 2021 auf der Dutch Design Week ihre Arbeit Ra vor, die sich an der Schnittstelle zwischen Design, Technik und Kunst bewegt. Ra – benannt nach dem altägyptischen Gott der Sonne – ist eine Art moderner Vorhang oder dekoratives Wandobjekt, in das Solarzellen eingebaut sind. Es besteht aus dünnem, elektrolumineszierendem Papier und Streifen von bunten Solarzellen, die in einem geometrischen Muster angeordnet sind. Wenn Ra in ein Fenster gehängt wird, fangen die Zellen das Licht ein und speichern die erzeugte Energie in einer Batterie. Diese versorgt das Papier mit Strom und lässt bei Dunkelheit einen Ring aufleuchten, der in das Papier eingebettet ist. Van Aubel integrierte in ihren Vorhang Solarmodule der Firma Asca und kombinierte diese mit einem selbst entworfenen Farbkonzept. Asca nutzt dünne, flexible und recycelbare PET-Folien und bettet durch ein innovatives Druckverfahren die Solarzellen in die Folien ein: Lichtabsorbierende Tinte wird in dünnen Schichten aufgetragen und verteilt winzige Titandioxid-Partikel, die Sonnenlicht in Strom verwandeln, auf der Oberfläche. In Ra verarbeitet Marjan van Aubel diese Technologie zu einem zeitgenössischen Kunstobjekt: Im Gegensatz zu anderen Projekten der Designerin dient Ra nicht hauptsächlich der Beleuchtung, sondern beweist vielmehr, dass Sonnenenergie auch künstlerisch und dekorativ eingesetzt werden kann.

→ ABB. 69
→ SUNTEX

RE:GEN FITNESSRAD

2022 brachte die britische Firma Energym RE:GEN auf den Markt, ein stationäres Fitnessrad, das die beim Training entstehende kinetische Energie in Strom umwandelt. Die Version des Trainingsgeräts für den Heimgebrauch ist mit einem Akku, dem sogenannten OHM, ausgestattet. Dieser hat eine Speicherkapazität von max. 100 Kilowattstunden und verfügt über zwei USB-Ports. Nach Beendigung des Trainings lässt sich der Akku vom Fahrrad abnehmen und zum Aufladen elektronischer Geräte nutzen. Laut Herstellerangaben reicht der gespeicherte Strom für das achtmalige Laden eines iPhones 12. OHM verfügt außerdem über eine LED-Anzeige, die per Farbsystem Auskunft über die Effizienz des Trainings gibt. Für den Geschäftsbereich, beispielsweise für Fitnessstudios, wird eine Variante des Rades angeboten, mit der sich der erzeugte Strom über ein Speichersystem in das Stromnetz des Gebäudes einspeisen lässt. Der innerhalb einer Trainingsstunde mit 30 Rädern produzierte

87 Solarbetriebener Wandbehang Ra von Marjan van Aubel, 2022

86 Energieversorger für die Nachbarschaft: Snøhetta, Powerhouse Brattørkaia, Trondheim, 2012–2019

88 RE:GEN, Fitnessrad von Energym, 2023

Eneropa, Teil der Roadmap2050-Vision von AMO, 2010

Strom reicht für die Beleuchtung von fünf Haushalten für die Dauer von 24 Stunden.

→ HUMAN POWERED NEIGHBOURHOOD

ROADMAP 2050: EIN PRAKTISCHER LEITFADEN FÜR EIN PROSPERIERENDES, CO_2-FREIES EUROPA

Eine Aufgabe, die Design und Architektur in der aktuellen Energiewende übernehmen können, ist es, alternative Zukünfte zu imaginieren und zu visualisieren. Mit der Roadmap 2050, einer Studie für die European Climate Foundation, veranschaulichte AMO, der Think-Tank des niederländischen Architekturbüros OMA, im Jahr 2010, wie ein CO_2-freier europäischer Energieverbund im Jahr 2050 aussehen könnte. Wie die von AMO gezeichnete Karte von Eneropa illustriert, müsste jede europäische Region ihre geografisch bedingten Energievorteile nutzen und die so gewonnene Energie in den Verbund einspeisen: Die Mittelmeeranrainer, wo vor allem Solarenergie genutzt werden kann, vereinen sich zu Solaria. Großbritannien verwandelt sich mit Gezeitenkraftwerken in die Tidal States. In der Nordsee nutzen die Isles of Wind die Windkraft. Im Zentrum Europas – Geothermalia – wird Geothermie eingesetzt, während die Nutzung der Wasserkraft – Hydropia – Eneropa von West nach Ost durchzieht. Mit Sinn für Geschichte und Ironie wird aus der ehemaligen Sowjetunion die Carbon Capture and Storage Republic (CCSR), südlich davon, im ehemaligen Reich der Habsburger, entsteht Biomassburg. Zusätzlich schlägt AMO den Import von Solarenergie vom afrikanischen Kontinent vor. Ein Netzwerk für den Energieaustausch innerhalb Europas existiert, aber, wie AMO in ihrer Studie ebenfalls festhielten, bislang vor allem für den Austausch von fossilen Rohstoffen. Nun gelte es, das Netzwerk für erneuerbare Energien umzurüsten und als „smart grid" anzulegen. Die Kosten für diese Umstellung schätzte AMO auf 150 Milliarden Euro pro Jahr.

→ ATLANTROPA
→ WORLD GAME

SHINE WINDTURBINE

Als tragbare Windkraftanlage ist Shine besonders bei Outdoor- und Campingenthusiasten beliebt. Die kleine Turbine lässt sich in einen Rucksack packen und liefert schnell und effizient Strom, sobald Wind weht und man die Propellerflügel an den stromlinienförmigen Turbinenkörper gesteckt hat. Mit einer 40-Watt-Turbine und einem internen Akku ausgerüstet wiegt Shine nur 1,4 Kilogramm. Der erzeugte Strom kann entweder direkt verwendet werden, um mobile elektronische Geräte wie Smartphones oder Laptops aufzuladen, oder mittels eines Akkus gespeichert werden. Bei einer Windstärke von 29 Kilometer pro Stunde (18 mph) lädt ein leeres iPhone laut Hersteller in knapp einer Stunde; bei hohen Windgeschwindigkeiten sogar in 20 Minuten. Shine wurde von Aurea Technologies 2021 lanciert, einem kanadischen Start-up, das von zwei jungen Unternehmerinnen

90 Shine, Turbine von Aurea Technologies, 2023

gegründet wurde. Dank zweier erfolgreicher Crowdfunding-Kampagnen konnte das Produkt auf dem internationalen Markt Fuß fassen. Bis heute werden die Turbinen in Kanada mit bis zu 85 Prozent recycelbaren Bestandteilen hergestellt.

→ EAZ WIND
→ ICEWIND
→ O-WIND
→ PAPILIO

SION

Das Solarauto Sion stellt einen weiteren gescheiterten Versuch dar, ein Fahrzeug zu entwickeln, das sich sowohl per Steckdose als auch über integrierte Photovoltaik laden lässt. Nach Jahren des erfolgreichen Crowdfundings musste das Münchner Start-up Sono Motors das Projekt aufgrund finanzieller Engpässe kurz vor Aufnahme der Produktion Ende 2022 einstellen. Der Sion mit einem Preis von 25.500 Euro war als Auto für den Stadtverkehr sowie für Pendler gedacht und sollte sich zudem für den Einsatz als Sharing-Fahrzeug eignen. Der eingebaute Akku hätte ohne zusätzliche Ladung durch die Sonne eine Reichweite von 305 Kilometern gehabt. Durch Solarzellen auf Dach, Motorhaube, Heckklappe und Türen hätte sich eine

91 Solarzellen in der Karosserie: Explosionszeichnung des Sion, 2023

zusätzliche Reichweite von 112 Kilometern pro Woche ergeben. Der Solarstrom sollte sich auch in das Stromnetz von Gebäuden einspeisen oder für das Laden anderer Elektrofahrzeuge, wie E-Bikes, nutzen lassen. Anfang 2023 teilte Sono Motors mit, sich künftig nur noch auf die Entwicklung von Solartechnologie für die Nachrüstung von Fahrzeugen anderer Hersteller konzentrieren zu wollen. Ein entsprechendes Pilotprojekt startete im Juli 2023. Auf dem Dach eines Busses der Stadtwerke im bayerischen Hof wurde eine Photovoltaik-Anlage installiert. Der hierdurch erzeugte Strom fließt in eine Batterie, die den konventionellen Dieselmotor des Fahrzeugs unterstützt.

→ APTERA
→ LIGHTYEAR

SOLAR DO-NOTHING MACHINE

Die Solar Do-Nothing Machine war Spielzeug, kinetische Skulptur und Werbemittel für den Werkstoff Aluminium in einem. Aber viel wichtiger noch: Sie war eine der ersten Visualisierungen der Möglichkeiten der Nutzung von Solarstrom. Mitte der 1950er Jahre initiierte der amerikanische Aluminiumhersteller ALCOA eine Werbekampagne unter dem Titel „Forecast", um auf die Vielseitigkeit des Materials aufmerksam zu machen. Über einen Zeitraum von fünf Jahren beauftragte ALCOA damals mehr als zwanzig namhafte DesignerInnen, Objekte, Kleider oder Architekturen aus Aluminium zu entwerfen. Die Resultate wurden anschließend in einer aufwändigen Medienkampagne präsentiert. An Charles Eames erging im Frühjahr 1956 die Einladung, am „Forecast"-Programm teilzunehmen. Anfänglich stand er dem Projekt skeptisch gegenüber, fand dann aber doch, dass es Dinge gebe, für die es sich zu werben lohne: „Eine

```
                                        November 14, 1958
         THE DO-NOTHING MACHINE
         A Solar Energy Toy

Invented:  January, 1957
Completed: January, 1958

We at first declined to be involved in a promotional project for
ALCOA on the grounds that we have too many real projects neglected
and unfinished.  Then it occurred to us that there are some things
worth promoting, and the conservation of natural resources looked
like a likely one.

A demonstration of solar energy as a practical source of power
appeared to be a not uninteresting way of promoting resource con-
servation.

At this point in the development of solar energy converting techniques,
it seemed that the best brand of attention could be called by doing
an elaborate and delightful NOTHING, rather than a (bound to be meager
and apt to be boring) SOMETHING.

So it became a do-nothing machine.  First we tried a number of
methods of conversion.  Steam was attractive because it added to
the general do-nothing confusion -- however, the transfer to
mechanical energy was very inefficient.  We tried flash boilers,
turbines, and air motors -- spectacular in themselves, but low work
producers.

The fast growing efficiency of the silicon cells became the deter-
mining factor.  In one year the energy produced per dollar cost of
silicon cells increased over one hundred times.

RESULT:

"Do-Nothing Machine" powered by ten silicon cells (1" in diameter),
mounted in a reflector.  The cells convert light energy into
electrical energy, which powers six small motors.  Motors then
operate the various elements of motion.  The motors operate inde-
pendently of each other by means of a switching device at the fore-
most part of the plate.  The device is a real tour de force in the
department of fighting friction, and was built entirely in our
office, of aluminum -- cast, cut, turned, brushed, anodized,
lacquered, and dyed to the material possibilities.

The problem of a delightful NOTHING, committed to most apparent use
of small energy, runs into the trap of ecclecticism -- because the
more ecclectic the form and the motion, the more it becomes removed
from pure abstract NOTHING.

We optimistically hope that a good look at the Do-Nothing Machine
would place the SUN permanently in the viewer's catalogue of
practical sources of energy.

The opportunity to view has occurred in publications, on television,
at Expositions, and a month's run at New York's Hayden Planetarium.
```

92 Brief von Charles Eames an Ian McCallum, Chefredakteur der *Architectural Review*, 14. November 1958

93 Skizze der Solar Do-Nothing Machine von Charles und Ray Eames, ca. 1957

Demonstration der Solarenergie als praktische Stromquelle schien ein nicht uninteressantes Mittel zur Förderung der Ressourcenschonung zu sein." Schon im Sommer 1956 schickte der Designer Alexander Girard den befreundeten Eames ein Dutzend Radiometer, mit denen man Bestrahlungsstärke messen konnte. Zwei solcher Radiometer, die Glühlampen ähneln, in denen sich kleine Windräder drehen, wurden später Teil der Solar-Do-Nothing Machine. Im Mai 1957 bezogen die Eames photoelektrische Zellen von der in Los Angeles ansässigen International Rectifier Corporation und bereits im Sommer wurde die Maschine im Eames Office in Venice Beach gebaut. Sie bestand aus einer niedrigen, aufgeständerten

94   Charles und Ray Eames und John Neuhart bei der Arbeit an der Solar Do-Nothing Machine im Eames Office, Los Angeles, Kalifornien, 1957

Forschungsgebiet geworden. Ein möglicher Einsatzbereich für solche Textilien wäre technische Kleidung, über die sich mobile Geräte mit Energie versorgen lassen. An der Nottingham University wurde 2022 im Fachbereich Electronic Textiles ein E-Textil

95   Solar E-Textile der Advanced Textiles Research Group, Nottingham Trent University, 2023

entwickelt, für welches 1200 winzige Photovoltaikzellen in ein nur 71×27 Zentimeter großes Stoffpaneel integriert wurden. Dafür wurden winzige verdrahtete und mit einem Polymerharz vor Feuchtigkeit geschützte Silikonzellen von nur 5×1,5 Millimeter Größe auf Fäden gespannt und in den Stoff eingewoben. Wie Tests ergaben, kann das Stück Stoff unter starker Sonneneinstrahlung knapp 400 Milliwatt Strom generieren.

→ RA
→ SOLAR SHIRT
→ SUNTEX

ovalen Plattform, auf die mehr als ein Dutzend bewegliche Sockel und Stangen montiert waren. An diesen drehten sich bunte Scheiben sowie stern- und kristallförmige Gebilde aus anodisiertem und gefärbtem Aluminium. Den Strom dafür lieferten zwölf Photovoltaikzellen, montiert im Zentrum eines freistehenden Reflektors aus polierten Aluminiumstreifen. Sechs Anderthalb-Volt-Motoren trieben eine Reihe von Transmissionsscheiben und -riemen an, die die Maschine in Bewegung setzten und das Prinzip der Kraftübertragung anschaulich machten. Erst drei Jahre zuvor hatten die Bell Laboratories die erste Photovoltaikzelle präsentiert, deren Effizienz allerdings noch recht gering war. Die Eames entwarfen daher, wie Charles Eames erklärte, „lieber ein elaboriertes und erfreuliches NICHTS, als ein (zwangsläufig mageres und absehbar langweiliges) ETWAS". Als ihre Sonnenmaschine 1958 in der Zeitschrift *Interiors* vorgestellt wurde, wies die Autorin Olga Gueft darauf hin, dass es gerade bewegliche Spielzeuge waren, die auf einfache Weise die energetischen Möglichkeiten ihres jeweiligen Zeitalters verkörpert haben, „vom Handaufzug über Federn bis zur Dampfmaschine". Mit der Solar Do-Nothing Machine hatte demnach das Zeitalter der Sonnenenergie begonnen.

→ ABB. 136
→ MUSEUM OF SOLAR ENERGY
→ ESSAY VON D. BARBER, S. 140–155

SOLAR E-TEXTILE

Die Entwicklung von Textilien, mit denen Solarenergie genutzt und in Strom umgewandelt werden kann, ist in den letzten Jahren zu einem eigenen

SOLAR MAMAS

Das Barefoot College International, eine durch internationale Organisationen und Stiftungen unterstützte Nichtregierungsorganisation mit Sitz im indischen Bundesstaat Rajasthan, bietet in den Ländern des Globalen Südens ein Programm an, das Frauen zu sogenannten Solar Mamas ausbildet. Zielgruppe sind Frauen, die aus ländlichen Regionen ohne Stromversorgung stammen und die nur eine unzureichende oder gar keine Schulbildung genossen haben. Das Programm vermittelt den Teilnehmerinnen die technischen

Fähigkeiten für den Bau, die Installation und die Wartung kleiner Solaranlagen, die die Frauen im Anschluss in ihren Heimatorten installieren. Dort verringert die Einführung von „grünem" Strom den Ausstoß von CO_2 und weiteren gesundheitsgefährdenden Luftschadstoffen, die freigesetzt werden, wenn fossile Rohstoffe oder Holz für die Beleuchtung der Häuser oder zum Kochen verbrannt werden. Die Elektrifizierung der ländlichen Regionen ermöglicht generell mehr Teilhabe an Bildung und eröffnet der lokalen Bevölkerung neue wirtschaftliche Möglichkeiten. So leisten die Solar Mamas mit ihrer Tätigkeit einen Beitrag zur Weiterentwicklung und Zukunftsfähigkeit ihrer Gemeinschaften. Gleichzeitig soll das Programm den Teilnehmerinnen zu mehr eigener wirtschaftlicher Unabhängigkeit verhelfen. Daher vermittelt es auch diverse Soft Skills wie Buchführung und Budgetplanung und setzt dabei Lehrmittel ein, die für Analphabetinnen geeignet sind, z.B. Farbcodes. Laut Angaben des Barefoot College haben bisher etwa 3500 Teilnehmerinnen aus 93 Ländern das Programm durchlaufen und die Stromversorgung für geschätzte 2,5 Mio. Menschen hergestellt.

SOLAR PARASOL

Der Solar Parasol wurde 2018 für die mobile Stromversorgung an abgelegenen Orten konzipiert, etwa als Ladequelle für Geräte mit geringem Energieverbrauch wie Laptops oder Kameras. Der Schirm ist mit eigens dafür konzipierten Photovoltaikzellen ausgestattet, die mit Silikon zwischen zwei 0,5 Millimeter dünne Gorilla-Glasscheiben geklemmt sind. Die acht Glaselemente mit je vier Solarpaneelen sind so angeordnet, dass sich der Schirm kompakt zusammenfalten lässt.

96   Solar Parasol von Ville Kokkonen, 2018

Formalästhetisch ist der Schirm an technisches Gerät angelehnt, wie man es aus dem Film- und Fotobereich kennt. Die Stromversorgungseinheit mit Batterien, Laderegler und Wechselrichter hat eine Kapazität von 12 Volt × 40 Amperestunden. Sie kann abgenommen und als Ladeplattform genutzt werden. Das Produktkonzept wurde von Ville Kokkonen zusammen mit Exel Composites entwickelt, einem Unternehmen, das sich auf Faserverbundwerkstoffe spezialisiert hat. Bisher existiert der Schirm nur als Prototyp.

→ AUREA

SOLAR PROTOCOL

Der Anteil des Internets am weltweiten Stromverbrauch beträgt je nach Studie zwischen 1 und 5 Prozent. Server verbrauchen Strom und müssen zudem gekühlt werden, und zwar 24 Stunden am Tag, 365 Tage im Jahr. Vor diesem Hintergrund haben Tega Brain, Alex Nathanson, Benedetta Piantella, in New York ansässige KünstlerInnen, DesignerInnen und ForscherInnen, 2021 das Solar Protocol erschaffen: ein Kunstwerk in Form eines Netzwerks aus mit Sonnenenergie betriebenen Servern, die eine Website unterhalten, die ihrerseits Plattform für weitere künstlerische Projekte ist. Die mit Solarstrom betriebenen Server befinden sich in Dominica, Australien, Kenia, Kanada, Chile und Indien und werden von Freiwilligen unterhalten. Die Website läuft jeweils über den Server, bei dem gerade die meiste Sonnenenergie genutzt werden kann. Statt einer Technologie, die die Natur kontrolliert, ist es ein System, das von der Natur kontrolliert wird und das uns damit unseren Anspruch, immer und überall Zugang zum Internet zu haben, und dessen Konsequenzen vor Augen führt. Ein weiterer Ausbau des Servernetzwerks ist geplant. 2023 wurde auf der Website des Solar Protocol die Online-Ausstellung *Sun Thinking* eröffnet.

→ LOW TECH MAGAZINE

SOLAR SHIRT

Die niederländische Modedesignerin Pauline van Dongen thematisiert in ihren Entwürfen das Verhältnis zwischen dem menschlichen Körper und seiner Umgebung. In ihre Kleidungsstücke integriert sie deshalb häufig Technologie. Im Jahr 2015 entwarf van Dongen

97   Solar Shirt von Pauline van Dongen, 2015

98   Solar Sinter, solarbetriebener 3D-Drucker von Markus Kayser, 2011

in Zusammenarbeit mit dem Holst Centre, einem in Eindhoven ansässigen Forschungs- und Entwicklungszentrum, ein mit 120 Dünnschichtsolarzellen versehenes Oberteil, das Solar Shirt. Die als dekoratives grafisches Muster angeordneten Solarzellen generieren Strom, sobald sich der/die TrägerIn im Sonnenlicht bewegt. Der Strom kann entweder über einen USB-Anschluss unmittelbar für das Laden eines elektronischen Geräts, etwa eines Smartphones, eingesetzt werden oder er fließt in eine Batterie, die sich in einer Tasche verbirgt. Neben diesem praktischen Nutzen soll das Solar Shirt den/die TrägerIn für die Umgebung sensibilisieren, indem es dazu animiert, sich draußen und dort vorwiegend in der Sonne zu bewegen.

→ ABB. 143
→ SUNTEX

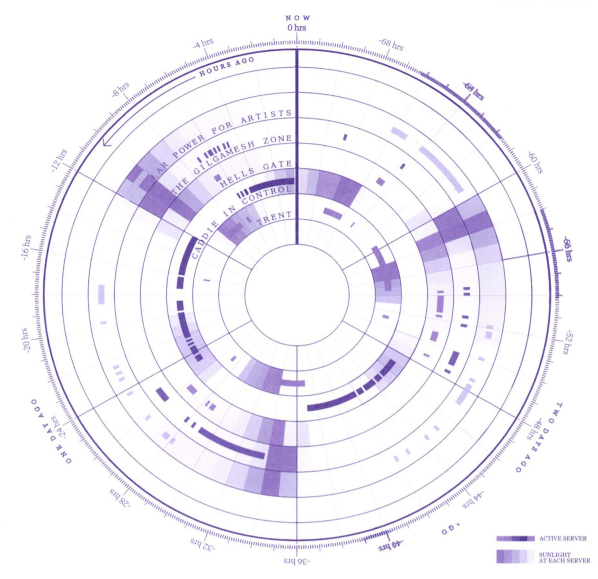

99   Solarbetriebenes Server-Netzwerk: Solar Protocol von Tega Brain, Alex Nathanson und Benedetta Piantella, 2021

SOLAR SINTER

Mit seinem 2011 entwickelten 3D-Drucker Solar Sinter untersucht Markus Kayser die Möglichkeit einer Produktion, die auf die Verwendung von lokal und in ausreichenden Mengen verfügbaren Ressourcen setzt. Kaysers Drucker ist für den Einsatz in der Wüste konzipiert und nutzt Sonne und Sand. Er arbeitet mit einem Verfahren, das dem Lasersintern gleicht. Hierbei schmilzt ein Laser ein pulverförmiges Material – oft Kunststoff –, aus dem dann schichtweise von unten nach oben ein dreidimensionales Objekt aufgebaut wird. Beim Solar Sinter hingegen wird mit Sand gedruckt und Sonnenlicht durch eine Fresnel-Linse so stark gebündelt, dass es die für das Schmelzen der Sandkörner erforderliche Temperatur von 1400 bis 1600 Grad Celsius erreicht. Die flache Wanne, in der der Sand liegt, wird während des Druckprozesses durch einen solarbetriebenen Elektromotor bewegt. Vor Aufbau einer neuen Schicht muss der Sand jeweils manuell nachgefüllt werden. Ein Sensor sorgt dafür, dass die gesamte Konstruktion stets automatisch dem Lauf der Sonne folgt. Der Drucker war als Experiment gedacht und wurde von Kayser bisher lediglich für die Fertigung kleinerer Glasobjekte in der marokkanischen und der ägyptischen Wüste eingesetzt. Das Projekt sollte aber auch einen Anstoß für die Umsetzung in größerem Maßstab geben, etwa in kleinen Wüstenfabriken. 2014 legten die Designer Qiu Song, Kang Pengfei, Bai Ying, Ren Nuoya und Guo Shen einen Entwurf für die sogenannten Sand-Babel-Hochhäuser vor, für deren Bau aus Wüstensand die Nutzung von Kaysers Verfahren vorgesehen ist.

SOLAR TURTLE

In den ländlichen Regionen und informellen Siedlungen Südafrikas gibt es oft keine oder nur eine unzuverlässige Stromversorgung. Das 2012 gegründete Start-up Solar Turtle hat daher ein Franchise-Konzept für mobile Photovoltaik-Anlagen entwickelt, die diese Orte mit lokal erzeugtem Solarstrom versorgen können. Zielgruppe sind insbesondere Frauen und junge Menschen, denen die Anlagen eine Möglichkeit eröffnen sollen, als KleinunternehmerInnen tätig zu werden. Die zentrale Infrastruktur von Solar Turtle sollte ein Schiffscontainer sein, der tragbare Batterien beherbergt, die über Solarmodule geladen und dann an EndverbraucherInnen verkauft werden. Vorgesehen war, dass die tagsüber außerhalb des Containers platzierten Module bei Dunkelheit im Container verstaut werden, um sie vor Diebstahl und Beschädigung zu schützen. Außerdem wurden kleinere mobile Varianten der Photovoltaik-Anlagen konzipiert: Dem Spark Cart, einem Verkaufsstand mit einem Wagen, der per Hand gezogen oder per Fahrrad bewegt werden kann, liefert die PV-Anlage Strom, der sich z. B. zum Kochen und Kühlen von Lebensmitteln einsetzen lässt. Eine Mini-Anlage, die in einen Rucksack passt, ermöglicht das Aufladen kleiner elektronischer Geräte und kann als mobiler Service gegen Bezahlung angeboten werden. Das mehrfach ausgezeichnete Konzept des Containers hat in den vergangenen Jahren mehrere Anpassungen erfahren, unter anderem wurden Solarmodule entwickelt, die auf dem Dach installiert werden und sich automatisch einfahren lassen. 2021 stiegen jedoch zwei der CEOs, darunter einer der Mitgründer von Solar Turtle, aus dem Start-up aus. Das seither von Mitgründerin Lungelwa Tyali allein geführte

100 Spark Cart von Solar Turtle, 2020

101 Rendering des Solaris-Projekts der European Space Agency, 2022

Unternehmen bietet die Container-Variante zwar noch auf seiner Website an, scheint sich jedoch mittlerweile auf die kleineren mobilen PV-Anlagen zu konzentrieren. Ein Artikel vom April 2023 berichtet, dass Prototypen dieser Anlagen vorlägen oder kurz vor der Fertigstellung seien und die Anwendung nun getestet werden könne.

→ SOLAR MAMAS

SOLARIS

Die Europäische Weltraumorganisation (ESA) forscht mit dem Solaris-Projekt an der Umsetzbarkeit eines großangelegten Solarkraftwerks in der Erdumlaufbahn, das Europa kabellos mit Strom beliefern soll. Mit diesem Programm greift die ESA das von der EU selbstgesetzte Ziel der Klimaneutralität bis 2050 auf und versucht einen Teil des Energiesektors ins Weltall zu verlegen. Ziel ist es, nicht nur die Treibhausgasproduktion auf der Erde zu verringern, sondern auch eine europäische Unabhängigkeit von Energie-Importen zu erreichen. In Zusammenarbeit mit der europäischen Industrie untersucht Solaris die technische Durchführbarkeit und die Kosten für die Gewinnung von Space Based Solar Power (SBSP). Eine Solarfarm im Orbit müsste aus günstigen, massenproduzierten Elementen bestehen, die mithilfe neuester Robotertechnologien direkt im All zu einer Anlage zusammengesetzt werden. Dorthin müssten sie mit wiederverwendbaren Lasten-Raketen transportiert werden. Für die Raketenstarts und -landungen wäre im All zunächst eine eigene Infrastruktur, eine Art Weltraumbahnhof, vonnöten. Als Kosten für das herausfordernde Projekt werden von Frazer-Nash Consultancy 481 Milliarden Euro für 54 Satelliten bis 2070 veranschlagt. Die durch SBSP erzielten Vorteile schätzt das Institut auf 601 Milliarden Euro. Solaris wird in einer Zeit entwickelt, in der das Interesse an Energie aus dem Weltraum weltweit zunimmt. In den USA, in Großbritannien, China, Japan, Australien und Südkorea wird an ähnlichen Konzepten gearbeitet.

→ BLUE ORIGIN
→ SPACE-BASED SOLAR POWER PROJECT

SOLARPUNK

Die junge literarische und künstlerische Bewegung der Solarpunks entwirft positive Zukunftsvisionen, in denen die Menschheit nachhaltig und im Einklang mit der Natur lebt. Der Begriff Solarpunk wurde 2008 in dem Blog *Republic of the Bees* geprägt, als Bezeichnung für ein literarisches Genre, dessen imaginäre Welten sich von der älteren Bewegung des Steampunk absetzen sollten. Während die Bilder und Inhalte des Steampunk von Öl, Gas und Dampf geprägt waren, sollten im Solarpunk alternative Energiequellen wie Sonne und Wind im Vordergrund stehen. Mit ihrem optimistischen Ausblick auf die Zukunft setzt sich die Bewegung auch von dem aus den 1980er Jahren stammenden Genre des Cyperpunk ab, der eine dystopische, technikgeprägte Postapokalypse skizziert. Alle drei Communities sind allerdings im Science-Fiction-Genre verwurzelt und verstehen sich mit der Entlehnung des Punk-Begriffs aus den 1970er Jahren als Anti-Establishment. In den 2010er Jahren entstanden einige Anthologien von Solarpunk-Kurzgeschichten. Durch die verbindenden

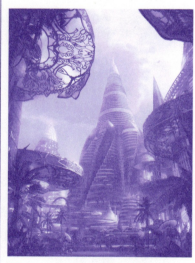

102 *Nova Nakhon Sawang* von Leon Tukker für die Atomhawk Solarpunk Challenge, 2019

und gemeinschaftsbildenden Eigenschaften des Internets verbreiteten sich daraufhin bald auch die dazu passenden Bildwelten. Der Stil des Solarpunk liegt zwischen Anime und Manga: Feenhafte Menschen wandeln durch Städte mit üppiger Vegetation und organisch integrierten High-tech-Elementen. Die Vielfalt der Solarpunk-Ästhetik kam unter anderem bei einem Wettbewerb zum Ausdruck, den Atomhawk,

ein Designstudio für Videospiele, 2019 ausgeschrieben hatte. Eine der bei dem Wettbewerb eingereichten Studien ist die fantastische Welt von Leon Tukker, der, inspiriert von der Architektur und Vegetation Thailands, eine Landschaft imaginiert, in der tropische Pflanzen, futuristische Technologien und solarbetriebene Hochhäuser aufeinandertreffen.

→ ABB. 151
→ FROSTPUNK

SOLARVILLE

SolarVille ist ein spielerisches Forschungsprojekt, das untersucht, wie Solarenergie in einer Gemeinde generiert und unter den BewohnerInnen fair und sinnvoll verteilt werden kann. Entwickelt wurde das Modell von SPACE10, einem Forschungs- und Designbüro von IKEA in Kopenhagen, das von 2014 bis 2023 Forschungen zum demokratischen, innovativen und nachhaltigen Zugang zu lebensnotwendigen Gütern und zur Erfüllung menschlicher Grundbedürfnisse betrieben hat. Gemeinsam mit dem Architekturbüro SachsNottweit entwickelte SPACE10 das Holzmodell eines Dorfs im Maßstab 1:50, in dem durch ein gemeinschaftlich betriebenes Energiesystem alle Haushalte zuverlässig und preisgünstig mit Strom versorgt werden. Solarpaneele auf Hausdächern erzeugen elektrische Energie zunächst für den eigenen Haushalt; überschüssiger Strom wird in das Stromnetz der Gemeinde eingespeist und über Blockchain-Technologie an NachbarInnen verkauft, die keine Photovoltaikanlage besitzen oder ihren eigenen Bedarf gerade nicht decken können. Kleine LED-Leuchten im Modell veranschaulichen den Energiefluss von Haus zu Haus und zeigen, wie Strom in Echtzeit gehandelt wird. Durch eine Luke an der Seite des Modelltisches kann man der Blockchain-Technologie, die von Studio Bloc für SPACE10 entwickelt wurde, bei der Arbeit zusehen. Das Modell SolarVille zeigt einen Weg, wie Gemeinden künftig ihre eigene Energieproduktion dezentral, regional, nachhaltig und demokratisch regeln und nutzen könnten. Nach seiner Erstpräsentation 2019 im Kopenhagener Studio von SPACE10 wurde SolarVille bei den Vereinten Nationen in Nairobi, Kenia, gezeigt. Anschließend reiste das Modell in verschiedene europäische und indische Städte. Es wurde mit mehreren Preisen ausgezeichnet, darunter dem A' Design Award 2019 und dem Design Week Award 2019.

→ BROOKLYN MICROGRID
→ PAPA FOXTROT
→ SOLAR DO-NOTHING MACHINE
→ SOLAR MAMAS

SOLGAMI

Solgami, das wie eine Jalousie auf der Innenseite von Fenstern montiert werden kann, wurde von dem australischen Architekten Ben Berwick entwickelt. Solgami besteht jedoch nicht aus Lamellen, sondern aus kristallförmigen Kammern, die zusammengefügt eine 10 Zentimeter tiefe Fensterverkleidung bilden, mit der der Einfall des Sonnenlichts gesteuert und zugleich zur Energiegewinnung genutzt werden kann. Die Wände der einzelnen Kammern bestehen aus einem Polymersubstrat und wurden, bevor sie gefaltet wurden, teils mit reflektierender Tinte, teils mit weißen Photovoltaik-

104 Solgami, Jalousie von Ben Berwick im Maßstab 1:10, 2019

105 Einzelnes Modul der Solgami-Jalousie im Maßstab 1:5, 2019

Folien beschichtet. Origamiartig gefaltet bleiben die Kammern flexibel, so dass sie, ähnlich wie bei einem Akkordeon, auseinander- oder flach zusammengeschoben werden können. Je nachdem, in welchem Winkel das Sonnenlicht auf die Origamikammern trifft, wird es auf verschiedene Weise in den Raum reflektiert. Je häufiger das Sonnenlicht in den Kammern reflektiert wird und auf die Photovoltaik-Zellen trifft, desto mehr Energie wird gewonnen, desto weniger Licht dringt in den Innenraum. BenutzerInnen können die Winkelstellung der Kammern wie bei den Lamellen einer Jalousie modifizieren und auf diese Weise Lichtintensität und Stromerzeugung regulieren. Das Projekt entstand in Zusammenarbeit von Berwicks Start-up Prevalent, der University of Sydney und der University von New South Wales. Solgami wurde 2019 mit dem Lexus Design Award ausgezeichnet.

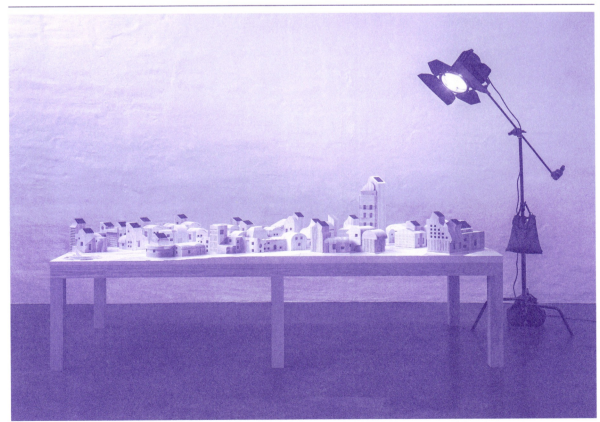

103 Regionales Solarstromnetzwerk mit Block-Chain-Technologie: SolarVille von SPACE10 als Modell im Maßstab 1:50, 2019

→ ADAPTIVE SOLAR FAÇADE
→ TERRA

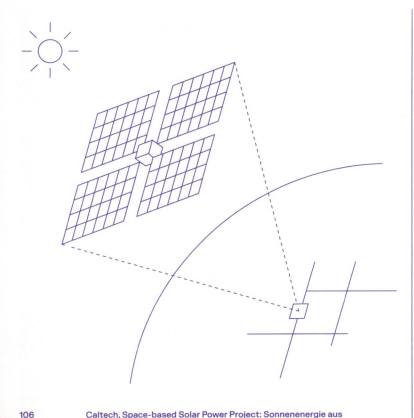

106   Caltech, Space-based Solar Power Project: Sonnenenergie aus dem Weltraum

SPACE-BASED SOLAR POWER PROJECT

Dem California Institute of Technology (Caltech) in Pasadena ist womöglich ein entscheidender Durchbruch gelungen: Mit seinem Space-based Solar Power Project (SSPP) konnte im Juni 2023 Solarenergie im Weltraum erzeugt und zum ersten Mal erfolgreich zur Erde übertragen werden. Somit ist das Caltech anderen Weltraumorganisationen Europas, Chinas und Japans, die an ähnlichen Systemen forschen, einen Schritt voraus. Die Forschungen am Caltech mit dem Ziel, anhand von Solarzellen im All ununterbrochen Strom für die Erde zu erzeugen, laufen seit 2011. Anfang 2023 wurde ein erster kleiner Prototyp in die Erdumlaufbahn gebracht, der mit gefalteten, extrem leichten Kacheln ausgestattet ist, die sich – einmal im Orbit angekommen – zu 50 × 50 Meter großen Modulen zusammenfügen lassen. Diese ausgeklappten Quadrate sind auf der einen Seite mit Solarzellen ausgestattet und tragen auf der anderen Energiesender, die auf die Erde gerichtet sind. Letztere funktionieren mittels der bei Caltech entwickelten MAPLE-Technologie (Microwave Array for Powertransfer Low-orbit Experiment), die aus flexiblen Mikrowellensendern mit hoher Leistung besteht. Auf der Erde wird der Strom über Antennen eingefangen und kann entweder direkt genutzt oder in das Stromnetz eingespeist werden. Das MAPLE-Experiment erwies sich als erfolgreich, als zum ersten Mal ein Energiesignal über eine Distanz von 550 Kilometern die Bodenstationen des Caltech erreichte. Bis 2024 werden mit dem SSPP-Prototyp noch zwei weitere Experimente durchgeführt: DOLCE (Deployable on-Orbit ultraLight Composite Experiment) untersucht die Funktionalität der Architektur, des Verpackungssystems und des Faltmechanismus der modularen Sonde; ALBA testet 32 unterschiedliche Photovoltaikzellen auf ihre Effizienz und Widerstandsfähigkeit unter den schwierigen Bedingungen, die im Weltall herrschen.

→ SOLARIS

SUN CATCHER

In ihrer künstlerischen Praxis verbindet die Designerin Teresa van Dongen Wissenschaft, Natur und Technik. Für ihre Leuchte Sun Catcher entwickelte sie aus einer organisch hergestellten Farbstoffsolarzelle einen faltbaren Lampenschirm. Im ausgeklappten flachen Zustand kann der Lampenschirm am Fenster aufgehängt werden. Dort wandelt er Sonnenlicht in elektrischen Strom um und speichert diesen in einer flachen runden Batterie, die im Zentrum der Solarzelle sitzt und mit einer LED versehen ist. Einmal aufgeladen, lässt sich die Batterie magnetisch an einem dünnen Stahlseil aufhängen. Durch die magnetische Verbindung wird zugleich das Licht der LED angestellt und durch die Schwerkraft faltet sich die Farbstoffsolarzelle zum Lampenschirm. Die Forschungsgruppe der TU Delft unter der Leitung des Enzymologie-Professors Duncan McMillan, mit der van Dongen zusammenarbeitet, fand heraus, dass ein Enzym aus der Papayafrucht – das sogenannte Papain – genutzt werden kann, um die leitende Schicht aus Titandioxid (TiO_2) auf der Oberfläche von Solarzellen bei Raumtemperatur zu mineralisieren – ein Prozess, für den normalerweise extrem hohe Temperaturen und ein entsprechend hoher Energieaufwand nötig sind. Papain kann einfach aus Fruchtresten hergestellt werden. Um die Solarzelle unterschiedlich einzufärben, nutzt Teresa van Dongen organische Färbemittel

107   Sun Catcher, solarbetriebene Hängeleuchte von Teresa van Dongen, 2023

aus Algen oder Granatapfelsaft. Die Form des Lampenschirms verweist sowohl auf die Papayablüte als auch auf die Ästhetik der Starshade-Technologie, mit der die NASA unter anderem die Lichtemissionen von Planeten außerhalb unseres Sonnensystems misst. Sun Catcher ist zurzeit in der Entwicklung.

→ ABB. 146
→ HARVEST / ENERGY
→ SUNNE

SUNNE

Die niederländische Designerin Marjan van Aubel entwickelt innovative Produktlösungen mit dem Ziel, Solarenergie in möglichst viele Bereiche des täglichen

"How else would I keep my solar panels in the sun all day?"

Lebens zu bringen. In Sunne folgt die Designerin diesem Prinzip und entwickelt eine solarbetriebene Leuchte, die ohne externen Stromanschluss funktioniert. Mithilfe zweier dünner Drähte wird Sunne vor Fensterscheiben gehängt. In dem ovalen, 80 Zentimeter breiten Körper sind Solarzellen und eine Batterie integriert, so dass Energie bei Tageslicht eingefangen und gespeichert werden kann. Bei Dunkelheit strahlt Sunne ein atmosphärisches Licht aus, das über Knöpfe am äußeren Aluminiumband der Leuchte oder per App eingeschaltet werden kann. Inspiriert vom Horizont und den farbigen Schattierungen des Himmels, entwickelte van Aubel nicht nur die Form, sondern auch die drei wählbaren Lichteinstellungen: Sonnenaufgang, Sonnenschein und Sonnenuntergang. Durch die wechselnden

108 Sunne, solarbetriebene Hängeleuchte von Marjan van Aubel, 2022

Lichtstimmungen und die elegante Gestaltung beweist van Aubel, dass solarbetriebene Produkte als ästhetische Designobjekte in Wohnräume integriert werden können. Mit Sunne gewann van Aubel 2021 die Auszeichnung Dezeen Lighting Design of the Year.

→ ABB. 142
→ SUN CATCHER

SUNTEX

Nach diversen Entwürfen für Kleidungsstücke, auf die Solarzellen aufgebracht sind, hat Pauline van Dongen mit dem Projekt Suntex nun die nächste Stufe der Entwicklung in Angriff genommen. In das Gewebe, das sie 2022 im Rahmen

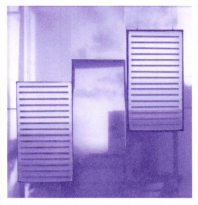

109 Suntex, Textilpaneele mit eingewebten Solarzellen von Pauline van Dongen, 2022

der Solar Biennale in Rotterdam vorgestellt hat, sind die Solarzellen direkt eingearbeitet. Im Unterschied zu van Dongens früheren Entwürfen ist Suntex zudem mit organischen Dünnschichtsolarzellen (OPV) ausgestattet, die im Wesentlichen aus Kohlenwasserstoffen bestehen und etwa 1000-mal dünner sind als Solarzellen aus Silizium. OPV weisen u. a. aufgrund des geringeren Materialverbrauchs und des Verzichts auf giftige Schwermetalle wie Blei und Cadmium eine deutlich bessere Ökobilanz auf. Für die Entwicklung von Suntex tat sich van Dongen mit dem Utrechter Architektur- und Designbüro Tentech zusammen. Das Büro, zu dessen Schwerpunkten smarte Textilien für Anwendungen im architektonischen Bereich gehören, war dafür verantwortlich sicherzustellen, dass das Gewebe technischen Anforderungen wie Haltbarkeit, Feuerfestigkeit und UV-Stabilität genügt. Dank der Flexibilität und des geringen Gewichts von Suntex eignet sich das stromproduzierende Gewebe für die Herstellung von Produkten, die der Beschattung dienen, wie Markisen, Vorhänge oder Sonnenschirme. Van Dongen und Tentech planen mit dem Material aber auch die Verkleidung ganzer Fassadenflächen. Eine Studie, die – zunächst nur theoretisch – den Einsatz von Suntex an drei der vier Außenwänden des Westraven-Gebäudes in Utrecht untersuchte, kam zu dem Ergebnis, dass

110 Terra, passives Kühlsystem von Léon Félix, 2022

das Gewebe für ein ganzes Jahr ausreichend Strom für die Beleuchtung des Gebäudes produzieren könnte.

→ ABB. 138
→ E-TEXTILE
→ SOLAR SHIRT

TERRA

Mit Terra untersucht der junge Designer Léon Félix, wie die natürliche Kühlung von Innenräumen durch Luftzirkulation zwischen Außen- und Innenraum verstärkt werden kann. Sein Fensterladen Terra besteht aus Lamellen aus Terrakotta, die von einem Stahlrahmen eingefasst sind, der wiederum von Stahlschienen gehalten wird. An diesen Schienen kann der Rahmen vor das Fenster gezogen werden. Die Lamellen reduzieren dann den Lichteinfall, durch die offenen Spalten des Fensterladens kann warme Luft zirkulieren. Dank ihres L-förmigen Profils lassen sich die Lamellen mit Wasser befüllen: Das Material absorbiert mit seiner porösen Oberfläche die Flüssigkeit und lässt sie bei großer Hitze durch seine Poren wieder verdampfen, wodurch die Luft gekühlt wird.

→ SOLGAMI

THE DAY AFTER HOUSE

Mit seinem Entwurf für das Day After House zeigt das spanische, von Mireia Luzárraga und Alejandro Muiño gegründete Architekturbüro TAKK, dass eine nachhaltige energetische Planung nicht auf High-Tech angewiesen ist. Die Renovierung eines 110 Quadratmeter großen Apartments für eine Familie in Madrid musste 2020/21 von TAKK mit einem minimalen Budget bewältigt werden. Das Büro ließ daher zunächst die Fläche komplett entkernen, um eine neue Raumkonfiguration zu schaffen. Statt der ursprünglichen

THE IDEA OF A TREE

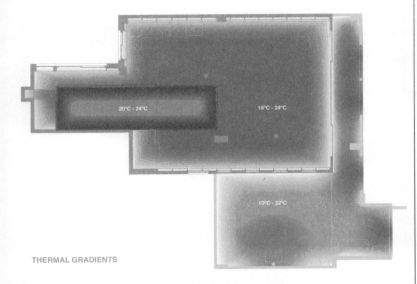

THERMAL GRADIENTS

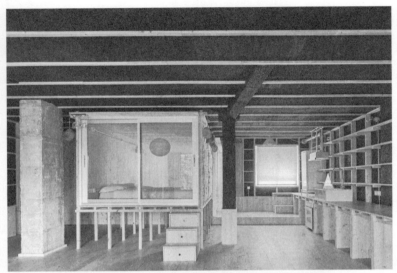

111	Klimazonen im Day After House von TAKK Architecture
112	Schlafraum und Küchen- und Arbeitszone des Day After House, 2020/21
113	Küchen- und Arbeitszone des Day After House
114	Falttüren zwischen Sommer- und Winterhaus des Day After House
115	Sommerhaus des Day After House

Aufteilung in Zimmer und Verbindungskorridore legten die ArchitektInnen, ähnlich den Schalen einer Zwiebel, drei ineinander verschachtelte Boxen an, die in der Wohnung zugleich drei unterschiedliche Klimazonen bilden. Zum Kern der Wohnung hin nimmt die Isolierung immer mehr zu, der Energiebedarf wird immer geringer. Aus ökonomischen und energetischen Gründen werden nur 60 Quadratmeter der Wohnung als thermisch isolierte Box in der Box genutzt. In diesem „Winterhaus" befinden sich eine Wohnzone, ein Küchen- und Arbeitsbereich und eine innerste Box mit einem gemeinschaftlichen Schlafzimmer. Die anderen 50 Quadratmeter der Wohnung bilden das „Sommerhaus" bzw. eine Innenterrasse. In dieser, mit einem Holzofen ausgestatteten Zone wurden die Wände, Böden und Decken von jeglichen Isolierungen und Verkleidungen befreit, um sie anschließend mit Zementmörtel zu verputzen. Entlang der Nordfassade wurden zudem die Fenster entfernt. Beide Zonen, „Sommerhaus" und „Winterhaus", sind über ein Falttürsystem miteinander verbunden. Sind die Türen geöffnet, herrscht zwischen der Nord- und der Südwestfassade eine natürliche Ventilation. Das Konzept berücksichtigt das Kontinentalklima in Madrid, mit Hitzewellen im Sommer und intensiven Kälteperioden im Winter. Im Innenausbau wurden Kork und Holz aus den Wäldern der Provinz Rioja verwendet. Materialien, deren Herstellung geringe CO_2-Emissionen mit sich bringt, die isolierend wirken und sich schnell erwärmen.

→ ABB. 137
→ TERRA

THE IDEA OF A TREE

Die Gestalt eines Baumes ist abhängig von den speziellen Bedingungen, die an seinem Standort herrschen: Die Jahresringe erlauben Rückschlüsse auf die klimatischen Verhältnisse während seiner Lebenszeit. Von diesem Umstand ließ sich das Wiener Design-Duo mischer'traxler 2008 zu seiner Produktionsmethode The Idea of a Tree inspirieren, mit der Objekte gefertigt werden können, deren Form und Farbe das Wetter an einem ganz bestimmten Ort zwischen Sonnenauf- und Sonnenuntergang eines einzigen Tages widerspiegeln. mischer'traxler entwickelten eine solarbetriebene Maschine, die unter freiem Himmel ein

Objekt aus einem Baumwollfaden aufbaut. Der Faden wird zunächst durch ein Färbebad gezogen, dann durch ein Harz, das später aushärtet, und wickelt sich schließlich um eine rotierende Form. Je mehr Sonnenlicht auf die Solarkollektoren der Maschine fällt, desto schneller dreht sich die Form. Das hat einerseits zur Folge, dass der Faden schneller aus dem Färbebad gezogen wird und so weniger Farbe annehmen kann. Andererseits bauen sich aus dem Faden dickere Wände auf, solange die Sonne scheint. Umgekehrt weisen dunklere, dünne Partien auf wolkige Phasen hin. Die Länge des Tages bestimmt die Größe des Objekts, das aus dem Faden entsteht – im Winter stoppt die Maschine die Produktion früher als im Sommer. The Idea of a Tree hat diverse Möbel und Lampenschirme hervorgebracht – jeweils Unikate, auf denen eine Marke den Ort und das Datum der Fertigung angibt. Mit ihrem Projekt versetzen mischer'traxler Produktion wieder in Einklang mit bzw. in Abhängigkeit von natürlichen Prozessen. So knüpfen sie mit zeitgenössischer Technologie an die Zeit vor Verbreitung elektrischer Lichtquellen an, in der Produktion weitgehend auf Tageslicht angewiesen war.

→ SOLAR SINTER

TOWT

Die 2011 in der Bretagne gegründete Schiffsagentur TOWT (Trans-Oceanic Wind Transport) hat es sich zum Ziel gesetzt, den Transport von Waren auf dem Seeweg von motorisierten Frachtern auf Segelschiffe umzustellen und durch den Verzicht auf fossile Kraftstoffe den CO_2-Ausstoß des internationalen Schiffsverkehrs zu reduzieren. Das Unternehmen hat bereits existierende Frachtsegler gechartert, mit denen es Häfen in Europa, Afrika und Asien, auf dem amerikanischen Kontinent und der arabischen Halbinsel ansteuert. Zur Erweiterung der Flotte sind derzeit zwei von TOWT in Auftrag gegebene Schiffe im Bau, deren Stapellauf für 2024 geplant ist. Mit einer Länge von 80 Metern und einer Segelfläche von 3000 Quadratmetern wird jeder der beiden Zweimaster 1100 Tonnen Fracht fassen können. Die Ausstattung mit Passagierkabinen erlaubt zusätzlich zur Mannschaft bis zu zwölf Personen die Mitreise. Die Zielgruppe von TOWT sind die Hersteller hochwertiger Genussmittel. Das Unternehmen wendet sich insbesondere an die Produzenten von Wein und Spirituosen und wirbt damit, dass sich die verlängerte Transportzeit auf einem Segelschiff für die Reifung der Getränke nutzen lasse. Das von TOWT entwickelte Siegel Anemos dient der Kennzeichnung von Produkten, die per Segelschiff transportiert wurden. Dies ermöglicht den Kunden des Unternehmens, den umweltfreundlicheren Transport ihrer Produkte in ihre Marketingstrategie mit einzubeziehen.

→ ECOCLIPPER500

117 Anemos Segelfrachtschiff von TOWT

U.F.O.G.O.

Laut einem Bericht der International Energy Agency sind die Kosten für Windenergie von 2010 bis 2020 um rund 50 Prozent gesunken. Dies unterstreicht ihr Potenzial bei der Umstellung der Stromerzeugung auf erneuerbare Energiequellen. Allerdings stehen viele Menschen der Technologie kritisch gegenüber, insbesondere aufgrund der optischen Beeinträchtigung von Siedlungsgebieten und Landschaften durch die riesigen Turbinen. Im Jahr 2022 machten sich 16 StudentInnen des Masterstudiengangs Produktdesign an der ECAL - École cantonal d'art de Lausanne auf den Weg, um der Frage nachzugehen: Wie kann Design dabei helfen, die Akzeptanz von Windturbinen zu fördern? Sie reisten nach Fogo Island, einer abgelegenen kanadischen Inselgemeinde mit rund 2500 Einwohnern, deren Wirtschaft ursprünglich auf Fischerei und Landwirtschaft basiert. Auf Einladung von Shorefast, einer gemeinnützigen Organisation, die sich für die nachhaltige ökonomische Entwicklung auf Fogo einsetzt, tauchten die StudentInnen in die Landschaft und die Kultur der Insel ein. Ihr Ziel: Windkrafträder zu entwerfen, die auf den jeweiligen Standort zugeschnitten sind, sich nahtlos in die Umgebung einfügen und gleichzeitig soziale, ökologische und wirtschaftliche Bedürfnisse berücksichtigen. Ihr Projekt U.F.O.G.O. befasste sich nicht mit der komplexen Technik der Turbinen selbst, sondern konzentrierte sich auf Kontext, Symbolik, Logistik und Architektur. So produzierten die Studierenden acht spekulative Entwürfe, von denen jeder die Aufgabe ganz unterschiedlich angeht. Zwei der Entwürfe befassen sich mit Fragen der Sichtbarkeit. Lucas Hosteing und Donghwan Song, die Designer des Windrades Flo, wollten sicherstellen, dass die Turbine für Flugzeuge gut zu erkennen wäre, verliehen der Struktur jedoch ein so komplexes

116 Produktion je nach Sonnenintensität: The Idea of a Tree von mischer'traxler, 2008

Muster, dass sie vom Boden aus fast unsichtbar erscheinen würde. Die Fogo Flags im Entwurf von Chiara Torterolo und Luca Vernieri sollen hingegen an prominenter Stelle platziert werden, wo sie als symbolische Tore für die Inselfähre dienen würden und gleichzeitig als Fahnenmasten für eine potenzielle, noch nicht existierende Inselflagge. Andere Entwürfe sind inspiriert von den Bau- und Erwerbstraditionen der Insel. Cedric Oders und Oscar Rainbird-Chills Cliffhanger etwa ist den Fogo-typischen, transportfähigen Leichtbauhäusern auf Stelzen nachempfunden, während RR Reuse von Fleur Federica Chiarito und Matteo Dal Lago die Wiederverwendung von Materialien einer alten Fischverarbeitungsanlage vorsieht und damit eine Verbindung zur Geschichte der Kabeljaufischerei, einem wichtigen Broterwerb dieser Inselgemeinde, schafft. Gleich mehrere Vorschläge befassen sich mit den Bedürfnissen der Bewohner: EVind von Maxine Granzin und Paula Mühlena soll als Ladestation für Elektrofahrzeuge dienen, Pneuma von Jule Bols und Sophia Götz würde ein an der Basis des Windrads eingerichtetes Gewächshaus ganzjährig mit Strom und Wärme versorgen, und dank Windseed von Yohanna Rieckhoff und Luis Rodriguez könnte eine Algenverarbeitungsfabrik mit Windenergie betrieben werden. Der achte Entwurf, Marcus Angerers und Sebastiano Gallizias Pyre, geht auf die logistischen Herausforderungen abgelegener Standorte ein. Die 100 Meter hohe Turbine könnte fernab von Straßen und Wohngebieten errichtet werden, indem die Tragstruktur vor Ort im 3D-Druckverfahren hergestellt werden würde.

→ ABB. 150
→ HONNEF WINDKRAFTWERKE

ULTRADÜNNE GLUKOSE-BRENNSTOFF-ZELLEN

Medizinische Implantate, wie beispielsweise Herzschrittmacher, sind bisher auf eine Energieversorgung durch Batterien angewiesen, die oft 90 Prozent des gesamten Volumens des Implantats ausmachen und nach einiger Zeit gewechselt werden müssen. Ein Forschungsteam des Massachusetts Institute of Technology (MIT) und der Technischen Universität München (TUM) stieß auf der Suche nach einer alternativen, weniger Platz beanspruchenden Energiequelle auf Glukose-Brennstoffzellen. Sie bestehen aus einer Anode und einer Kathode sowie einer dazwischenliegenden Elektrolytschicht. Der Kontakt der Anode mit Glukose setzt einen elektrochemischen Prozess in Gang, der Strom erzeugt. Glukose ist im menschlichen Körper verfügbar, doch eigneten sich die bereits existierenden Glukose-Brennstoffzellen nicht für die Energieversorgung von Implantaten. So hätte etwa der als Elektrolytschicht verwendete Kunststoff den hohen Temperaturen bei der Sterilisation des Implantats nicht standgehalten. Das Forschungsteam von MIT und TUM setzte daher auf einen keramischen Elektrolyt, der die erforderlichen Eigenschaften mitbrachte. 2022 konnte die erfolgreiche Entwicklung einer nur 400 Nanometer dicken Glukose-Brennstoffzelle verkündet werden, die pro Quadratzentimeter 43 Mikrowatt

119 Ultradünne Glukose-Brennstoffzelle, entwickelt vom Massachusetts Institute of Technology, Cambridge, MA, und der Technischen Universität München, 2023

Strom erzeugt. 150 dieser Zellen lassen sich auf einem Silizium-Chip unterbringen. Zurzeit wird an der Anwendungsreife der Mini-Brennstoffzellen gearbeitet, die in Form eines ultradünnen Films oder einer Beschichtung auf Implantate aufgebracht werden könnten.

→ HUMAN POWER PLANT
→ MIKROBIELLER BIOFILM ZUR STROMERZEUGUNG

VOLVO PURE TENSION PAVILION

Wie könnte sich ein E-Auto selbst mit Energie versorgen, unabhängig von jeglicher Ladeinfrastruktur und egal, wo es gerade parkt? Mit dem Entwurf Pure Tension gaben der Architekt Alvin Huang und sein Büro Synthesis Design + Architecture 2013 eine mögliche Antwort. Anstoß für den Entwurf war ein Wettbewerb, den der Autohersteller Volvo anlässlich der Einführung seines Modells V60 ausgerufen hatte. Pure Tension ist ein mobiler und zerlegbarer Pavillon, der aus einer Tragstruktur aus CNC-gebogenen Aluminiumrohren mit Steckverbindungen besteht, in die eine dehnbare Netzmembran aus Polyester eingespannt wird. Diese Membran ist mit 252 leichten und flexiblen Photovoltaik-Paneelen bestückt, die so angeordnet sind, dass sie Sonneneinstrahlung aus verschiedenen Richtungen einfangen können und zugleich ein dynamisches grafisches Muster

118 Windradmodelle von StudentInnen der ECAL für die kanadische Insel Fogo, 2023

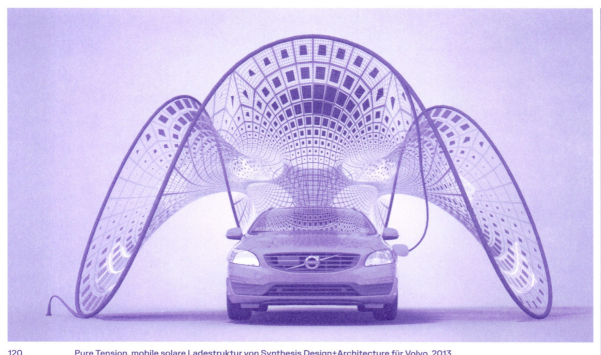

120 Pure Tension, mobile solare Ladestruktur von Synthesis Design+Architecture für Volvo, 2013

ergeben. Dem Stand der Technik des Jahres 2013 entsprechend konnte der Pavillon ein vollständig entladenes Auto bei optimaler Sonneneinstrahlung in etwa zwölf Stunden wieder aufladen. Für den Auf- und Abbau des Pavillons benötigten zwei Personen jeweils eine weitere Stunde. Der Pavillon wiegt nur 75 Kilogramm, zerlegt lässt er sich in zwei handlichen Kisten verstauen und im Auto mittransportieren.

→ APTERA
→ LEVANTE
→ LIGHTYEAR

WEAVING A HOME

Ende des Jahres 2022 waren laut dem Flüchtlingshilfswerk UNHCR weltweit 108,4 Millionen Menschen auf der Flucht. Die Flüchtenden verlieren nicht nur eine schützende Unterkunft, sondern mit ihrem Zuhause auch die gewachsenen Gemeinschaften ihrer Heimat. Mit ihrem architektonischen System Weaving a Home, dessen Entwicklung 2013 begann, verfolgt die jordanisch-palästinensische Architektin und Designerin Abeer Seikaly das Ziel, den Geflüchteten ein Obdach zur Verfügung zu stellen, das mehr als nur die Grundbedürfnisse nach Schutz und Rückzug erfüllt, sondern zu einem neuen Heim werden kann. Seikalys kuppelförmige Zelte setzen sich aus einer äußeren und einer inneren Hülle zusammen, die jeweils aus einem wabenförmigen Gerüst aus flexiblen Schläuchen sowie einem Solargewebe bestehen. Dank der zweilagigen Konstruktion lassen sich in die Hüllen Öffnungen zur Belüftung der Unterkunft integrieren. Die Wabenform ermöglicht das einfache flache Zusammenfalten des Zeltes beim Abbau, eine Idee, die Seikaly von den traditionellen Zelten arabischer Nomadenvölker entlehnt hat. Die Hüllen von Weaving a Home sind so gestaltet, dass sie bei Regen das Wasser ableiten und so das Risiko des Eindringens von Wasser in das Zeltinnere verringern. Auf der Zeltinnenseite bilden die Waben Taschen, in denen die BewohnerInnen ihre Habseligkeiten aufbewahren können. Der durch das Solargewebe generierte Strom wird in eine Batterie eingespeist, so dass die Stromversorgung rund um die Uhr sichergestellt ist. Sonnenenergie sorgt auch für die Erwärmung von Wasser, das sich in die Schläuche des Gerüsts einleiten lässt. Das warme Wasser wird dann in einem Tank in der Zeltdecke gesammelt und steht für die Körperhygiene zur Verfügung. Abeer Seikaly, die mittlerweile in Großbritannien ein Patent für Weaving a Home erhalten hat, plant aktuell die Produktion von Prototypen ihres Systems in Originalgröße.

→ ABB. 130
→ SOLAR E-TEXTILE
→ SUNTEX

WINGS FOR LIVING

Windräder haben eine begrenzte Lebensdauer. Das liegt zum einen an der Beanspruchung der Masten, die bei Onshore-Anlagen oft aus Spannbeton gefertigt und durch den Wind ständigen Vibrationen ausgesetzt sind. Zum anderen liegt es auch daran, dass sich Förderprogramme ändern oder neue, größere und effizientere Anlagen die alten ersetzen. So werden viele Windkraftanlagen nach rund zwanzig Jahren zurückgebaut. Dadurch entstehen enorme Mengen an Abfall, der sich nur zum Teil recyceln lässt. Am problematischsten in dieser Hinsicht sind die Rotorblätter. Sie bestehen aus extrem stabilem, carbonfaserverstärktem Kunststoff (CFK), der sich nicht mehr sortenrein in seine Bestandteile trennen und daher nicht recyceln lässt.

121 Rendering eines Kuppelzeltes Weaving-a-Home von Abeer Seikaly am Toten Meer, Jordanien, 2020

122 Gartenmöbel aus recycelten Rotorblättern: Wings for Living

WISAMO

Das Unternehmen Wings for Living mit Sitz in Dresden führt solche Rotorblätter einer neuen Nutzung zu. Aus Rotorblättern, die 25 Jahre lang im Windpark Carinerland in Mecklenburg-Vorpommern im Einsatz waren, stellt das Unternehmen Gartenmöbel her. Angefertigt werden die Möbelstücke in der Manufaktur Anmet in der polnischen Kleinstadt Szprotawa. Dafür werden die Rotorblätter zunächst in Einzelteile zersägt und dann von Hand aufgearbeitet. Die verschiedenen Modelle in der Produktpalette wurden 2019 mit Unterstützung von Designstudenten des Instituts für Bildende Künste der Universität Zielona Góra entwickelt.

WISAMO

Die Internationale Seeschifffahrtsorganisation (IMO) ist eine Sonderorganisation der Vereinten Nationen und unter anderem für die Regulierung des Schiffbausektors verantwortlich. Im Jahr 2018 veröffentlichte sie ein Strategiepapier zum Thema Klimaschutz, das vorsah, die durch Schiffe ausgestoßenen Treibhausgase bis 2050 um 50 Prozent zu reduzieren. Diese Klimaschutzstrategie steckte für Reedereien und Schiffsbauer weltweit einen rechtlich verbindlichen Rahmen ab und lieferte so den Anreiz für die Entwicklung klimafreundlicherer Technologien. Doch nicht nur Unternehmen, die bereits im Schiffsbau tätig waren, haben in den vergangenen Jahren in Ideen für emissionsarme Antriebssysteme investiert. Der französische Reifenhersteller Michelin stellte 2021 ein Segelsystem mit dem Namen Wisamo (Wing Sail Mobility) vor. Es besteht aus einem ausfahrbaren Teleskopmast, an dem ein Segel in der Form eines aufrechtstehenden Flugzeugflügels befestigt ist, das sich mittels eines Luftkompressors aufblasen und versteifen lässt. Laut Hersteller ist das System an eine Vielzahl von Schiffstypen anpassbar, vom Frachtschiff über den Tanker bis zum kleinen Sportboot. Ein Test des Segelsystems auf einem Containerschiff, das im Wochentakt zwischen dem spanischen Bilbao und dem britischen Poole verkehrt, war im Herbst 2023 noch nicht abgeschlossen. Michelin geht aber davon aus, dass

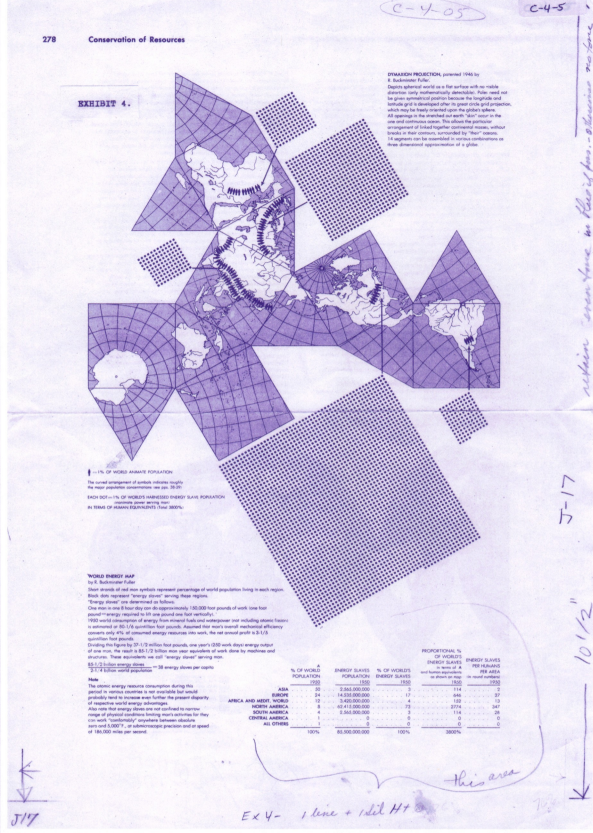

123 R. Buckminster Fuller, „Conservation of Resources" aus dem von Herbert Bayer gestalteten und von der Container Corporation herausgegebenen *World Geographic Atlas of America*, Chicago, 1953

124 Pneumatische Segel für Frachtschiffe von Wisamo

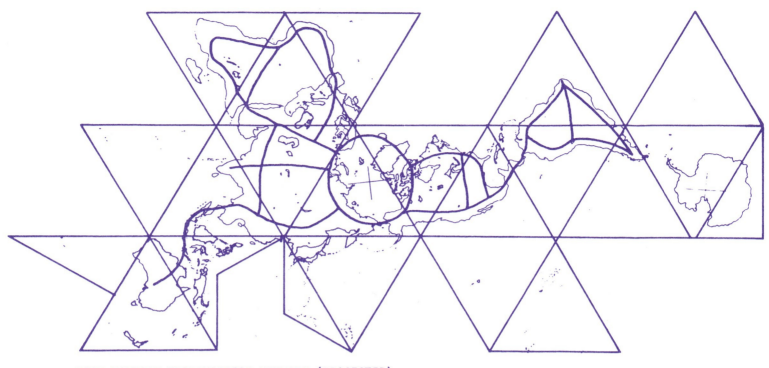

125　Entwurf eines Global Electricity Network von R. Buckminster Fuller, 1949

sich durch den Einsatz von Wisamo der Treibstoffverbrauch von Schiffen um bis zu 20 Prozent verringern lässt. Das 2023 von der IMO in einer Überarbeitung ihrer Klimaschutzstrategie neu formulierte, deutlich ambitioniertere Ziel, den Schiffsverkehr bis 2050 bereits klimaneutral zu machen, wird sich mit Technologien, die noch in diesem Maße von fossilen Kraftstoffen abhängig sind, jedoch vermutlich nicht erreichen lassen.

→ OCEANBIRD

WORLD GAME

Im Denken des Visionärs Richard Buckminster Fuller war der Energiebedarf der Welt und dessen globale Verteilung ein zentrales Thema. Mit einer World Energy Map, die er 1940 im amerikanischen Wirtschaftsmagazin *Fortune* veröffentlichte, dokumentierte Fuller den weltweiten Energieverbrauch zu jener Zeit und zeigte, wie drastisch sich dieser schon damals von Land zu Land unterschied. Auf seiner Karte repräsentierte jeder weiße Punkt ein Prozent der damaligen Weltbevölkerung von zwei Milliarden Menschen und jeder rote Punkt je ein Prozent der weltweit genutzten „Energiesklaven". Die Maßeinheit „Energiesklave" hatte Fuller erfunden, um die Nutzung von Energie aus fossilen Energieträgern sowie aus Wind- und Wasserkraft zu quantifizieren und ins Verhältnis zu menschlicher Arbeitsleistung zu setzen. Nach Fullers Berechnungen entsprach die aus der Verbrennung von Kohle und Öl und durch Wasserkraftwerke gewonnene Energie damals etwa dem 17-fachen dessen, was die gesamte Menschheit nur mit physischer Arbeitskraft hätte leisten können. Mehr als die Hälfte der „Energiesklaven" der Welt, berechnete Fuller, waren allein für die USA tätig. Eine weitere World Energy Map veröffentlichte Fuller 1953 im *World Geo-Graphic Atlas: A Composite of Man's Environment*, herausgegeben vom Verpackungsunternehmen Container Corporation of America (CCA) und gestaltet vom ehemaligen Bauhaus-Werbegrafiker Herbert Bayer. Diese Karte war nach Fullers 1946 patentiertem Dymaxion-Prinzip angelegt: Er projizierte die Weltkarte auf ein Ikosaeder, ein Polyeder aus zwanzig kongruenten gleichseitigen Dreiecken, der sich zu einer Fläche ausklappen ließ. Dreizehn Jahre nach der World Energy Map entsprach in der Dymaxion Map die Zahl der „Energiesklaven" pro Kopf der Weltbevölkerung bereits dem 38-fachen dessen, was mit körperlicher menschlicher Arbeit zu leisten war. An der ungleichen globalen Verteilung hatte sich hingegen kaum etwas geändert. Ausgehend von diesen Beobachtungen entwickelte Fuller ab den 1960er Jahren mit Studenten verschiedener US-amerikanischer Universitäten das World Game als Instrument, um die Weltressourcen künftig gerechter zu verteilen. Fullers optimistische Ausgangsthese: Da in einem geschlossenen System – und den Planeten Erde sah er als solches – keine Energie verloren geht, Erfahrung und Wissen über deren Nutzung jedoch zunehmen kann, der aus der gleichbleibenden Energie gewonnene Reichtum nur wachsen. Das World Game sollte auf zwei wesentlichen Komponenten basieren: einem Weltenergienetzwerk, das alle Kontinente und Länder miteinander verbindet, und einer gigantischen computergesteuerten Datenbank mit einem Inventar aller auf der Welt verfügbaren Ressourcen – quasi ein Welthirn, verbunden mit einem neuronalen Netz und einem Versorgungsnetz für die komplett automatisierte Nutzung und Verteilung aller Ressourcen. Selbst der Energiebedarf aller ablaufenden Prozesse sowie Ressourcen, die bereits verbaut oder in Produkten enthalten sind und zu recyceln wären, sollten darin erfasst sein. Zwar ist das technophile World Game nie über das Stadium von Simulationen hinausgekommen, doch die Fragen, die Fuller damit aufwarf, sind bis heute relevant.

→ ATLANTROPA

→ ROADMAP2050

→ ESSAY VON I. ILLICH, S. 134–139

WORLDBEING

In Zusammenarbeit mit der Umweltberatungsagentur Carbon Trust hat die Londoner Designagentur Layer 2015 das Konzept für ein Armband mit dazugehöriger App namens Worldbeing entwickelt. Worldbeing soll Daten zum individuellen Konsum-, Mobilitäts- und Energieverbrauchsverhalten sammeln und dessen Einfluss auf den CO_2-Ausstoß und somit auf den Klimawandel aufzeigen. Durch die gezielte Anpassung des eigenen Lebensstils könnten TrägerInnen des Armbands ihren CO_2-Fußabdruck reduzieren. Als Anreiz ist ein Belohnungssystem in Form von Rabatten in lokalen Geschäften geplant sowie die Möglichkeit, mit anderen NutzerInnen in einen Wettbewerb zu treten. Das Armband soll aus recycelten Abfällen elektronischer Geräte hergestellt werden. Worldbeing ist bisher nicht über das Konzeptstadium hinausgekommen, da vor der Umsetzung eine Liberalisierung des Datenschutzes erforderlich wäre, die eine automatisierte Datensammlung über das Armband erlauben würde.

→ ABB. 149
→ HUMAN POWER PLANT
→ MOBILITY DESIGN GUIDE

X_LAND

Das in Paris ansässige Büro XTU Architects wurde 2000 von Anouk Legendre und Nicolas Desmazières gegründet. Das Team aus Architekten und Ingenieuren arbeitet an der Schnittstelle von Stadtplanung, Architektur und Biowissenschaften. Zu den bisherigen Projekten des Büros gehören das Jeongok Prehistory Museum in Südkorea (2015), der Französische Pavillon auf der Weltausstellung in Mailand 2015 und der Tour d'habitation à énergie positive in Strasbourg (2018). Zudem berät XTU Kommunen in ökologischen Fragen. Mit dem utopischen Projekt X_LAND wollen XTU für das postfossile Zeitalter auf das Potenzial von Bohrinseln aufmerksam machen, von denen weltweit mehr als 200 existieren, die sich in der Regel jedoch unseren Blicken entziehen. In ihrer Vision verwandeln XTU diese industriellen Bauten in bewohnbare, exotische Orte, die sie X_LANDS nennen. Aufgerüstet mit Solarpaneelen und Windrädern, könnten sich die Plattformen selbst mit erneuerbarer Energie versorgen. Eine üppige Bepflanzung würde für Schatten und Kühlung sorgen, in Gewächshäusern könnten Lebensmittel angebaut werden. Filteranlagen, die zuvor genutzt wurden, um Meerwasser vom Öl zu trennen, könnten umgerüstet werden, um Trinkwasser und Wasser für die Bewässerung der Pflanzen zu gewinnen.

→ ABB. 131
→ FILTRATION TOWER
→ ESSAY VON C.HEIN, S. 166–173

AUTOR:INNEN:
Emma-Louise Arcade,
Henrike Büscher,
Jochen Eisenbrand,
Carolina Maddè,
Viviane Stappmanns

"Our latest technological leap allowed us to automate our full operation, become carbon-neutral, and keep all our employees."

126   Worldbeing, App und Wearable von Layer, 2015

127   X_LAND von XTU Architects, 2020

128	Christa Carstensen, Harvest/Solar, solarbetriebene Tischleuchte, 2023
129	Marjan van Aubel Studio, Solarfenster Current Window, 2016
130	Abeer Seikaly, Kuppelzelt Weaving A Home, 2020
131	XTU Architects, X_LAND, 2020
132	Isabel + Helen, Power Suit, 2023
133	Lightyear 0, Solarauto, 2022
134	Andree Weißert, Mia Grau, Heike Tropisch, Atomteller, 2015
135	E-WERK Luckenwalde, Eingang, 2022
136	Charles und Ray Eames, Solar-Do-Nothing Machine, ca. 1957
137	TAKK, The Day After House, Schlafraum und Küchen- und Arbeitszone, 2021
138	Pauline van Dongen, Suntex, Textilpaneele mit eingewebten Solarzellen, 2022
139	PostlerFerguson, Papa Foxtrot, Modellserie, 2011
140	Léon Félix, Helios, falt- und transportierbarer Solarkocher, 2022
141	realities:united, *Fazit*, Braunkohlekraftwerk Jänschwalde (Detail), 2019
142	Marjan van Aubel, Sunne, solarbetriebene Hängeleuchte, 2022
143	Pauline van Dongen, Solar Shirt, 2015
144	Levante, Origami, Solarpaneel, 2023
145	Werner Sobek und Aktivhaus, Plusenergiequartier P18, Fassade mit Balkonen, 2021
146	Teresa van Dongen, Sun Catcher, solarbetriebene Hängeleuchte, 2023
147	Kris de Decker, Melle Smets, *Human Power Plant*, 2023 (Detail)
148	Philips Design Probes Program, Microbial Home, 2011
149	Layer, Worldbeing, App und Wearable, 2015
150	Fleur Federica Chiarito und Matteo Dal Lago (ECAL), RR Reuse, Windturbine für die kanadische Inselgemeinde Fogo, 2023
151	Leon Tukker, *Nova Nakhon Sawang*, Beitrag zur Atomhawk Solarpunk Challenge, 2019

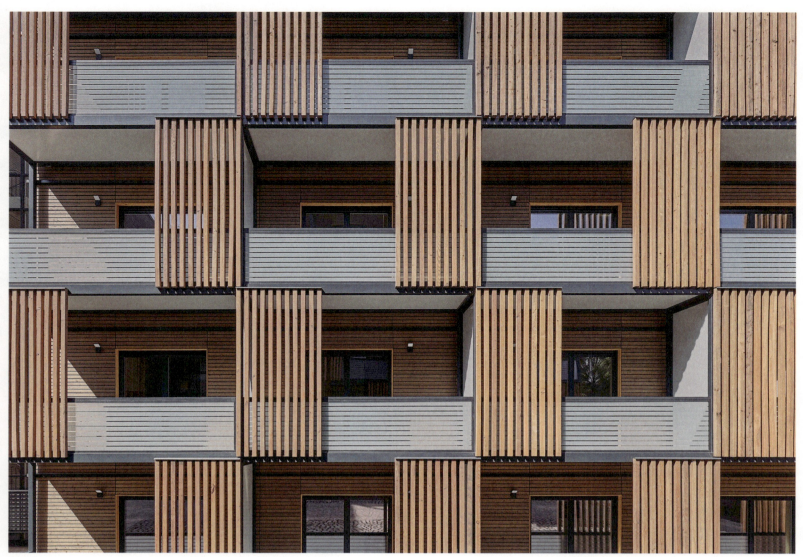

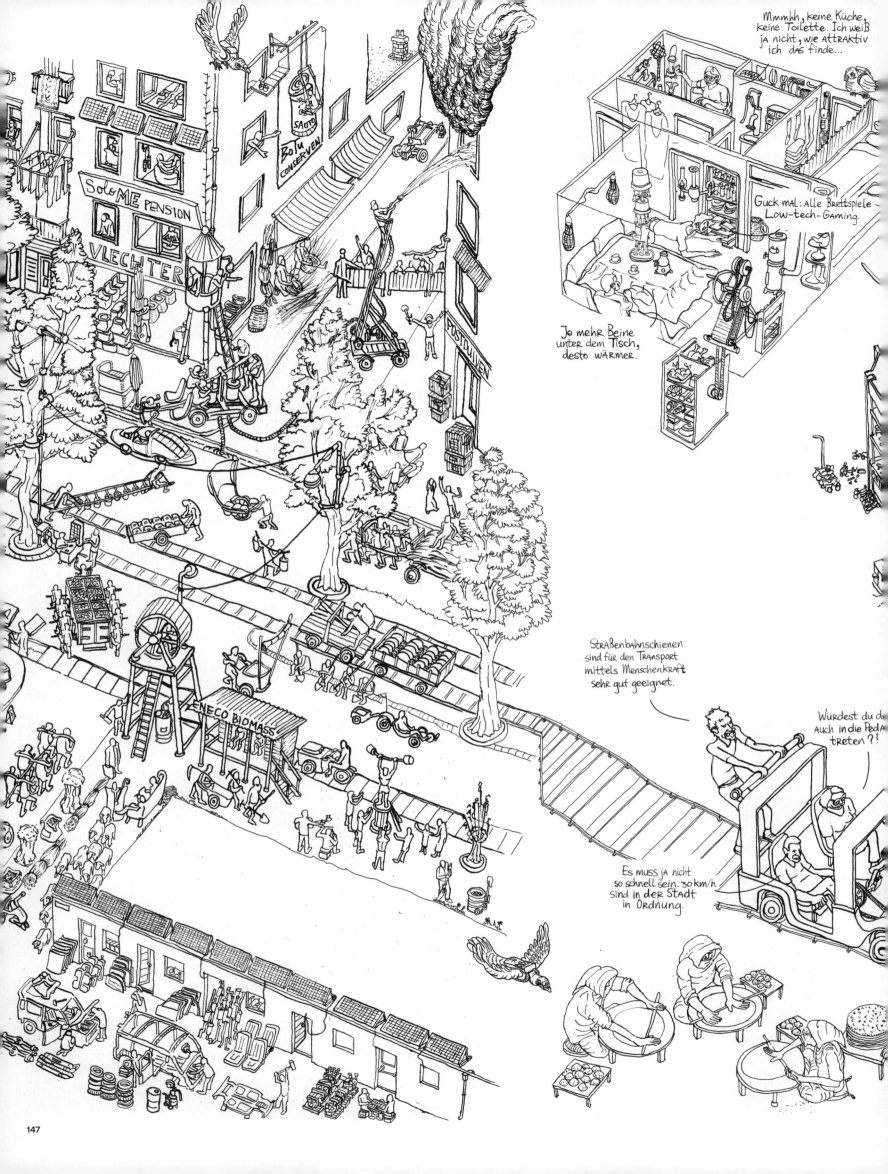

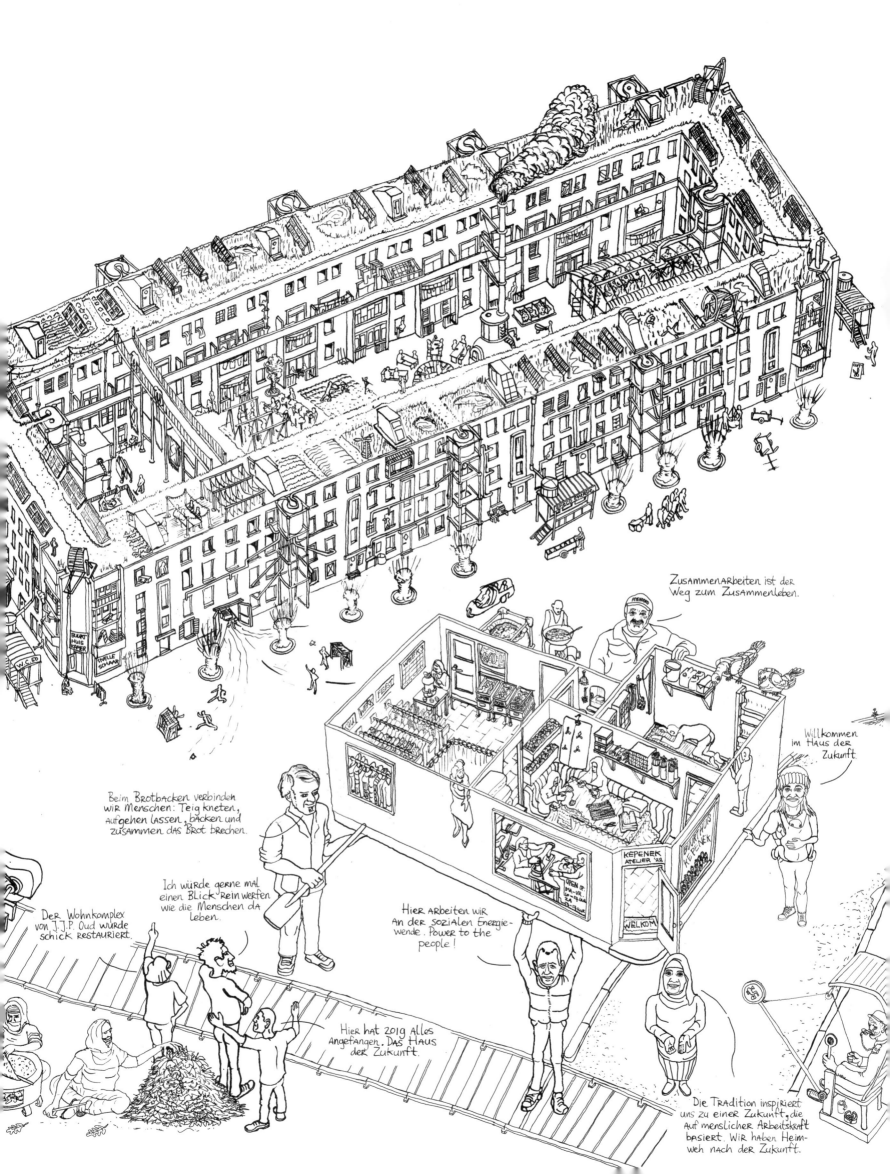

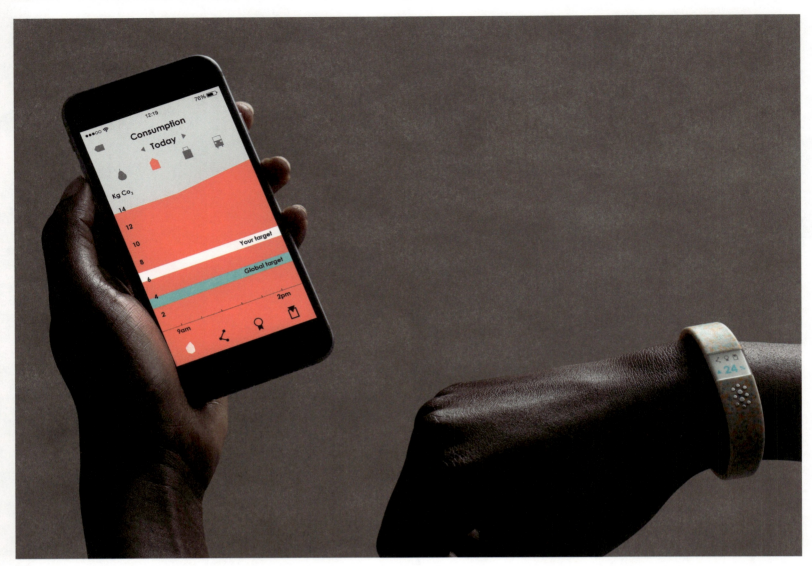

READER

106 GUILLAUME LION
Zurück in
die Zukunft der
Technologie

118 CATHARINE ROSSI
Energiewende
im Design

128 STEPHAN RAMMLER
Ein neuer Motor
für das
Raumschiff Erde

134 IVAN ILLICH
Energie und
Gerechtigkeit

140 DANIEL A. BARBER
Die Solarwand

156 DONATELLA
GERMANESE
Atome für den
Frieden

166 CAROLA HEIN
Landschaften
des Öls

ENERGIEWENDE IM DESIGN Produkte
überdenken, Energie reduzieren und Verhalten
umgestalten

CATHARINE ROSSI

Design kann nicht ohne Energie gedacht werden. Die Funktionen, Formen und Materialien von Objekten hängen von der Art, Verfügbarkeit und Bezahlbarkeit von Energiesystemen ab. Fossile Energieträger haben nahezu jede Art von Innovation im modernen Design möglich gemacht, von elektrifizierten Fabriken und elektrischen Maschinen über die Massenproduktion von Gütern bis hin zu Software und dem Cloud Computing digitaler Plattformen. Die Geschichte modernen Designs würde ohne Öl, Kohle und Gas ganz anders aussehen, wie Barnabas Calder in seiner Energie-Geschichte der modernen Architektur gezeigt hat.[1]

Die Abhängigkeit des Designs von fossilen Brennstoffen ist jedoch toxisch und muss ein Ende haben. Seit den 1970er Jahren befindet sich die Erde im globalen Overshoot; die Menschheit verbraucht mehr Ressourcen, als der Planet neu bilden kann.[2] Fossile Energieträger gehen zur Neige und natürliche Ressourcen werden vernichtet.[3] Das extraktivistische Ethos des Plantationozäns hat verheerende Schäden in Tierwelt, natürlichen Gemeinschaften und Lebensräumen angerichtet. Der Besitz, die Auswirkungen und die Verfügbarkeit von Energie sind zudem ungleich verteilt: Im Jahr 2020 verbrauchten Haushalte mit höherem Einkommen im Vereinigten Königreich fast fünfmal so viel Energie wie Haushalte mit den niedrigsten Einkommen; letztere sind jedoch von den steigenden Energiepreisen stärker betroffen, da sie einen höheren Anteil ihrer Einkünfte für Energie ausgeben müssen.[4] Aus Gründen der ökologischen, aber auch der sozialen Gerechtigkeit muss Design beim weltweiten Übergang zu erneuerbaren Energien eine Vorreiterrolle spielen. Dieser Aufsatz stellt eine Auswahl von Designexperimenten vor, die genau das versuchen.

Im 21. Jahrhundert hat sich die Energieeffizienz von Designprodukten erheblich gesteigert; darüber hinaus sind energiesparende Technologien und erneuerbare Energietechnologien wie organische Leuchtdioden (OLED), Solarpaneele und Windkraftanlagen für immer mehr Menschen verfügbar und erschwinglich geworden. Diesen Fortschritten steht jedoch eine immer größere weltweite Nachfrage nach Energie gegenüber, die zum Teil durch die Verbreitung elektronischer und digitaler Geräte befeuert wird. 2020 entfielen schätzungsweise 4 bis 6 Prozent des weltweiten Stromverbrauchs auf die Informations- und Kommunikationstechnologiebranche (IKT), die Geräte wie Computer, Smartphones und andere mit dem Internet verbundene Geräte sowie die dafür erforderlichen Rechenzentren und Kommunikationsnetze umfasst; dieser Anteil wird in diesem Jahrzehnt voraussichtlich noch steigen.[5] Der Großteil (bis zu 80 Prozent) dieses Verbrauchs fällt in der Produktionsphase an.[6]

2017 untersuchte die Umweltschutzorganisation Greenpeace die weltweite Abhängigkeit von solchen Technologien. Sie erkannte deren Vorteile an, darunter die Möglichkeit, Energie intelligenter und effizienter zu nutzen, stellte jedoch fest, dass „hinter dieser innovativen Technologie des 21. Jahrhunderts Lieferketten und Herstellungsprozesse stehen, die immer noch auf Energiequellen aus dem 19. Jahrhundert, gefährlichen Abbaupraktiken, umwelt- und gesundheitsschädigenden Chemikalien und schlecht gestalteten Produkten beruhen".[7] Dies bestätigt die Studie von Kate Crawford und Vladan Joler aus dem Jahr 2018; ihre *Anatomy of an AI System* ist ein forensisch detailliertes Diagramm der „materiellen Ressourcen, menschlichen Arbeitskraft und Daten", die für die Herstellung und den Betrieb eines (2014 auf den Markt gekommenen) Amazon Echos erforderlich sind.[8] Ein ähnliches Diagramm ließe sich für jedes andere Gerät erstellen. Die Frage von Design und Energie ist offensichtlich nicht von den allgemeineren ökologischen, sozialen und ethischen Auswirkungen von Design zu trennen.

152   Cover des Buches *The New Pioneer's Handbook* von James Bohlen, New York, 1975

→ ABB. 157

Gegenkulturelles Design und wachsendes Energiebewusstsein der 1960er und 1970er Jahre

Das Wissen um den zerstörerischen Appetit des Designs auf Energie ist nicht neu. In den 1960er und frühen 1970er Jahren nahmen das Umweltbewusstsein und die Akzeptanz alternativer Visionen für die Zukunft der Energie

[1] Barnabas Calder: *Architecture: From Prehistory to Climate Emergency*, Pelican, London 2021.
[2] Earth Overshoot Day, Global Footprint Network: „Media Backgrounder: Earth Overshoot Day" (o. D.), www.overshootday.org/newsroom/media-backgrounder, aufgerufen am 23. August 2023.
[3] Jane Penty: *Product Design and Sustainability: Strategies, Tools and Practice*, Routledge, Abingdon/Oxon/New York 2019, S. 10.
[4] Evan Boyle: „Rethinking Energy Studies: Equity, Energy and Ivan Illich (1926-2002)", in: *Energy Research & Social Science*, Jg. 95, Januar 2023, S. 1-3, hier S. 2; und UK Office for National Statistics: „Energy prices and their effect on households", 1. Februar 2022, www.ons.gov.uk/economy/inflationand priceindices/articles/energypricesandtheireffectonhouseholds/2022-02-01, aufgerufen am 23. August 2023.
[5] UK Parliament Post: „Energy Consumption of ICT", 1. September 2022, post.parliament.uk/research-briefings/post-pn-0677/#:~:text=Information%20and%20Commu nication%20Technology%20(ICT,use%20over%20the%20next%20decade, aufgerufen am 20. August 2023.
[6] Gary Cook und Elizabeth Jardim: *Greenpeace Reports: Guide to Greener Electronics*, Oktober 2017, hg. v. Nancy Bach, S. 3, www.greenpeace.org/usa/reports/greener-electronics-2017, aufgerufen am 15. Juli 2023.
[7] Ebd.
[8] Kate Crawford und Vladan Joler: *Anatomy of an AI System* (2018), www.anatomyof.ai, aufgerufen am 29. August 2023.

unter DesignerInnen und in der Öffentlichkeit deutlich zu. Unterstützt wurde dies durch eine Reihe von etwa zeitgleich erschienenen Büchern, darunter Rachel Carsons *Der stumme Frühling*, Victor Papaneks *Design für die reale Welt. Anleitungen für eine humane Ökologie und sozialen Wandel*, der Bericht *Die Grenzen des Wachstums* des Club of Rome und Ernst F. Schumachers *Small is Beautiful. Die Rückkehr zum menschlichen Maß*.[9] Der *Whole Earth Catalog (WEC)* und das *Dome Cookbook* lieferten Anleitungen für energiesparende Lebensweisen, wie zum Beispiel die der 1965 in Colorado gegründeten Drop-City-Kommune mit ihren wiederverwendeten geodätischen Kuppeln auf Autodächern und Experimenten mit passiver Solarheizung.[10] Produkte, die erneuerbare Energien nutzten, waren weniger verbreitet. Einige Bekanntheit erlangte das 1962 von Papanek und seinem Studenten George Seeger im Auftrag der UNESCO entwickelte Blechbüchsenradio für die ländlichen Gemeinden Indonesiens, das durch die Verbrennung von Dung betrieben wurde.[11] Das aus preiswerten, leicht verfügbaren und reparierbaren Teilen gebaute Radio konnte von den NutzerInnen mit Applikationen, Muscheln und Pailletten individuell gestaltet werden. Es stieß jedoch nicht überall auf Zustimmung. Als es 1966 an der Ulmer Hochschule für Gestaltung vorgestellt wurde, bemängelte man seine „Hässlichkeit und seine fehlende ‚formale' Gestaltung".[12] Wie das Radio, die selbstgebauten Häuser von Drop City und das Do-it-yourself-Erscheinungsbild des *WEC*-Design-Ethos bereits andeuteten, sollte die „alternative" Designsprache im Zusammenhang mit Energie auch für die modernistische Designästhetik eine Herausforderung darstellen.

→ ABB. 155

Als 1973 das Öl-Embargo der Organisation erdölexportierender Länder (OPEC) die Ölkrise herbeiführte, rückte die Energiefrage in den Mittelpunkt. Der Universalgelehrte, Autor und ehemalige Priester Ivan Illich nahm dies zum Anlass, die Situation in seinem Aufsatz „Energie und Gerechtigkeit" zu kritisieren. Darin verwies er auf den „Widerspruch, der dem gleichzeitigen Streben nach Gerechtigkeit und industriellem Wachstum innewohnt", und plädierte für eine gerechtere Gesellschaft durch einen geringeren Energieverbrauch.[13] 1976 befürwortete das Buch *Radical Technology*, herausgegeben von den Pionieren der erneuerbaren Energien Godfrey Boyle und Peter Harper, kleine, dezentralisierte Technologien und Techniken, um „eine weniger repressive und erfüllendere Gesellschaft zu schaffen".[14] Zu ihren Vorschlägen gehörten die Nutzung von Sonnen- und Windenergie sowie von Holz, Torf, Dung und Algenkulturen und die Abkehr von einer wirtschaftsorientierten Definition von Energie als „Fähigkeit, Arbeit zu leisten" hin zu einem poetischeren Verständnis, das die Sonne als Urenergiequelle anerkennt.[15]

Für einige Designkulturen war die Endlichkeit der Ölvorräte eine unvermittelte und dramatische Erkenntnis. Die Sponsoren der Ausstellung *Italy: The New Domestic Landscape*, die 1972 — also noch vor der Krise — im MoMA zu sehen war (darunter der italienische Erdölkonzern ENI), ermunterten DesignerInnen aktiv, „die Möglichkeiten synthetischer Materialien und Fasern zu erforschen".[16] Als sich ein Jahr später die italienische Radical-Design-Gruppe Global Tools in Mailand gründete, herrschte bereits eine ganz andere Mentalität. Einer der Architekten von Global Tools, Franco Raggi, erinnert sich: „Der Schock der Ölkrise führte der gesamten westlichen Welt vor Augen, wie fragil das vorherrschende Entwicklungsmodell war, das auf den unerschöpflichen Vorrat an Energie und Ressourcen setzte."[17] Dieser Schock weckte das Interesse von Global Tools an „neuen Überlebensstrategien", manuellen Techniken und, wie bei *Radical Technology*, an einer weniger

9 Rachel Carson: *Der stumme Frühling*, aus dem Amerikanischen von Margaret Auer, Biederstein Verlag, München 1962 [*Silent Spring*, Houghton Mifflin Company, Boston, MA 1962]; Victor Papanek: *Design für die reale Welt. Anleitungen für eine humane Ökologie und sozialen Wandel*, hg. v. Florian Pumhösl, Thomas Geisler, Martina Fineder und Gerald Bast, Übers.v. Elisabeth Frank-Großebner, Springer, Wien 2009 [*Design for the Real World: Human Ecology and Social Change*, Academy Chicago Publishers, Chicago, IL 1971; dt. Erstausgabe: *Das Papanek-Konzept. Für eine Umwelt des Überlebens*, aus dem Amerikanischen von Wolfgang Schmidbauer, Nymphenburger Verlagshandlung, München 1972]; Dennis Meadows u. a.: *Die Grenzen des Wachstums. Bericht des Club of Rome zur Lage der Menschheit*, übers. von Hans-Dieter Heck, Deutscher Bücherbund, Stuttgart 1972 [*The Limits to Growth: A Report for The Club of Rome's Project on the Predicament of Mankind*, Universe Books, New York 1972]; Ernst F. Schumacher: *Small is beautiful. Die Rückkehr zum menschlichen Maß. Alternativen für Wirtschaft und Technik*, Rowohlt, Reinbek bei Hamburg 1977 [*Small is Beautiful: A Study of Economics as if People Mattered*, Blond & Briggs, London 1973].
10 Der *Whole Earth Catalog* wurde zwischen 1968 und 1972 mehrmals von Stewart Brand aufgelegt; Steve Bear: *Dome Cookbook*, Cookbook Fund — Lara Foundation, Corrales, NM 1970.
11 Alison Clarke: *Victor Papanek: Designer for the Real World*, MIT Press, Cambridge 2021, S. 138.
12 Ebd., S. 138–139.
13 Ivan Illich: „Energie und Gerechtigkeit", Kapitel „Die Energiekrise", in: ders.: *Fortschrittsmythen*, Rowohlt, Reinbek bei Hamburg 1978, S. 73–112, hier S.73, abgedruckt in diesem Band S. 134–139; Boyle, „Rethinking Energy Studies", S.2.
14 Godfrey Boyle und Peter Harper: „Preface", in: Godfrey Boyle und Peter Harper (Hg.): Radical Technology. Pantheon Books, New York 1976, S.5.
15 Godfrey Boyle: „Energy", in: Boyle und Harper, *Radical Technology*, S.53.
16 Emilio Ambasz: „Design Program", in: ders. (Hg.): *Italy: The New Domestic Landscape: Achievements and Problems of Italian Design*, Ausst.-Kat. Museum of Modern Art, New York/ Centro di Florence, 1972, S.141.

153 Cover des Buches *Radical Technology*, herausgegeben von Godfrey Boyle und Peter Harper, englische Ausgabe von Wildwood House, London 1976. Covergestaltung von Roger Hall

→ ABB. 156

ENERGIEWENDE IM DESIGN

technokratischen Konzeptualisierung von Energie, in deren Mittelpunkt Körper, Freiheit und individuelle Kreativität standen.[18]

Boyle und Harper räumten die Fehler an einigen ihrer Vorschläge zu erneuerbaren Energien ein; so schadet beispielsweise die Verbrennung von Dung nicht nur der Umwelt, sondern auch der menschlichen Gesundheit. Dennoch können Biomasse-Materialien wie organische Abfälle ein wichtiger Energieträger sein. Bill Stumpfs Vorschlag für ein Metabolic House aus dem Jahr 1989 beruhte auf der Idee, dass Häuser „genau wie wir ein Verdauungssystem haben sollten".[19] Sein Entwurf umfasste eine integrierte Kompostieranlage, eine „papierlose" Toilette und Vorkehrungen, um wiederverwertbare Materialien in Heizungsanlagen zu „techno-mulchen".[20] Damit nahm er das Microbial Home von 2011 vorweg, das für das von Philips initiierte experimentelle Design Probes Program entworfen wurde.[21] Neben einer Null-Energie-„Speisekammer", einem in den Esstisch integrierten Verdunstungskühler und einer Toilette, die Exkremente herausfilterte und zur Biogas-Erzeugung nutzte, gab es den „Bio-Digester-Hub", eine Küchneninsel, die organische Haushaltsabfälle mithilfe von Bakterien in Brennstoff umwandelte, um die Warmwasserversorgung sowie Strom für Herd und Beleuchtung bereitzustellen. Der Füllstand war in einem eingebauten „Glastank" sichtbar.[22] Solche Projekte erforderten ein Umdenken in Sachen Hausenergieversorgung: die Erkenntnis nämlich, dass der Energieverbrauch von der Energieerzeugung abhängt und dass letztere in den eigenen vier Wänden durch neue Verhaltensweisen, durch Produkte mit einer neuen Ästhetik und neuen Funktionen geleistet werden kann.

→ ABB. 158

→ S. 100

Aktuelle Experimente zur Neugestaltung von Produkten, Energieverbrauch und Verhaltensweisen

→ S. 75

→ S. 40

→ S. 97

Heute treibt eine Vielzahl von DesignerInnen diesen Wandel in Design und Energieverbrauch auf unterschiedliche Weise voran. Ihre Arbeit ist geprägt vom Kontext der 2020er Jahre, der sich deutlich von dem der 1970er Jahre unterscheidet. An die Stelle des aufkommenden ökologischen Bewusstseins sind inzwischen der Imperativ des Klimanotstands und technologische Fortschritte getreten, die eine fast nahtlose Integration von immer ausgereifteren, erschwinglichen und nutzbaren Technologien für erneuerbare Energien ermöglicht haben. Zu den Arbeiten der Solardesignerin Marjan van Aubel aus dem Jahr 2016 gehören Current Window und Current Table, die aus glasähnlichen Farbpaneelen mit Farbstoff-Solarzellen (DSSC) bestehen, welche in einem photosyntheseähnlichen Prozess Strom erzeugen können. NutzerInnen können ihre Geräte an USB-Anschlüsse im Fensterbrett oder in der Tischplatte anschließen; jahrhundertealten Design-Typologien werden so neue, zeitgemäße Funktionen hinzugefügt. Ein ähnliches Update bietet die Lampe Sun Catcher der Biodesignerin Teresa van Dongen aus dem Jahr 2022. Sie wird von organisch aufgebauten Solarzellen betrieben, die den Schirm und die Lichtquelle der Lampe bilden. Um sie aufzuladen, klappen BenutzerInnen den Origami-ähnlichen Schirm auf, stellen ihn in die Sonne und hängen ihn nach dem Aufladen wieder auf den Ständer. Da der Betrieb der Lampe vom verfügbaren Sonnenlicht abhängt und davon, dass die BenutzerInnen an das Aufladen denken, führt sie ein neues Designritual ein, denn diese Energieverantwortung verlangen die meisten zeitgenössischen Designs noch nicht. Das dürfte ein Beispiel für die von Boyle und anderen propagierte Poesie und Fürsorge sein.

Andere Projekte erfordern eine stärkere Verhaltensänderung. Der Energy Curtain aus dem Jahr 2006, das Ergebnis eines von der schwedischen Energiebehörde finanzierten Hochschulprojekts für Design und Energieforschung mit dem Namen STATIC!, möchte Energie bei der Produktgestaltung sowie bei der Interaktion und Koexistenz der NutzerInnen mit einem Produkt sichtbarer machen.[23] Der Energy Curtain besteht aus einem Gewebe, das auf der einen Seite mit Glasfasern und auf der anderen Seite mit Solarzellen versehen ist, die wiederum an eine Batterie angeschlossen sind. Diese lädt eine Reihe von LEDs auf, die das Licht durch die Glasfasern leiten, so dass der Vorhang Licht an die Umgebung spenden kann.

154 Energy Curtain (2005–2010), Projekt des Designforschungsteams IT+Textiles des Interactive Institute, gefördert von VINNOVA und Static! (finanziert von der Swedish Energy Agency)

17 Franco Raggi: „Dysfunctional Objects for a Heretical ‚Inverse Ergonomics'", in Valerio Borgonuovo und Silvia Franceschini (Hg.): *Global Tools 1973-75*, Salt/Garanti Kültür AŞ, Istanbul 2015, S. 53, https://saltonline.org/media/files/globaltools_scrd-1.pdf, aufgerufen am 15. Juli 2023.
18 Archizoom Associati: „Global Tools" (1973), in: ebd., o.P.
19 Patricia Leigh Brown: „Space for Trash: A New Design Frontier", in: *New York Times*, 27. Juli 1989, www.nytimes.com/1989/07/27/garden/space-for-trash-a-new-design-frontier.html, aufgerufen am 23. August 2023.
20 Ebd.
21 Die Designer des Philips Design Probes Program waren Jack Mama, Clive van Heerden, Peter Gal und Cedric Bernard.
22 „Microbial Home Probe", *Materiability Research Group*, materiability.com/portfolio/microbial-home/, aufgerufen am 29. August 2023.
23 Sandra Backlund u.a.: „STATIC! The Aesthetics of Energy in Everyday Things", in: Ken Friedman (Hg.): *DRS2006: Wonderground*, Papers from the International Conference (1.-4. November 2006) in Lissabon, Portugal, S. 2, https://dl.designresearchsociety.org/drs-conference-papers/drs2006/researchpapers/36, aufgerufen am 16. Juli 2023.

Damit sich die Solarzellen aufladen können, muss der Vorhang tagsüber zugezogen sein, was bedeutet, dass NutzerInnen den Raum entweder tagsüber (natürlich) oder nachts (künstlich) beleuchten können. In mehreren Haushalten wurden Prototypen installiert, die dazu führten, dass die BewohnerInnen die natürlichen und künstlichen Lichtquellen in ihrer Wohnung neu durchdachten, die Möbel neu arrangierten, die Funktion eines Raumes änderten und neue Routinen einführten.[24]

Eine noch radikalere Verhaltensänderung sieht das 2009 entworfene Natural Fuse des Designstudios Umbrellium vor, ein „Mikro-Netzwerk zur Sequestration von Kohlenstoff", das aus einer Reihe vernetzter Internet-of-Things (IoT)-fähiger Pflanzgefäße besteht, die jeweils über eine eingebaute Bewässerungsvorrichtung und eine Steckdose zum Aufladen von Elektrogeräten verfügen.[25] Die Menge an Kohlendioxid (CO_2), die die Pflanzen ausgleichen, liefert dem System die verfügbare Energiemenge, die NutzerInnen dann abrufen können. Beim Einschalten des Ladegeräts gibt es zwei Optionen: Wählt man den „selbstlosen" Modus, so vergrößert die gelieferte Energiemenge den CO_2-Fußabdruck der Gemeinschaft nicht, doch wird das Gerät möglicherweise nicht vollständig geladen. Wählt man den „egoistischen" Modus, erhält man so viel Energie, wie das Gerät benötigt. Wenn dadurch die CO_2-Bilanz des Netzes beeinträchtigt wird, gibt das System der Pflanze eines anderen Menschen im Netz allerdings einen Spritzer Essig, der sie nach dreimaliger Verabreichung tötet. Natural Fuse zwingt die NutzerInnen darüber nachzudenken, ob der von ihnen gewählte Energieverbrauch notwendig ist und welche Auswirkungen dieser auf die Gemeinschaft und die natürliche Umwelt hat; zudem macht es deutlich, dass die zu einem beliebigen Zeitpunkt verfügbare Menge an erneuerbarer Energie begrenzt ist.

→ S. 51

Schlussbetrachtung

Dieser kurze Aufsatz hat beispielhaft eine Handvoll Projekte von DesignerInnen untersucht, die die Energiewende als Chance nutzen, um unser Verhalten im Umgang mit Energie neu zu gestalten — weg von der gedankenlosen, exzessiven Nutzung einer Ressource ohne Verständnis für ihre Auswirkungen auf nahe und ferne Lebensräume und Gemeinschaften hin zu einem bewussteren und gewissenhafteren Verbrauch, der die Begrenztheit und die Vernetztheit von Energie anerkennt. Dabei bieten diese Beispiele eine neue Ästhetik, neue Funktionalität und neue Materialien, die für das Design im Allgemeinen übernommen werden könnten. Keines der Produkte wird in großem Maßstab hergestellt, und keines wird für sich allein die notwendigen Veränderungen im Energieverbrauch herbeiführen. Sie zeigen jedoch, wie wichtig es ist, das Energieverhalten im Rahmen der Energiewende neu zu gestalten und dafür zu sorgen, dass sich die Ungleichheiten und Ungerechtigkeiten der derzeitigen, auf fossilen Brennstoffen basierenden Design-Ära nicht in einer auf erneuerbaren Energiequellen basierenden Designwelt wiederholen.

[24] Jenny Bergström u.a.: „Becoming Materials: Material Forms and Forms of Practice", in: *Digital Creativity*, Jg. 21, Nr. 3, 2010, S. 152-172, hier S. 163.
[25] Umbrellium, Natural Fuse. Micro Scale Carbon Sequestering Network, https://umbrellium.co.uk/projects/natural-fuse/, aufgerufen am 14. Oktober 2023.

155 Victor Papanek und George Seeger, *Tin-Can Radio*, 1962
156 Mitglieder von Global Tools und Superstudio in Sambuca, San Casciano in Val di Pesa, 1973. Von links nach rechts: Angiolino Lepri, Adolfo Natalini, Fabrizio Natalini, Roberto Magris, Gino Lepri, Cristiano Toraldo di Francia

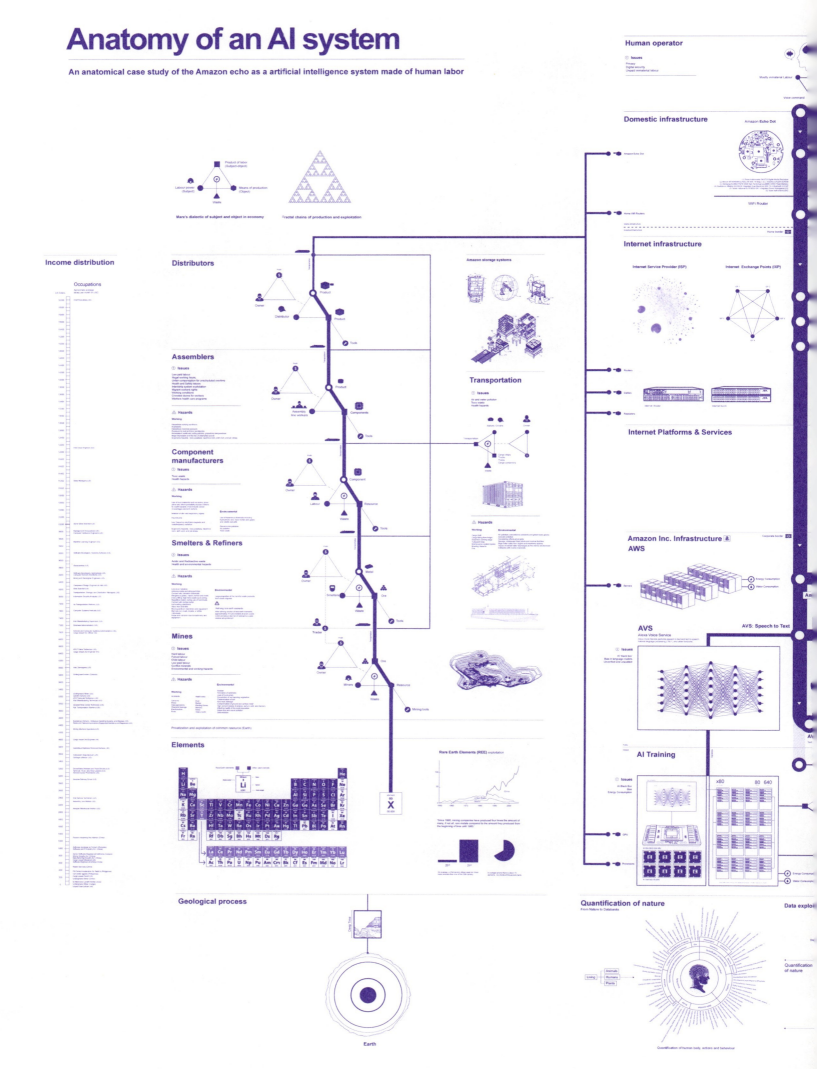

Kate Crawford und Vladan Joler, Anatomy of an AI system (Anatomie einer KI), 2018

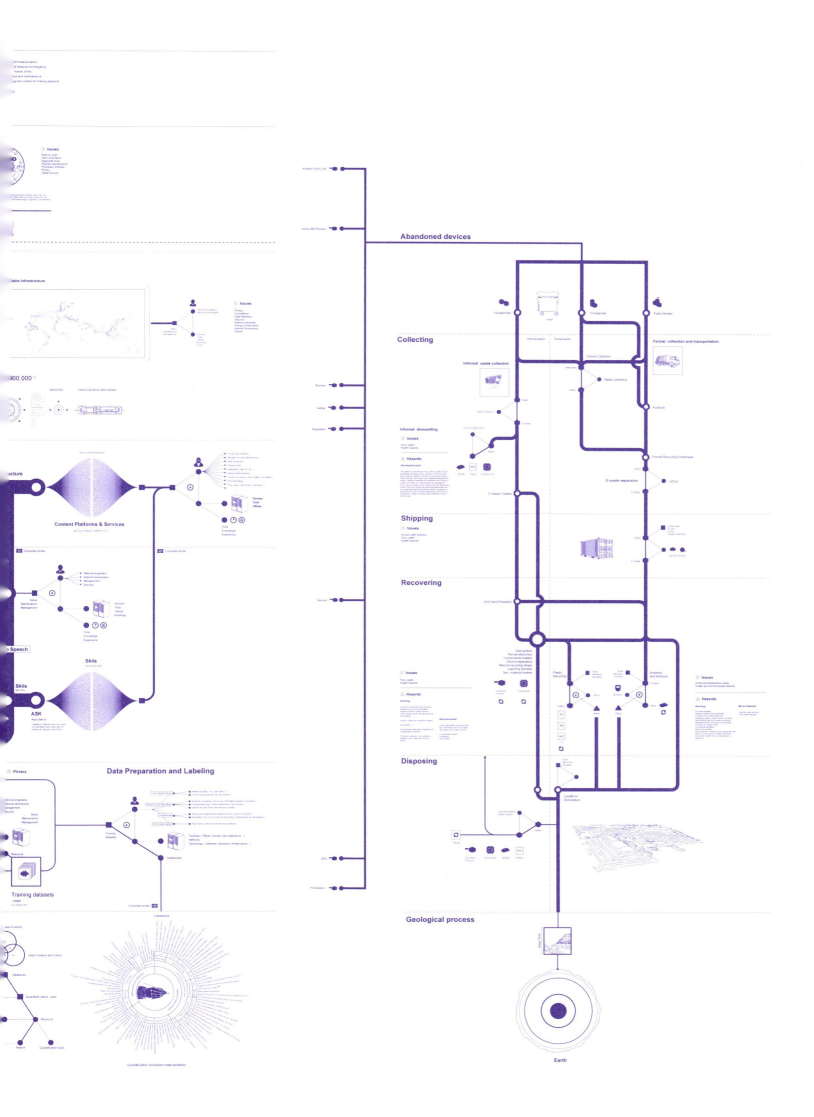

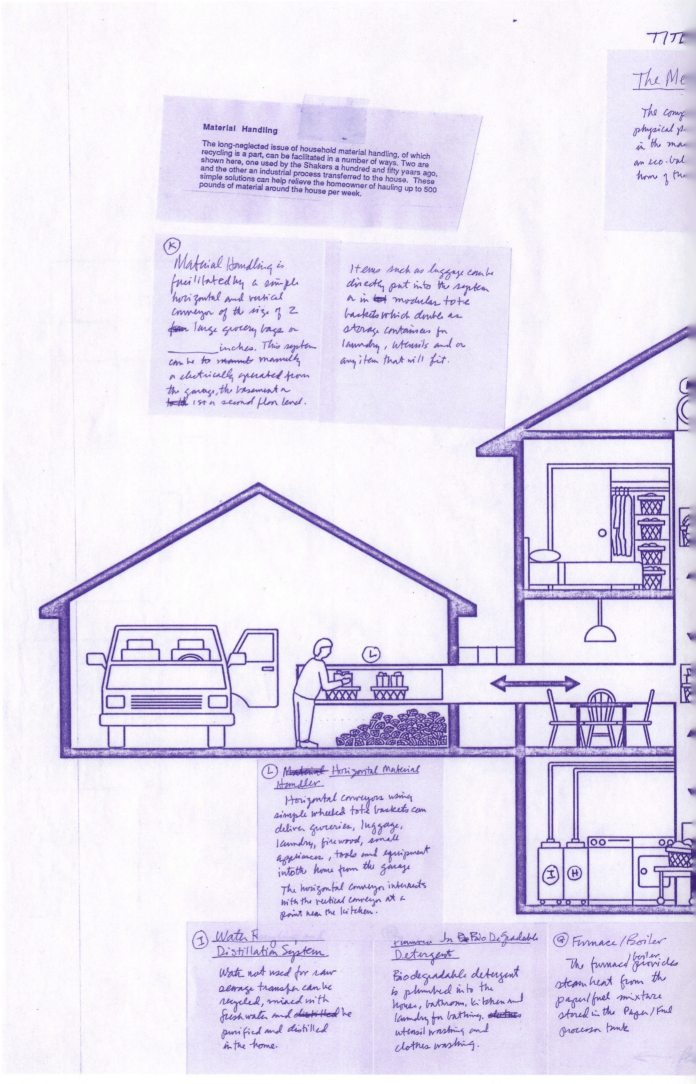

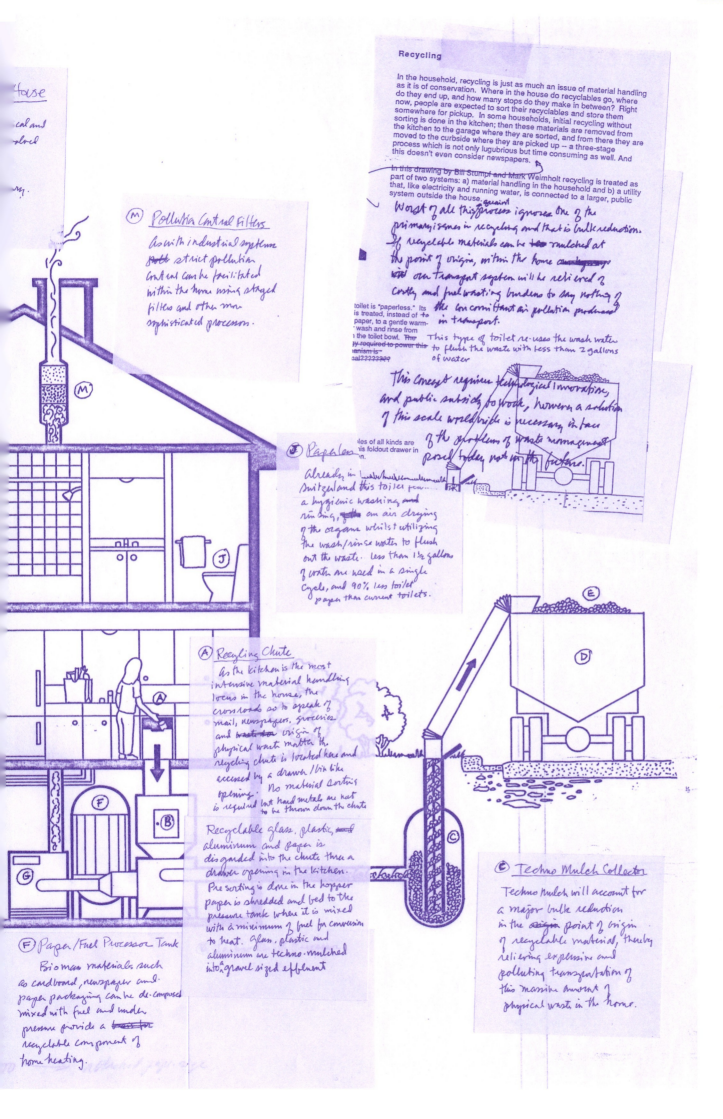

EIN NEUER MOTOR FÜR DAS RAUMSCHIFF ERDE Die Zukunft der Mobilität in der sich erwärmenden Welt

STEPHAN RAMMLER

Wir leben in einer äußerst transformativen Zeit. Das Zusammenwirken von Megatrends wie Klimawandel, Bevölkerungswachstum, Urbanisierung, Digitalisierung und vielfältigen geopolitischen Verwerfungen innerhalb der Grenzen des gegebenen planetaren Lebensraums nimmt zunehmend den Charakter einer chaotischen Transformation *by Disaster* an. Als politisch-gestalterische Antwort auf diese anwachsende Krise steht der Transformationsbegriff für die gezielte, systemische und kollaborative sozial-ökologische Umformung unserer Gesellschaft.

Der Beitrag nähert sich vor diesem Hintergrund in einigen zugespitzten Überlegungen der Frage, welche Herausforderungen bei der Gestaltung einer sozial-ökologischen Transformation der Mobilität *by Design* zu erwarten sind. Sie werden schon allein deshalb enorm sein, weil es neben dem wachsenden Transformationsbedarf zu weiteren Mobilisierungs- und Beschleunigungseffekten kommt: Die erwartete Verkehrsentwicklung in der globalisierten Spätmoderne wird von weiterem Wachstum, weiterer Beschleunigung und weiterer Interdependenzsteigerung der globalen Verkehrsinfrastrukturen und Verkehrsprozesse gekennzeichnet sein. Diese Entwicklung lässt sich im Befund der *Hypermobilisierung* auf einen Begriff bringen.

Transformation muss auf die Hypermobilisierung in der Spätmoderne reagieren

Die Forschung zum Anthropozän hat den steilen Anstieg aller sozio-ökonomischen, ökologischen und geografischen Messgrößen von Mitte bis Ende des 20. Jahrhunderts in den Begriff der „Großen Beschleunigung" gefasst. Das Tempo und die Sprunghaftigkeit dieser Veränderungen haben sich in den vergangenen zwanzig Jahren noch einmal gesteigert. Der Begriff der Hypermobilisierung bezieht sich auf die weitere *quantitative*, quasi *hypertrophe* Steigerung des Verkehrs einerseits und die *qualitativen* Veränderungen andererseits, die die massive *digitale Transformation* der Mobilität mit sich gebracht hat und weiter mit sich bringen wird.

Diese Wachstums- und Beschleunigungsdynamiken der Mobilität sind neben dem Bevölkerungszuwachs vor allem weiteren Wohlstands- und Individualisierungseffekten, anhaltender kultureller Globalisierung, stark kostenreduzierenden und effizienzsteigernden Technologieeffekten,[1] der enormen globalen Migrationsdynamik und der starken globalen Arbeitsteilung geschuldet.

Jeder politische Transformationsversuch wird sich mit dieser Dynamik konfrontiert sehen, was zum nächsten Befund überleitet.

Die Mobilität der Zukunft muss raumsparsam, postfossil und resilient sein

Die fossil betriebene Startbatterie des *Raumschiffs Erde*[2] ist aufgrund der vielfältigen mit der Verbrennung verbundenen negativen Effekte am Ende ihrer Lebenszeit angelangt. Daraus folgen für die Menschheit Vulnerabilitäten, Verteilungskonflikte, Resilienz- und Adaptionsanforderungen, die in den kommenden Jahren drastisch eskalieren werden.[3] Die einzige Alternative zur jetzigen Situation ist die schnelle Umrüstung des Hauptantriebs des Raumschiffs, also die Umstellung unserer Primärenergienutzung auf eine regenerative, im Kern solare Basis. Daraus ergeben sich massive Anforderungen an die Neugestaltung der heute noch überwiegend fossil betriebenen Verkehrssysteme.

Ein weiterer maßgeblicher Einflussfaktor zukünftiger Mobilität ist die „Menge in der Enge", also die Bündelung der wachsenden Weltbevölkerung in immer höher verdichteten geografischen Räumen. Heute bereits lebt der überwiegende Anteil der Menschheit in urbanen beziehungsweise sich urbanisierenden Regionen. Dieser Anteil wird noch weiter steigen.

Der *Umbau der Energiekultur* und der Umgang mit zunehmender *Raumknappheit* sind die beiden wichtigsten transitorischen Elemente der Mobilitätsentwicklung im 21. Jahrhundert. Daneben wird, wie bereits erwähnt, auch die Digitalisierung eine zentrale Rolle spielen. Davon ausgehend lassen sich nun drei gesamthaft zusammenwirkende gestalterische Leitbilder einer zukunftsfähigen (urbanen) Mobilität unterscheiden:

---

1   Insbesondere digitale Innovationen spielen eine Rolle, die sowohl durch Produkt- als auch Nutzungs- und Systeminnovationen zur Steigerung der Transporteffizienz und nutzerseitigen Attraktivitätssteigerung von alten wie neuen Diensten und Verkehrsmodi beitragen.

2   Bekanntheit erlangte dieses Sprachbild durch R. Buckminster Fuller; vgl. sein Buch *Bedienungsanleitung für das Raumschiff Erde und andere Schriften*, Rowohlt, Reinbek b. Hamburg 1973 [orig.: *Operating Manual for the Spaceship Earth*, 1968].

3   Vgl. Stephan Rammler, Dirk Thomas, André Uhl, Felix Beer: *Resiliente Mobilität. Ansätze für ein krisenfestes und soziales Verkehrssystem* (WISO-Diskurs 03), Friedrich-Ebert-Stiftung, Bonn 2021.

SunCity kann als das metaphorische Leitbild der postfossilen Rekultivierung des Planeten und der *Dekarbonisierung der Energieflüsse des sozialen Organismus*, insbesondere auch seiner Verkehrs- und Transportflüsse, gelten.

ElectriCity markiert den Paradigmenwechsel der *Elektrifizierung aller sozialen Teilsysteme*, auch und vor allem der Mobilität. Denn es ist im Kern regenerativ erzeugter Strom, der es in Zukunft möglich machen wird, auf fossile Energieträger und ihre Verbrennungsemissionen zu verzichten.

NetCity verweist auf eine informationsbasierte dezentrale Netzkultur komplementärer Energie- und Datenflüsse und daraus resultierende neue Möglichkeiten *kollaborativer und nutzungseffizienter Produktverwendungen*, wie zum Beispiel die Sharing Economy. Hier zeigt sich die besondere Bedeutung der Digitalisierung für die Gestaltung und das Management neuer Schnittstellen zwischen bislang separat betriebenen Funktionssystemen wie der Mobilität und dem Energiesystem.

Im Rahmen der Synergie dieser Leitbilder spielt der öffentliche Verkehr eine zentrale Rolle. Er wird wegen seines enormen Bündelungspotenzials zukünftig das *Rückgrat der Verkehrswende* sein, weil die sich verschärfende Raumknappheit die verschwenderische Raumökonomie des ruhenden und fließenden individuellen Autoverkehrs nicht mehr zulassen wird. Konzepte wie Ride-Sharing, die Renaissance des Radverkehrs, Mikro- und Nahmobilität sowie innovative Lieferlogistik werden die konzeptionellen Bausteine einer *funktional integrativen Verkehrswende* komplettieren. Vor diesem Hintergrund können nun drei Strategien unterschieden werden, deren kombinierte Anwendung im Zusammenhang produkt-, nutzungs- und systemgestalterischer Innovationskonzepte der Mobilität zukunftsweisend ist.

Hier geht es in erster Linie um die Steigerung der Ressourcenproduktivität durch die Verbrauchsminimierung der verbrennungsmotorischen Fahrzeuge klassischer Bauart und durch Optimierung der Kreisläufe der verwendeten Materialien. Einsparpotenziale ergeben sich durch Gewichtsoptimierung, Verringerung von Fahrwiderständen bei Aerodynamik und Reifen und Optimierung der motorischen Verbrennung. Die Effizienzsteigerung ist und bleibt aber eine Übergangsstrategie, die insbesondere wegen der autoaffinen ländlichen Raum- und Siedlungsmuster ihre Berechtigung hat. Die hier noch brachliegenden technologischen Potenziale sind enorm. Andererseits gingen fahrzeugtechnische Effizienzsteigerungen bei gleichbleibenden regulatorischen Bedingungen in der Vergangenheit immer in sogenannten Rebound-Effekten verloren, das heißt, durch die geringeren Betriebskosten effizienter Fahrzeuge wurden die Menschen zu häufigerer Autonutzung, zum Fahren weiterer Strecken und zur Wahl größerer, luxuriöserer und schwererer Fahrzeuge verleitet. Die technische Regulierung der Produktionsseite bedarf also unbedingt der Ergänzung durch fiskalpolitische Regularien, die auf das menschliche Verhalten wirken, wie eine CO_2-Steuer oder Mautsysteme, zum Beispiel eine City-Maut.

Die *Effizienzstrategie* reduziert schnell den Ressourcenverbrauch

Die Effizienzstrategie muss begleitet werden durch eine *Antriebswende*, die auf einem weltweiten technologischen Paradigmenwechsel im Automobilbau basiert. Leitbild der Konversionsstrategie ist ein technologisch vollständig restrukturiertes Fahrzeugdesign. Das Auto der Zukunft fährt elektrisch, es ist aus Gründen der Effizienz sehr leicht und sicher.[4] Es ermöglicht über modulare und flexible Aufbaukonzepte und über innovative digitale Schnittstellen- und Bedienkonzepte im Interieur eine hohe Funktionalität, Individualisierbarkeit und verkehrssystemische Vernetzung. Das Auto der Zukunft ist hochwertig in Verarbeitung, Effizienz und Ästhetik und in seinen Bestandteilen umfassend wiederverwertbar im Rahmen einer automobilen Kreislaufwirtschaft, die selbst wiederum integriert ist in eine globale Kreislaufökonomie. Es ist noch offen, auf welche Art der Elektromotor angetrieben wird, ob über eine Brennstoffzelle oder dominant batterieelektrisch, wobei sich die Batterie aus dem üblichen, allerdings im Sinne einer flexiblen *Sektorenkopplung*[5] technisch modernisierten und ausgebauten Stromnetz speisen würde. In den kommenden Jahren könnte sich ein Wettlauf zwischen den Techniklinien Batterieelektrik und H_2-Brennstoffzelle entwickeln. Beide stehen mit hoher Wahrscheinlichkeit vor großen weiteren Entwicklungsschüben. Sinnvoll erscheint

Die *Konversionsstrategie* erfordert eine Revolution bei Konstruktion, Design und Antrieb von Individualfahrzeugen

allerdings eine angemessene Kooperation beider Techniklinien statt einer Konkurrenz und einer vorzeitigen Schließung von Optionen.

Dennoch gilt: Keine neue Fahrzeugtechnologie — auch nicht das Elektroauto — wird die fossile Automobilität der heutigen Ausprägung vollständig ersetzen können, ohne selbst wiederum Nachhaltigkeitsanforderungen zu verletzen oder neue Ressourcenengpässe zu erzeugen. Die individuelle Massenmotorisierung wird niemals ein global verallgemeinerungsfähiges Mobilitätsmodell sein können, egal auf welcher Technologiebasis.[6] Denn die negativen sozialen und ökologischen, neuerdings auch geopolitischen externen Effekte technologiebasierter Nachhaltigkeitsinnovationen sind aufgrund ihrer enormen *Ressourcenlast* nicht unerheblich. Der zugespitzte Begriff des *Grünen Imperialismus* zielt genau auf diesen Sachverhalt: Digitale Technologien und neue Antriebsformen erfordern industriepolitisch den anwachsenden, dauerhaften und unterbrechungsfreien Zugang zu besonderen Ressourcen. Diese werden bislang überwiegend über die auch heute noch stark neokolonial-imperial organisierten Extraktionsökonomien der Länder des Globalen Südens beschafft, wobei die Profite — wenn überhaupt — vor allem den Eliten dieser Länder zugutekommen. Die sozialen und ökologischen Kosten des Bedarfs der Industrienationen an Kupfer, Coltan, seltenen Erden und anderen Rohstoffen tragen somit bislang die Länder des Globalen Südens.

Man kann also durchaus davon sprechen, dass die klima- und ökologiepolitisch legitimierte Nachhaltigkeitstransformation des Nordens unter Beibehaltung der aktuellen Beschaffungsstrategien durch eine weitere starke Degradation der ökologischen und sozialen Systeme in den Ländern des Globalen Südens erkauft wird, die historisch betrachtet ohnehin schon an den Folgen von Kolonialismus und Imperialismus laborieren und wo nun auch noch die Effekte des ebenfalls überwiegend von den nördlichen Industrieländern verursachten Klimawandels stark spürbar werden.

Die *Integrationsstrategie* hat die Aufgabe, für die verkehrs- und energiesystemische Einbettung der Konversionsstrategie zu sorgen.

Postfossile Gesellschaften werden auf komplexen Netzwerken von verbundenen Infrastrukturen basieren. Dieser systeminnovative technologie- und infrastrukturbezogene Ansatz soll deswegen als Integrationsstrategie bezeichnet werden. Ihr Ziel ist die radikal veränderte *verkehrs- und energiesystemische* Verknüpfung und Einbindung von Individualfahrzeugen in den Gesamtorganismus der sozialen Energie- und Materialflüsse. Konversions- und Integrationsstrategie gehören zusammen wie die beiden Seiten einer Medaille. Sie sind die entscheidenden und wirkungsvollsten Ansatzpunkte der postfossilen Restrukturierung des Verkehrs, aber auch die schwierigsten.

Die Elektrifizierung der Automobilität erfordert vor allem eine umfassende Neukonzeption der *energiesystemischen Einbindung* und muss dabei folgende Fragen klären: Wie und wo wird die benötigte Energie regenerativ bereitgestellt? Welche Rolle spielen Windkraft, Solarthermie, Wasserkraft und Biomasseverstromung in unterschiedlichen Regionen? Wie wird regenerative Energie gespeichert, um natürliche Produktionsschwankungen auszugleichen? Welche Rolle kann die Sektorenkopplung von Energieversorgung und dezentraler Automobilität spielen? Müssen neue Versorgungsinfrastrukturen aufgebaut werden oder kann das herkömmliche, allerdings modernisierte Stromleitungsnetz als Verteilinfrastruktur verwendet werden? Es zeigt sich, dass die Realisierung der Konversionsstrategie beider Techniklinien — H_2-Brennstoffzelle sowie Batterieelektrik — weitreichende Implikationen für die Reorganisation der Energieversorgung insgesamt mit sich bringt. Deutlich wird auch, dass Mobilität, Stromversorgung und Hausenergienutzung zukünftig als *Gesamtsystem* betrachtet werden müssen.

Die *verkehrssystemische Einbindung* des Elektroautos muss die folgenden Fragen klären: Welche intermodalen Dienstleistungs- und Nutzungsinnovationen wären in der Lage, das nicht vollkommen zu lösende Reichweitenproblem neuer Fahrzeugkonzepte auf Basis elektrischer Antriebssysteme zu adressieren (Schiene-Straße-Kooperation)? Welche Rolle könnten die neuen Fahrerassistenz- und Verkehrsleittechnologien für die Optimierung und Bündelung der Verkehrsflüsse von privaten wie kollektiven Verkehrsträgern spielen? Wie können die Teilsysteme des öffentlichen Verkehrs in sich, also intramodal, besser

[4] Die aktuelle Entwicklung im Automobilmarkt geht allerdings in die gegenteilige Richtung. Gegenwärtig liegt der Anteil von schweren SUVs an den Neuzulassungen — darunter auch solche mit voll- bzw. hybridelektrischem Anteil — bei fast 50 Prozent, was als klassischer Rebound-Effekt interpretiert werden kann.

[5] Vernetzung der Sektoren Energie, Industrie, Verkehr und Gebäude sowie die Nutzung erneuerbarer Energien zur Verringerung des CO_2-Ausstoßes.

[6] Vgl. Stephan Rammler, Dirk Thomas, André Uhl, Felix Beer: *Resiliente Mobilität. Ansätze für ein krisenfestes und soziales Verkehrssystem* (WISO-Diskurs 03), Friedrich-Ebert-Stiftung, Bonn 2021.

interagieren und wie können kollektiv-öffentliche und individuell-private Mobilitätskonzepte wie Auto und Zweirad in Zukunft intermodal gut kooperieren? Diese verkehrssystemische Integration wird für die nachhaltige und postfossile Neuerfindung der Mobilität mittel- und langfristig die größte Bedeutung haben. Denn insbesondere in den Metropolenregionen Südostasiens, aber auch bei uns wird eine zukunftsfähige ökonomische und soziale Entwicklung ohne das belastbare Rückgrat eines hocheffizienten und leistungsfähigen öffentlichen Massenverkehrs nicht möglich sein.

Integrierte, vielfältige und regional angepasste Mobilitätskonzepte sind also die Mobilitätslösung für die Zukunft. Eine *Investitions- und Modernisierungsoffensive* für die kollektiven Verkehrsträger (öffentlicher Nahverkehr, Fern- und Regionalbahnen, Schienengütertransport) ist der Dreh- und Angelpunkt zukunftsfähiger Mobilitätspolitik. Aufgrund der zentralen Bedeutung der Mobilität für moderne Gesellschaften ist diese enorme Investition in jeder Hinsicht vertretbar. Die Verknüpfung von sogenannter Mikromobilität (Fahrräder, E-Fahrräder, Elektroleichtfahrzeuge, E-Leichttransporter etc.) und kollektivem Transport könnte der Grundpfeiler der urbanen Mobilität der Zukunft sein. Sie ist, zusammenfassend formuliert, bestimmt durch wenige, bei nüchterner Betrachtung recht schlicht anmutende Gestaltungsanforderungen:

> die Realisierung eines hohen Maßes an Mobilität — im Sinne von Erreichbarkeit — mit möglichst geringem Verkehrsaufwand durch eine *dichteorientierte Raum- und Siedlungsplanung*

> die *Ermöglichung von Nahmobilität* durch planerische Bevorzugung von Fuß- und Zweiradverkehr und den Aufbau einer entsprechenden leistungsfähigen Infrastruktur an Rad- und Fußwegen

> die planerisch-gestalterische und politische *Fokussierung auf den Kollektivverkehr* als digital-systemisch integrierter inter- und multimodaler Massentransport

> das Weiterbestehen *autonomer und flexibler Individualverkehrsmittel* wie Auto, Zweirad oder Roller, auch *im Rahmen digital vermittelter und plattformbasierter Nutzungsinnovationen*

> die *Elektrifizierung aller Transportwege und Fahrzeuge* auf Basis einer letztlich regenerativen Energieerzeugung

Was ist nun auf dieser Folie betrachtet *Mobilitätsdesign* und welche aktuellen Aufgaben und Gestaltungsanforderungen ergeben sich aus dem skizzierten Zukunftsbild der Mobilität?

Die Artefakte, Systeme und baulichen Kontexte der Mobilität sind seit Anbeginn der Zivilisation wichtige Anwendungsfälle gestalterischer Intelligenz. Dies gilt erst recht seit Beginn der Moderne und ihrer besonders ausgeprägten Affinität zur Mobilität.[7] Die Methoden der Raumüberwindung, die Phänotypen ihrer Techniken und Infrastrukturen stellen einen der eindrücklichsten Belege der radikalen Veränderungen im Übergang zur Moderne dar. Das Design wird auch weiterhin bei der Eindämmung der Folgen der rasanten Modernisierung eine zentrale Rolle spielen können und müssen.

Allerdings wird es sich in einer vielfältig sozio-technisch vernetzten Welt viel mehr als bisher als *System- und Transformationsdesign* für die Gestaltung komplexer sozio-technischer Wandlungsprozesse begreifen müssen. Das Mobilitätsdesign der Zukunft wird beispielsweise mit dem früheren automobilaffinen Transportation Design nicht mehr viel gemeinsam haben. Dort, wo es heute allein um Produkte geht, wird es in Zukunft um den Entwurf von Nutzungskonzepten und ganzen Mobilitätssystemen gehen, dort, wo sich heute noch vieles um Styling dreht, wird es morgen wieder um verlässliche Funktion und eine klare Ästhetik gehen, dort schließlich, wo es heute um maximale Vielfalt und Variantenbildung für eine wachstumsfixierte Marktlogik geht, wird es morgen auch um Nicht-Design, um De-Design, um Dauerhaftigkeit, radikale Ressourcenrückführbarkeit und hohe Materialwertigkeit gehen.

Die Zukunft der Mobilität liegt in der Entwicklung von integrierten Mobilitätssystemen

Mobilitätsdesign für die Zukunft — Die Gestaltung systemischer Innovationen der Mobilität

[7] Stephan Rammler: *Mobilität und Moderne. Geschichte und Theorie der Verkehrssoziologie* (Diss. TU Berlin, 2000), Edition Sigma, Berlin 2001.

Mobilitätsgestaltung ist im Kern Transformationspolitik. Gelingt der Umbau in diesem Herzstück der modernen Welt, gelingt er womöglich erst recht in allen anderen Bedürfnisfeldern. Mobilitätsdesign kann vor dem Hintergrund dieser Anforderungen als integrative Disziplin auf der Basis der analytisch holistischen und konzeptionell interdisziplinären Zusammenarbeit von Ingenieurs-, Sozial-, und Gestaltungsdisziplinen verstanden werden. Seine Aufgabe ist die Ideenentwicklung und die anteilige Mitgestaltung von System-, Nutzungs- und Produktinnovationen der Mobilität für eine nachhaltige Moderne.

ENERGIE UND GERECHTIGKEIT

aus: Ivan Illich: *Fortschritts-mythen*, Reinbek bei Hamburg 1983, S. 73–112 (Erstauflage 1978). © 1983, Rowohlt Verlag GmbH, Hamburg

IVAN ILLICH

Die Energiekrise

In jüngster Zeit scheint es unvermeidlich, die drohende Energiekrise zu beschwören. Dieser Euphemismus verbirgt einen Widerspruch und sanktioniert eine Illusion. Er maskiert den Widerspruch, der dem gleichzeitigen Streben nach Gerechtigkeit und industriellem Wachstum innewohnt. Er wahrt die Illusion, dass die Maschine unbeschränkt den Menschen ersetzen könne. Um diesen Widerspruch zu verdeutlichen und diese Illusion aufzudecken, müssen wir die Realität beleuchten, welche das Gerede von der Krise verschleiert: Hohe Energiequantitäten deformieren die sozialen Beziehungen ebenso unvermeidlich, wie sie das physische Milieu zerstören. Energie-Anwendung vergewaltigt die Gesellschaft, bevor sie die Natur zerstört. Die Sachwalter einer Energiekrise vertreten und propagieren ein eigenartiges Menschenbild. Nach dieser Auffassung wird der Mensch in eine anhaltende Abhängigkeit von Sklaven hineingeboren, die zu beherrschen er mühsam lernen muss. Sofern er nicht Gefangene beschäftigt, braucht er Motoren, die den größten Teil seiner Arbeit tun. Nach dieser Doktrin ist das Wohl einer Gesellschaft zu messen an der Zahl der Energiesklaven, die sie zu befehligen lernt. Diese Überzeugung ist den widerstreitenden Ideologien, die heute im Schwang sind, gemeinsam. Sie wird durch die offensichtliche Ungerechtigkeit, Gehetztheit und Ohnmacht in Frage gestellt, die überall auftreten, sobald die unersättlichen Horden der Energiesklaven die Menschen in einer bestimmten Proportion zahlenmäßig übertreffen. Das Schlagwort von der Energiekrise legt den Akzent auf die Knappheit des Futters für diese Sklaven. Ich möchte dagegen fragen, ob freie Menschen diese überhaupt brauchen.

Die in diesem Jahrzehnt ergriffenen energiepolitischen Maßnahmen werden über den Spielraum der sozialen Beziehungen entscheiden, dessen eine Gesellschaft im Jahr 2000 sich wird erfreuen können. Eine Politik des geringen Energieverbrauchs ermöglicht eine breite Skala von Lebensformen und Kulturen. Moderne und doch energiekarge Technologie lässt politische Optionen bestehen. Wenn eine Gesellschaft sich hingegen für einen hohen Energieverbrauch entscheidet, werden ihre sozialen Beziehungen notwendig von der Technokratie beherrscht und — gleichgültig ob als kapitalistisch oder sozialistisch etikettiert — gleichermaßen menschlich unerträglich werden.

Heute steht es noch den meisten Gesellschaften — besonders den armen — frei, ihre Energiepolitik an einer von drei möglichen Richtlinien zu orientieren: Sie können ihr Wohlergehen mit einem hohen Pro-Kopf-Energieverbrauch, mit hoher Effizienz der Energietransformation oder aber mit dem geringstmöglichen Einsatz mechanischer Energie gleichsetzen. Das erste Verfahren würde die straffe Verwaltung knapper und destruktiver Treibstoffe zugunsten der Industrie bedeuten. Das zweite würde die Umrüstung der Industrie im Sinne thermodynamischer Wirtschaftlichkeit in den Vordergrund stellen. Beide Methoden implizieren gewaltige öffentliche Ausgaben für eine verschärfte soziale Kontrolle und enorme Reorganisation der Infrastruktur. Beide erklären erneutes Interesse an Hobbes, beide rationalisieren die Entstehung eines computerisierten Leviathans, und beide werden gegenwärtig in weiten Kreisen diskutiert. Strengere Planwirtschaft und elektronisch gesteuerte Schnellbahnen sind spießige Vorschläge, ökologische Ausbeutung durch soziale und psychologische zu ersetzen.

Eine dritte, wesentlich neue Möglichkeit wird kaum zur Kenntnis genommen: optimale Meisterung der Natur mit beschränkter mechanischer Kraft klingt noch wie Utopie. Man beginnt zwar, eine ökologische Beschränkung des maximalen Pro-Kopf-Energieverbrauchs als Bedingung des Überlebens zu akzeptieren, doch anerkennt man noch nicht den Einsatz der geringstmöglichen Energiemenge als notwendige Grundlage für jedwede Sozialordnung, die sowohl wissenschaftlich begründbar als auch politisch gerecht ist. Noch mehr als Treibstoff-Hunger muss Energie-Überfluss zur Ausbeutung führen. Nur wenn eine Gesellschaft den Energieverbrauch selbst ihres mächtigsten Bürgers begrenzt, kann sie soziale Beziehungen ermöglichen, die sich durch ein hohes Maß an Gerechtigkeit auszeichnen. Karg bemessene Technik ist Bedingung, wenn auch keine Garantie für soziale Gerechtigkeit. Gerade diese dritte Energie-Politik, die gegenwärtig übersehen wird, ist die einzige, die allen Nationen offensteht: Keinem Land sollten heute die Rohstoffe und Kenntnisse fehlen, um diese Politik innerhalb einer halben Generation zu verwirklichen. Die partizipatorische Demokratie setzt eine Technologie des geringen Energieverbrauchs voraus, und — umgekehrt — kann nur der politische Wille zur Dezentralisation die Bedingungen für eine rationale Technologie schaffen.

Was allgemein übersehen wird, das ist die Tatsache, dass Gerechtigkeit und Energie nur bis zu einem gewissen Punkt im Einklang miteinander zunehmen können. Unterhalb einer bestimmten Schwelle des Wattverbrauchs pro Kopf verbessern die Motoren die Bedingungen des sozialen Fortschritts. Ist diese Schwelle überschritten, dann nimmt der Energieverbrauch einer Gesellschaft auf Kosten der sozialen Gerechtigkeit zu. Ein weiterer Energieüberschuss bedeutet dann eine schlechtere Verteilung der Kontrolle über diese Energie. Der Grund hierfür ist nicht die Begrenzung der technischen Möglichkeit, Energie-Kontrolle zu verteilen, sondern Schranken, die mit der Dimension des menschlichen Leibes, der sozialen Rhythmen und dem Lebensraum gegeben sind.

Der weitverbreitete Glaube, dass saubere und reichlich vorhandene Treibstoffe das Allheilmittel für soziale Übel seien, geht auf einen politischen Trugschluss zurück, der besagt, dass Gerechtigkeit und Energieverbrauch, zumindest unter gewissen politischen Bedingungen, unbegrenzt miteinander vereinbart werden könnten. Wohlergehen wird mit dem Energie-Wohlstand verwechselt, den die Kernfusion 1990 produzieren soll. Wenn wir mit dieser Illusion arbeiten, dann neigen wir dazu, jede sozial begründete Beschränkung des wachsenden Energiekonsums zu vernachlässigen und uns von ökologischen Überlegungen blenden zu lassen: wir stimmen dem Ökologen zu, dass nichtphysiologische Kraftanwendungen die Umwelt verunreinigen, und übersehen, dass mechanische Kraft — jenseits einer gewissen Schwelle — das soziale Milieu korrumpiert. Die Schwelle der sozialen Desintegration durch hohe Energiemengen ist unabhängig von der Schwelle, an der die Umwandlung von Energie in physische Zerstörung übergeht. In Pferdestärken ausgedrückt, ist sie wohl in vielen Fällen niedriger. Das klingt heute noch undenkbar, kann aber wenigstens am Beispiel von Verkehr und Bauwesen nachgewiesen werden. Der Begriff sozial kritischer Energie-Quanten muss erst einmal theoretisch erhellt werden, bevor es möglich ist, den Wattverbrauch pro Kopf, auf den eine Gesellschaft ihre Mitglieder beschränkt, als politische Frage zu erörtern.

In früheren Diskussionen habe ich gezeigt, dass die Kosten der sozialen Kontrolle jenseits einer gewissen Höhe des Bruttosozialprodukts schneller zunehmen als das Gesamtprodukt und die bestimmende institutionelle Aktivität innerhalb einer Volkswirtschaft werden. Die von Erziehern, Psychiatern und Sozialarbeitern verabreichte Therapie muss sich den Programmen der Planer, Manager und Verkaufsstrategen einfügen und die Leistungen der Sicherheitsdienste, des Militärs und der Polizei ergänzen. Meine Analyse der Erziehungsindustrie bezweckte diesen Nachweis auf einem beschränkten Sektor. Ich möchte nun einen Grund benennen, warum ein wachsender Energieüberschuss eine Zunahme der Herrschaft über Menschen erfordert. Jenseits einer kritischen Stufe des Energieverbrauchs pro Kopf, behaupte ich, müssen das politische System und der politische Kontext jeder Gesellschaft verkümmern. Gewaltige Verkehrsmittel, Bauten und Werkzeuge entmachten den politischen Prozess und zwingen den wehrlosen Menschen in ihren Dienst. Sobald das kritische Quantum des Energieverbrauchs pro Kopf überschritten ist, muss die Erziehung für die abstrakten Ziele einer Technokratie an die Stelle der legalen Garantien für die individuelle, konkrete Initiative treten. Dieses Quantum ist die Grenze, an der Rechtsordnung und Politik zusammenbrechen und die technische Struktur der Produktionsmittel die soziale Struktur vergewaltigen muss.

Selbst wenn eine nicht die Umwelt schädigende Energie möglich und reichlich vorhanden wäre, wirkt sich doch ein massiver Energieverbrauch auf die Gesellschaft wie eine zwar physisch harmlose, doch psychisch versklavende Droge aus. Die Gemeinschaft kann wählen zwischen Methadon und dem „Cold Turkey" — zwischen dem Beibehalten ihrer Sucht nach fremder Energie und dem Verzicht unter schmerzhaften Krämpfen —, doch keine Gesellschaft kann damit rechnen, dass ihre Mitglieder autonom handeln und gleichzeitig von einer stetig wachsenden Zahl von Energiesklaven abhängig sind. Wie ich meine, muss die Technokratie obsiegen, sobald das Verhältnis von mechanischer Kraft zu „metabolischer" Energie eine bestimmte, definierbare Schwelle überschreitet. Die Größenordnung, in der diese Schwelle liegt, ist weitgehend unabhängig vom Grad der angewandten Technisierung, doch schon ihr bloßes Vorhandensein ist in den Ländern des großen wie des mittleren Wohlstands in den toten Winkel der sozialen Phantasie gerückt. Sowohl die USA als auch Mexiko haben die kritische Grenze überschritten. In beiden Ländern vermehrt ein zusätzlicher Energie-Input Ungleichheit, Ineffizienz und Ohnmacht. Obwohl das Pro-Kopf-Einkommen im einen Land bei 500 Dollar und im anderen bei 5000 Dollar liegen mag, werden beide durch das mächtige wirtschaftliche Interesse an einer industriellen Infrastruktur angespornt, den Energieverbrauch weiter zu eskalieren. Infolgedessen versehen nordamerikanische wie mexikanische Ideologen ihre Frustration mit dem Etikett Energiekrise, und in beiden Ländern stellt man sich blind für die Tatsache, dass die Gefahr des sozialen Zusammenbruchs weder von einer Treibstoffknappheit noch von einer verschwenderischen, umweltschädlichen und irrationalen Verwendung der verfügbaren Wattleistung ausgeht, sondern vom Versuch der

Folke Köbberling, Martin Kaltwasser, *Cars Into Bicycles*, Saab 900 turbo, Santa Monica, 2010

Industrie, die Gesellschaft mit Energiemengen zu überfüttern, welche die Mehrzahl der Menschen unausweichlich erniedrigen, berauben und frustrieren.

Ein Volk kann durch die Energiemenge seiner Maschinen ebenso überfahren werden wie durch den Kaloriengehalt seiner Nahrung, aber die energiemäßige Übersättigung der Nation gesteht man sich viel schwerer ein als eine krankmachende Diät.

Die für das soziale Wohl kritische Energiemenge pro Kopf liegt in einer Größenordnung, die außerhalb Chinas zur Zeit der Kulturrevolution wenigen Völkern bekannt war: sie geht weit über die PS-Zahl hinaus, über die vier Fünftel der Menschheit verfügen, und bleibt weit unter der Energie, über die jeder Volkswagenfahrer gebietet. Sie scheint dem Überkonsumenten wie dem Unterkonsumenten gleichermaßen nichtssagend. Für die Absolventen aller Mittelschulen der Welt bedeutet eine Beschränkung des Energieniveaus den Zusammenbruch ihres Weltbildes — für die meisten Südamerikaner bedeutet dasselbe Niveau ihren Eintritt in die Welt der Motoren. Beide finden es schwer. Für die Primitiven ist die Beseitigung der Sklaverei abhängig von der Einführung einer modernen, bewusst bemessenen Technik, und wenn die Bewohner reicher Länder eine noch furchtbarere Schinderei vermeiden wollen, dann sind sie darauf angewiesen, jene Schwelle des Energieverbrauchs zu erkennen, jenseits welcher die technischen Prozesse anfangen, die sozialen Beziehungen vorzuschreiben. Kalorien sind biologisch wie auch sozial nur so lange bekömmlich, als ihre Menge innerhalb des engen Bereichs bleibt, der das Genug vom Zuviel scheidet.

Die sogenannte Energiekrise ist also ein politisch zweideutiges Problem. Das öffentliche Interesse an der Quantität der Energie und der Verteilung der Kontrolle über den Energieverbrauch kann in zwei entgegengesetzte Richtungen führen. Einerseits kann man Fragen formulieren, die den Weg zur politischen Rekonstruktion eröffnen würden, indem sie die Bemühungen um eine postindustrielle, arbeitsintensive Wirtschaft mit geringem Energieverbrauch und hohem Maß an Gerechtigkeit freisetzen. Andererseits kann die hysterische Sorge um das Futter für die Maschinen die heutige Eskalation des kapitalintensiven institutionellen Wachstums verstärken und uns die letzte Chance rauben, einem hyperindustriellen Armageddon zu entgehen. Die politische Rekonstruktion setzt die prinzipielle Erkenntnis voraus, dass es kritische Mengen des Pro-Kopf-Verbrauchs gibt, über die hinaus Energie nicht mehr durch politische Prozesse kontrolliert werden kann. Ökologische Beschränkungen des Gesamt-Energieverbrauchs, die von industriefreundlichen Planern in der Absicht erlassen werden, die Industrieproduktion auf einem gewissen hypothetischen Maximum zu halten, werden unvermeidlich den sozialen Zusammenbruch nach sich ziehen. Reiche Länder wie die USA, Japan oder Frankreich werden vielleicht nie den Punkt erreichen, wo sie an ihren eigenen Abfällen ersticken, aber nur deshalb, weil ihre Gesellschaften bereits in einem sozialkulturellen Energiekoma zusammengebrochen sein werden. Länder wie Indien, Burma und, zumindest noch einige Zeit, China befinden sich in der umgekehrten Position, dass sie immer noch genügend auf Muskelkraft fundiert sind, um kurz vor einem Energiekollaps haltmachen zu können. Sie könnten schon jetzt beschließen, innerhalb jener Pro-Kopf-Energie-Grenzen zu bleiben, in die die reichen Länder unter gewaltigen Einbußen ihrer einzementierten Kapitalien zurückgezwungen werden.

Die Entscheidung für eine Wirtschaft mit minimalem Energieverbrauch verlangt von den Armen, ihre weitgesteckten Erwartungen aufzugeben, und von den Reichen, ihre wirtschaftlichen Interessen als Schuldzusammenhang zu erkennen. Beide müssen das fatale Bild des Menschen als Sklavenhalter zurückweisen, das gegenwärtig durch einen ideologisch stimulierten Hunger nach immer mehr Energie gefördert wird. In jenen Ländern, deren industrielle Entwicklung in den Überfluss mündete, wird die Energiekrise als Knüppel benutzt, um die Steuern hochzutreiben, die notwendig sein werden, um rationellere und sozial tödlichere industrielle Verfahren an die Stelle derer zu setzen, die durch eine ineffektive Überexpansion veraltet sind. Den Führern jener Völker, die durch denselben Prozess der Industrialisierung enteignet wurden, dient die Energiekrise als Alibi für die Zentralisierung der Produktion, die Aufrüstung der Bürokratie und die Umweltzerstörung im Dienste eines letzten verzweifelten Versuchs, mit den besser mit Motoren ausgestatteten Ländern gleichzuziehen. Die reichen Länder sind jetzt dabei, ihre Krise zu exportieren und das neue Evangelium eines puritanischen Energiekults den Armen und Schwachen zu predigen. Wenn die neue Saat der energiesparenden Industrialisation in der Dritten Welt aufgeht, fügen sie den Armen mehr Schaden zu, als sie es dadurch taten, dass sie ihnen die verschwenderischen Produkte von heute veralteten Fabriken andrehten. Sobald ein armes Land die Doktrin akzeptiert, dass mehr und sorgfältiger verwaltete Energie stets mehr Waren für mehr Menschen erbringen wird, ist dieses Land dem Wettlauf in die Versklavung durch die Maximierung der Industrieproduktion verfallen. Wenn die „Armen" sich dafür entscheiden, ihre Armut durch eine vermehrte Abhängigkeit von Energiequellen zu modernisieren, dann verzichten sie unausweichlich auf die Alternative einer rationalen Technologie. Die Armen werden notwendig auf die Möglichkeit einer befreienden Technologie und einer partizipatorischen Politik verzichten, wenn sie — im Dienste mit höchstmöglichem Energieverbrauch — die höchstmögliche soziale Kontrolle in Form von moderner Erziehung akzeptieren.

Die Lähmung der modernen Gesellschaft, die sich Energiekrise nennt, kann nicht durch einen höheren Aufwand an Energie überwunden werden. Sie kann nur gelöst werden, wenn wir die Illusion aufgeben, dass unser Wohl von der Zahl der Energiesklaven abhängt, über die wir gebieten. Zu diesem Zweck ist es notwendig, dass wir die Schwelle erkennen, jenseits welcher Energie korrumpiert, und dass wir dies in einem politischen Prozess tun, der die Gemeinschaft im Bemühen um diese Erkenntnis und die darauf gebaute Selbstbeschränkung vereinigt. Da diese Art Forschung dem entgegengesetzt ist, was Experten und Institutionen heute tun, will ich sie als Gegenforschung bezeichnen. Diese umfasst drei Schritte: Zuerst muss die Notwendigkeit einer Beschränkung des Energieverbrauchs pro Kopf theoretisch als sozialer Imperativ anerkannt werden. Dann muss der Bereich bestimmt werden, innerhalb dessen die kritische Größe sich bewegen mag. Und schließlich muss jede Gesellschaft bestimmen, welchen Grad der Ungerechtigkeit, Zerstörung und Propaganda ihre Mitglieder zu akzeptieren bereit sind, um einer seltsamen Befriedigung willen: Sie dürfen mächtige Maschinen zum Idol machen und um dieses „Eiserne Kalb" nach dem von Experten geschlagenen Takt tanzen.

Die Notwendigkeit einer politischen Erforschung der gesellschaftlich optimalen Energiemengen lässt sich an Hand einer Untersuchung des modernen Verkehrs illustrieren. Die USA wenden, nach Herendeen, 42 Prozent ihrer gesamten Energie für Fahrzeuge auf: um sie herzustellen, sie zu betreiben und ihnen Platz zu schaffen, wenn sie parken, fahren oder fliegen. Der größte Teil dieser Energie wird gebraucht, um Menschen zu befördern. Lediglich für diesen Zweck wenden 250 Millionen Amerikaner mehr Treibstoff auf als 1300 Millionen Chinesen und Inder insgesamt verbrauchen. Beinah die gesamte Energiemenge wird in einem Beschwörungstanz der zeitraubenden Akzeleration verheizt. Die armen Länder verausgaben weniger Energie pro Person, aber Länder wie Mexiko oder Peru wenden einen noch größeren Prozentsatz ihrer gesamten Energie für den Verkehr auf als die USA, und dieser kommt einem geringeren Prozentsatz der Bevölkerung zugute. Der Umfang dieses Unternehmens macht es sowohl einfach wie auch bedeutsam, am Beispiel der Personenbeförderung die Existenz gesellschaftlich kritischer Energiequanten zu demonstrieren.

Im Verkehr setzt sich die über einen bestimmten Zeitraum aufgewandte Energie (Kraft) in Geschwindigkeit um. In diesem Fall erscheint also das kritische Quantum auch als Geschwindigkeitsgrenze. Wann immer diese Grenze überschritten wurde, zeigte sich bisher das grundlegende Muster der sozialen Zerstörung durch hohe Energiequanten. Sobald in einer westlichen Gesellschaft im Laufe des letzten Jahrhunderts ein allgemeines Verkehrsmittel schneller als 25 Kilometer pro Stunde fuhr, nahm die gerechte Billigkeit ab, die Knappheit von Zeit und Raum nahm zu. Der motorisierte Transport monopolisierte den Verkehr und blockierte die Fortbewegung aus eigener Kraft. In allen westlichen Ländern multiplizierte sich die Zahl der Reisekilometer binnen fünfzig Jahren seit dem Bau der ersten Eisenbahn um etwa das Hundertfache. Wenn die Proportion ihrer jeweiligen Energieproduktion einen bestimmten Wert überschritt, dann schlossen die mechanischen Umwandler mineralischer Treibstoffe den Menschen vom Gebrauch seiner metabolischen Energie aus und zwangen ihn, ein versklavter Konsument der Beförderungsmittel zu werden. Diese Auswirkung der Geschwindigkeit auf die Autonomie des Menschen wird nur am Rande durch die technologischen Eigenschaften der verwendeten Motorfahrzeuge beziehungsweise durch die Personen oder Gruppen beeinflusst, welche die rechtliche Verfügung über Fluglinien, Busse, Eisenbahnen oder Pkw besitzen. Hohe Geschwindigkeit ist der kritische Faktor, durch den das Transportwesen zum Instrument der gesellschaftlichen Ausbeutung werden muss. Eine wirkliche Entscheidung zwischen politischen Systemen und so die Entwicklung partizipatorischer Sozialbeziehungen ist nur dort möglich, wo die Geschwindigkeit beschränkt wird. Die partizipatorische Demokratie verlangt eine karge Bemessung des Energieverbrauchs in ihrer Technik. In schlichter Formulierung lässt sich folgendes sagen: Produktive Sozialbeziehungen unter freien Menschen bleiben auf das Fahrradtempo beschränkt.

DIE SOLARWAND

Suffizienz-Technologien in der amerikanischen Vorstadt in den 1950ern

DANIEL A. BARBER

Ende 1960 entwarfen der Architekt Aladar Olgyay und die Solaringenieurin Mária Telkes gemeinsam ein Wohnhaus für Telkes. Es war das letzte einer Reihe von Gemeinschaftsprojekten der beiden ungarischen Emigranten in den USA. In ihrer beruflichen Tätigkeit hatten sie sich auf energetische und klimatische Aspekte bei der Planung amerikanischer Vorstädte spezialisiert; in der Zeit unmittelbar nach dem Zweiten Weltkrieg war es ihnen — wenn auch auf unterschiedliche Weise — ein großes Anliegen, eine neue Art von Architekturdebatte anzustoßen. Zu einer Zeit, als sich die Grundzüge eines neuen Nachkriegs-Energiesystems noch nicht fest etabliert hatten, spiegelte dieser scheinbar anachronistische Diskurs die große Angst vor Ressourcenknappheit wider, die während und nach dem Krieg geherrscht hatte.

Heute hat die Sorge um Energie andere Ursachen und Auswirkungen, auch wenn sie weiterhin vor allem um die Frage einer Lebensweise ohne fossile Energieträger kreist. Das von Olgyay und Telkes entworfene Haus sieht eine ansprechende Lebenswelt vor, die mit dem Versprechen eines neuartigen Entwurfsansatzes verbunden ist. Dieser beruht auf einer wohldurchdachten, intelligenten Gestaltung in Verbindung mit neuen Technologien — wenn auch, und das ist wichtig, noch nicht mit der Photovoltaik. Erst in den 1970er Jahren kam die Photovoltaik in Wohnbauten zur Anwendung, und auch dann nur in seltenen Fällen. Olgyay und Telkes schlugen ein neuartiges solares Heizsystem auf der Basis von chemischen Lösungen mit Phasenwechsel zur Speicherung und Verteilung der Wärme vor — eine Art technisch unterstützten passiven Ansatz, der das ganze Jahr über behagliche Temperaturen gewährleisten sollte. In diesem Rahmen mussten sie sich in gewissem Maße auch mit dem System an sich auseinandersetzen und einen Entwurf entwickeln, der passive Strahlung und Sonneneinstrahlung in einem wirklich hybriden System optimierte — also eine Technologie zur Nutzung von Sonnenenergie sowie die Gestaltung eines Hauses, das sowohl als Energiesystem als auch als Lebensweise begriffen wurde.

Wie die im Folgenden vorgestellten Projekte zumindest implizit zeigen, lag das Augenmerk auf einer Steuerung des Energiebedarfs: Die Wärmeversorgung in Häusern kann nur dann durch erneuerbare Technologien gedeckt werden, wenn die Ansprüche bezüglich der Raumtemperatur sinken. Ein solches Entwurfsprojekt befasst sich mit der Frage, wie Menschen so konditioniert werden können, dass sie sich in einem breiten Spektrum von Temperaturbedingungen wohlfühlen. Auch wenn ein derartiges Haus objektiv betrachtet wahrscheinlich weniger „komfortabel" ist, geht es seit den 1950er Jahren darum, wie Entwurfsmethoden Lebens- und Bauweisen Form geben können, die absolut gesehen weniger Energie benötigen: Gestaltung kann dazu ermuntern, hinreichend komfortabel zu wohnen. Diese Prämisse der „Suffizienz", die sich vom „Effizienz"-Modell des Großteils dessen unterscheidet, was wir als nachhaltige Architektur betrachten, spielt daher eine immer wichtigere Rolle, wenn wir uns an Klimaveränderungen anpassen und sie begrenzen wollen.[1]

Als Klimaberater waren Aladar Olgyay und sein Zwillingsbruder Victor zu diesem Zeitpunkt ArchitektInnen auf der ganzen Welt bereits ein Begriff. In ihrem 1957 erschienenen Buch *Solar Control and Shading Devices* formulierten sie eine klimasensitive Entwurfsmethode, die das Interesse an neuen Analysen und Ansätzen weckte. Diese Methode war dank ihrer Experimente mit dem Thermoheliodon am Princeton Architectural Laboratory im Laufe des Jahrzehnts immer weiter verfeinert worden.[2] Der Einfluss, den sie als Lehrer, Forscher und Befürworter klimasensitiven Bauens ausübten, setzte sich nicht nur in der Generation von Studierenden fort, die in Princeton und später an der University of Texas in Austin von ihnen lernten, sondern er blieb auch deshalb ungebrochen, weil sie ihren komplexen Entwurfsansatz in die Software Ecotect übersetzten, die heute in eine Reihe von Softwareprogrammen für die rechnergestützte Planung integriert ist.

```
1       Das Suffizienzgebot
wird im Zusammenhang mit dem
jüngsten Bericht des Zwischen-
staatlichen Ausschusses für Klima-
änderungen (IPCC) über die Min-
derung des Klimawandels entwickelt.
Vgl. Minal Pathak u. a.: „Techni-
cal Summary", in: Priyadarshi R.
Shukla u. a. (Hg.): Climate Change
2022: Mitigation of Climate
Change. Contribution of Working
Group III to the Sixth Assessment
Report of the Intergovernmental
Panel on Climate Change, Cambridge
University Press, Cambridge 2022,
S. 71. Vgl. auch Yamina Saheb:
„COP26: Sufficiency Should be First",
in: Buildings and Cities, 10. Okt-
ober 2021, https://www.buildings-
andcities.org/insights/commenta-
ries/cop26sufficiency.html; dt.
Version: https://www.de-ipcc.de/
media/content/IPCC_AR6_WGIII_SPM_
de_vorlaeufiges-Layout.pdf, zu-
letzt aufgerufen am 7. Juli 2023.
2       Das Thermoheliodon
war ein Gerät, das für Architek-
turentwürfe modellhaft die klima-
tischen Bedingungen simulieren
konnte: eine Lampe an einem Bogen
für den Lauf der Sonne, Wind
durch Ventilatoren, eine mit Erde
gefüllte Grube und Feuchtigkeit
aus Düsen. Siehe auch: Aladar
Olgyay und Victor Olgyay: Solar
Control and Shading Devices,
Princeton University Press,
Princeton, NJ, 1957. Vieles von
dem, was später in dem bekanntes-
ten Werk der beiden Brüder er-
scheinen sollte (Victor Olgyay:
Design with Climate: Bioclimatic
Approach to Architectural Regio-
nalism, Princeton University
Press, Princeton, NJ, 2019 [1963]),
existierte 1960 bereits auf dem
Papier und war im Umlauf. Zur
Geschichte der Olgyays und ihrer
Verbindungen zu Telkes siehe
Daniel A. Barber: Modern Archi-
tecture and Climate: Design
before Air Conditioning, Prince-
ton University Press, Princeton,
NJ, 2020.
```

Viele unserer heutigen Ansätze und Bewertungen von klimasensitivem Design gehen auf die methodischen Vorschläge der Olgyays aus der Mitte des 20. Jahrhunderts zurück.

Auch Mária Telkes spielte in damaligen Diskussionen über Solarenergie eine wichtige Rolle, die erst allmählich gewürdigt wird.[3] Sie war aktiv am Solarhaus-Heizprogramm des Solar Energy Fund am Massachusetts Institute of Technology (MIT) beteiligt und ist vor allem für das Dover Sun House bekannt, ein Projekt, das aus der Forschung am MIT und der Zusammenarbeit mit der Architektin Eleanor Raymond entstand. Das Dover Sun House wurde als „das erste reine Solarhaus" gefeiert, da es in den im Winter eisigen Außenbezirken von Boston von 1947 bis 1952 ohne einen zusätzlichen Ölofen auskam.[4] Telkes, die als Emigrantin und Ingenieurin Vorurteilen gegenüber ihrer Person und ihrer fachlichen Qualifikation ausgesetzt war, ließ sich nicht beirren – nicht nur bei ihren kollaborativen Projekten zur Planung und Konstruktion von Solarhäusern, sondern generell als Forscherin auf dem Gebiet der Solartechnologie: Von 1952 bis 1959 leitete sie das Solar Energy Laboratory an der New York University (NYU) und arbeitete außerdem mit Unternehmen, Stiftungen und Regierungsbehörden an technischen Hilfsprogrammen, in denen unter anderem Solarherde und -öfen, solare Wasserdestillationsanlagen, solarbetriebene Kühlsysteme unter anderem für den Transport von medizinischen Gütern sowie solarbetriebene Kommunikationssysteme entwickelt wurden.

Telkes war insbesondere nach der Auszeichnung mit dem ersten Women in Engineering Award 1952 eine unermüdliche Organisatorin und Verfechterin der Solartechnik. Sie trieb federführend die Sammlung von Artikeln und Büchern voran, aus der Anfang der 1950er Jahre am Stanford Research Institute (SRI) die Bibliothek für Solarenergie-Technologien entstand; sie gab eine monatliche Bibliografie relevanter Artikel und Experimente heraus und hielt so Kontakt zu Forschenden aus aller Welt auf dem Gebiet der Solartechnik. Auf diese und vielerlei andere Weise pflegte sie ein soziales Netzwerk unter SolaringenieurInnen, ArchitektInnen und politischen EntscheidungsträgerInnen. Sie setzte sich erfolgreich dafür ein, dass Nutzung von Solarenergie Eingang in politische Richtlinien und Hilfsprogramme fand, und stellte das Dover Sun House in den unterschiedlichsten Zusammenhängen vor, von den Vereinten Nationen (UN) über das amerikanische Innenministerium bis hin zu örtlichen Rotarierclubs. Ihr Engagement wirkte sich förderlich auf zahlreiche weitere offizielle Bemühungen aus, darunter die Gründung der Association for Applied Solar Energy (AFASE) 1955, die weitgehend vom SRI finanziert wurde. Die AFASE war eine gemeinnützige, nichtstaatliche Organisation zur internationalen Förderung der Solarenergie, die 1955 WissenschaftlerInnen aus aller Welt auf dem Weltkongress für Angewandte Solarenergie zusammenbrachte.[5] Eine der ersten größeren öffentlichen Aktionen der AFASE war 1958 die Finanzierung eines Entwurfswettbewerbs für ein Solarhaus. Dieser sollte die Bedeutung architektonischer Entwurfsmethoden für die Nutzung der Solartechnologie verdeutlichen und außerdem eine breite Palette von Beispielen und Ideen für passive Solarheiztechniken liefern.[6]

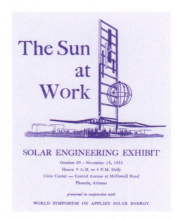

160 Plakat zur Ausstellung *The Sun at Work* in Phoenix, Arizona, 1955

→ ABB. 164, 165

Ihr eigenes Haus, das Telkes 1960 zusammen mit Olgyay entwarf, verfügte über zwei Schlafzimmer, ein Wohnzimmer, Küche und Bad. Entlang der rückwärtigen, sonnenzugewandten Südseite des von der Straße zurückgesetzten Grundstücks erstreckte sich eine lange Mauer. Diese Südfassade war anders als bei den meisten Passivhäusern der 1950er Jahre – und selbst bei heutigen Passivhäusern – nicht aus Glas, um die Sonneneinstrahlung direkt zu nutzen, sondern undurchsichtig und mit der von Olgyay und Telkes entwickelten Solarwand-Technologie bestückt. Sie war für den breiten Wohnungsmarkt als eine Art Zusatz für Häuser gedacht und sollte einen Lebensstil fördern, der durch Nutzung der Solarenergie den Bedarf an Ölheizungen drastisch verringerte. In den späten 1950er Jahren ging es bei diesem Bestreben noch weniger um die Sorge um Ressourcen als vielmehr um ein Ausloten des Möglichen – um den Sinn dafür, dass sich aus der Erforschung neuer Technologien ein anderer Lebensstil

→ ABB. 177

[3] Im April 2023 strahlte der US-amerikanische Sender Public Broadcasting System (PBS) ein Biopic über Mária Telkes aus, *The Sun Queen*. Telkes' herausragende Rolle wird nicht nur im oben zitierten Band *Modern Architecture and Climate* gewürdigt, sondern auch in Daniel A. Barber: *A House in the Sun: Modern Architecture and Solar Energy in the Cold War*, Oxford University Press, Oxford 2016. Dieser Aufsatz stützt sich auf meine Recherchen für dieses Buch.
[4] Zur Geschichte des Dover Sun House siehe Daniel A. Barber: „The World Solar Energy Project, c. 1952", in: *Grey Room*, Nr. 51, 2013, S. 64–93.
[5] Aus der AFASE wurde später die International Solar Energy Society, die ihren Sitz zunächst in Phoenix, Arizona, und dann im australischen Melbourne hatte. Sie ist immer noch sehr aktiv, veranstaltet jährlich eine Konferenz und andere Aktivitäten und hat ihren Sitz heute in Freiburg im Breisgau.
[6] John I. Yellott (Hg.): *Living with the Sun: Sixty Plans Selected from the Entries to the International Architectural Competition to Design a Solar-Heated Residence*, Association for Applied Solar Energy, Phoenix, AZ, 1958.

im Einklang mit der Sonne entwickeln könnte. Ein Leben mit Solarenergie, so wurde unterschwellig suggeriert, sei nicht nur im Hinblick auf die Ressourcenökonomie sinnvoll, sondern auch, um soziale Praktiken und persönliche Gewohnheiten zu überdenken und sie an eine vernünftigere, auf die Sonne abgestimmte Lebensweise anzupassen. Damals wie heute ging es darum, soziale Normen und Ansprüche an Innenräume mit einer neuen Beziehung zu natürlichen Mustern in Einklang zu bringen.

Die Solarwand tauchte in ihrer frühesten Form erstmals 1947 in Telkes' Arbeit am MIT Solar Energy Fund auf, wo auch die Brüder Olgyay als Forscher tätig waren. Das erste Haus, das von den ForscherInnen am MIT in Zusammenarbeit mit dem Fund gebaut worden war, war 1939 entstanden — kurz vor Kriegsbeginn und bevor Telkes zur Forschungsgruppe am MIT stieß. Ein Solarmodul lieferte die Energie für die Warmwasserbereitung, und dieses erwärmte Wasser wurde zum Heizen der in das Gebäude einströmenden Luft genutzt. In das Dachpaneel aus isolierenden Glasschichten auf schwarzem Untergrund waren Kupferrohre eingebettet, die das Wasser erhitzten und es dann in einen isolierten Vorratstank leiteten. Das Paneel war zwar technisch gelungen, aber nicht sehr effizient. Es war zudem exorbitant teuer und bot daher kein praktikables Modell für die Einführung in den Vorstädten, die damals die amerikanische Landschaft eroberten.

→ ABB. 166

Beim zweiten MIT-Experiment überzeugte Telkes ihre KollegInnen, die Phasenwechseltechnologie auszuprobieren. Sie nutzte ein „Sandwichpaneel" mit einer wärmegewinnenden isolierenden Oberfläche, die einer Membran aus einer wärmeempfindlichen chemischen Lösung zugewandt war, der sogenannten „Sonnenwand". Chemikalien mit Phasenwechsel — Telkes verwendete eine Glaubersalzlösung — werden bei der Aufnahme von Sonnenstrahlen flüssig und speichern so die Wärme; kühlt sich die Luft um die Platte ab, wird die Lösung wieder fest und gibt die gespeicherte Wärme ab. Auf dem MIT-Campus wurde ein kleines Gebäude errichtet, in der Hoffnung, anhand verschiedener Kombinationen von Glas, Speichermedium und isolierenden Vorhängen die vielversprechendste Paneelkonfiguration zu ermitteln.

Nach verschiedenen Enttäuschungen im Zusammenhang mit dem MIT Solar House II trennte sich Telkes vom Solar Energy Fund. Die mangelhafte Konstruktion, die lückenhafte Überwachung und inhärente Probleme wie das ständige Auslaufen der Chemikalienbehälter beeinträchtigten das Experiment. Die Verantwortlichen des Fund lehnten das Phasenwechselmodell rundheraus ab und nutzten den relativen Misserfolg des Projekts, um Telkes aus dem MIT zu drängen.

161 Mária Telkes demonstriert mit einer Kerze und Eiswürfeln die Phasenumwandlung einer chemischen Verbindung. Aus: *Christian Science Monitor*, 31. Dezember 1948

→ ABB. 168

Parallel zu diesem Debakel war Telkes maßgeblich daran beteiligt, die Olgyays ans MIT zu holen. Der Hintergrund war, dass die Housing and Home Finance Agency (HHFA) Fördergelder für ein Projekt zur Verfügung gestellt hatte, bei dem untersucht werden sollte, wie durch energie- und klimagerechte Entwurfsmethoden Wohnraum erschwinglicher werden könnte. Die HHFA leitete das Building Research Advisory Board, das in den späten 1940er und 1950er Jahren eine Reihe von Konferenzen zu technischen und bautechnischen Themen finanzierte, darunter eine Konferenz zum Thema „Wetter und Bauen" an der University of Texas in Austin 1952, auf der Aladar Olgyay die Ergebnisse der gemeinsamen Forschungen mit seinem Bruder vorstellte und schließlich eine befristete Stelle am Institut für Architektur der Universität erhielt.[7] Als assoziierte Forscher am MIT nahmen die Olgyays 1950 am Symposium „Space Heating with Solar Energy" teil, einer der ersten Gelegenheiten, die einschlägige Forschung zum Thema zu bündeln. Auf diesem Symposium hielten sie ein Panel zu ihrer HHFA-Forschung ab, dessen Zusammenfassung 1951 als Artikel im *Architectural Forum* erschien: „The Temperate House".[8] Sowohl die Brüder Olgyay als auch Telkes arbeiteten zu diesem Zeitpunkt mit dem amerikanischen Antarktisforscher und Geografen Paul Siple und anderen zusammen, um Analysen und Diagramme für „The Climate Control Project" zu erstellen, das von *House Beautiful* und dem American Institute of Architects koordiniert wurde. Die wissenschaftliche Arbeit am MIT und anderswo sollte mit diesem Projekt eine Art öffentliches Gesicht bekommen und ArchitektInnen und potenzielle BauherrInnen über die wirtschaftlichen Vorteile von klimaorientierten Entwurfsmethoden und die damit verbundene Verbesserung des Lebensstils aufklären.[9]

Der Abschlussbericht der Olgyays für die HHFA erschien 1952 als Broschüre mit dem Titel *Application*

[7] Building Research Advisory Board: *Research Conference Report, no. 5: Housing and Building in Hot-Humid and Hot-Dry Climates, November 18 and 19, 1952*, National Academy of Sciences, Washington, DC, 1953.

[8] Eleanor Raymond und Mária Telkes, Schematische Zeichnung zur Funktionsweise des Heizsystems des Dover Sun House, veröffentlicht im *Life* Magazine, 2. Mai 1949.

[9] Vgl. etwa James Marston Fitch und Wolfgang Langewiesche: „A Lesson in Climate Control", in: *House Beautiful*, Jg. 91, Nr. 10, Oktober 1949, S. 151–155.

of Climate Data to House Design [Anwendung von Klimadaten auf den Entwurf von Häusern]. Darin verdeutlichten die Brüder ihr Ziel (das sich auch im Projekt *House Beautiful* widerspiegelte), visuelle Hilfsmittel zu entwickeln, die für ArchitektInnen und ihre BauherrInnen wissenschaftliche Erkenntnisse über das Klima aufbereiten können.[10] Sie arbeiteten mit Diagrammen und nutzten Bilder, um unterschiedliche Faktoren zusammenzuführen, die die Umrisse einer „Klima-Komfortzone" darstellten — ideale Temperaturbedingungen in Innenräumen, die baulich erreicht werden konnten. Die Bestimmung dieser Komfortzone und ihre relative Variabilität prägten die Arbeit der Olgyays und anderer Wissenschaftler für den Rest des Jahrzehnts.[11]

In diesem dynamischen Kontext taten sich nach Telkes' relativ erfolglosem zweitem Hausprojekt am MIT neue Möglichkeiten auf. Diese beruhten auf einer wichtigen Extrapolation der Versuchsergebnisse: Anstatt das Sonnenlicht einzufangen und die Wärme chemisch in ein und demselben Schichtpaneel zu speichern (was zu undichten Stellen und anderen Problemen führen konnte), war es möglich, die beiden Funktionen zu trennen, wodurch sich auch die Wärme besser im Gebäude verteilte. In einer Schnittzeichnung mit dem Titel „Sun-Wall Chemical Heat Storage" deutete Telkes das Prinzip an, das sie später als Solarwand entwickeln sollte: Die nach Süden ausgerichtete Wand bestand aus einer zweifach verglasten, isolierten Membran mit einem schwarz lackierten Metallkanal direkt dahinter sowie einer dicken Isolierschicht. Wie Telkes im Text zur Zeichnung schreibt, „scheint die Sonne durch das Doppelglas und wird von dem schwarzen Kanal absorbiert. Die im Kanal erwärmte Luft fließt zur chemischen Wärmespeicherwand und wird dort gespeichert. Bei Bedarf wird die Wärme an den Raum abgegeben. Die chemische Wärmespeicherwand kann überall im Haus aufgestellt werden." Die Sonnenwand war so etwas wie ein Ofen, der durch Sonneneinstrahlung am exponierten Rand Wärme erzeugte und diese Wärme überall dorthin verteilte, wo sie bei Abkühlung der Raumluft benötigt wurde. → ABB. 167

Telkes' zweiter Versuch, ein Phasenwechsel-Heizsystem zu entwickeln, war das gut dokumentierte Dover Sun House, das sie zusammen mit Eleanor Raymond entwarf.[12] Im Dover Sun House kam eine Version des Sonnenwandprinzips zur Anwendung, bei der eine große Sammelfläche über dem Wohngeschoss und über das ganze Haus verteilte „Wärmebehälter" nach dem Prinzip der oben beschriebenen „chemischen Wärmespeicherwand" funktionierten. Sie enthielten Bottiche mit Glaubersalz, die die Wärme speicherten und sie bei Bedarf direkt an die Wohnräume abgaben. Das Haus funktionierte nur wenig besser als das vorherige Experiment am MIT. Wiederum barg die reale Situation zahlreiche Unwägbarkeiten, darunter bauliche Probleme — insbesondere bei der Abdichtung des Glases der Kollektoren, die sehr hohen Temperaturen ausgesetzt waren — sowie Lecks in den Leitungen und Chemikalienbehältern, was wiederum die Wirksamkeit des Systems beeinträchtigte.

Vielleicht war das Projekt auch zu ehrgeizig, zumal die Phasenwechsel-Solarheizung im kalten Winter im Nordosten der USA als einzige Wärmequelle vorgesehen war. Die BewohnerInnen des Hauses — Telkes' Cousin und seine Frau — standen dem Projekt wohlwollend gegenüber und waren bereit, ihre Ansprüche an Behaglichkeit für den Erfolg des Experiments herunterzuschrauben, aber nicht beliebig weit. Eigenen Angaben zufolge nutzten sie den Ofen zum Heizen und schliefen in eiskalten Nächten auf dem Küchenfußboden. Amelia Peabody, die das Haus finanzierte, rechtfertigte den Austausch der Solarheizung durch einen Ölofen gegenüber einem Reporter 1952 mit den Worten: „Wir haben bewiesen, dass solares Wohnen möglich, aber nicht sehr behaglich ist."[13] Eine wichtige Feststellung, die auch in heutigen Debatten ihre Gültigkeit behält.

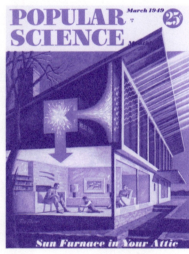

162 Das Dover Sun House von Eleanor Raymond und Mária Telkes auf dem Cover der Zeitschrift *Popular Science*, März 1949

Inzwischen war Telkes zur Gründung eines Solarenergielabors vom MIT an die New York University (NYU) gewechselt und hatte mit der oben erwähnten Lobbyarbeit begonnen. Da das Labor vor allem von der Ford Foundation und anderen Nichtregierungsorganisationen (NGOs) finanziert wurde, die technische Hilfsprogramme für sogenannte Entwicklungsländer auflegten, richtete Telkes ihr Augenmerk nun auf Solardestillatoren und -öfen. Solarbetriebene Geräte aller Art galten als Mittel zur Verbesserung der Lebensqualität von Menschen in Regionen mit reichlich Sonnenlicht. Solche Vorschläge dienten auch dazu, die politischen Bestrebungen der USA mit relativ niedrigem Kapitaleinsatz zu unterstützen: In einem Zuge

10 Aladar und Victor Olgyay: „Outline of a Research Program for Methods for Applying Climatological Data in Dwelling Design, Site Selection, and Planning", September 1951. MIT Institute Archive.
11 Vgl. Jiat-Hwee Chang und Tim Winter: „Thermal Modernity and Architecture", in: *The Journal of Architecture*, Jg. 20, Nr. 1, 2015, S. 92–121.
12 Zu Verweisen auf Telkes und ihre Zusammenarbeit mit Raymond, vgl. Anm. 3.
13 Amelia Peabody zitiert in Frances Burns: „Sun-Heated House Gets Real Furnace", in: *Boston Globe*, 23. Februar 1954.

lieferten sie ein Modell zur Bereitstellung einer bestimmten Art von Energie für die wirtschaftliche Entwicklung und beuteten andererseits Arbeitskräfte und Ressourcen zur Gewinnung fossiler Brennstoffe aus.[14]

Der Entwurf für Telkes' Haus Ende 1960 war einerseits eine Reaktion auf die Enttäuschungen am MIT und mit dem Dover Sun House, spiegelte aber andererseits auch laufende Experimente wider. Im Sommer 1957 hatten Telkes und Olgyay Entwürfe für eine Wohnsiedlung an der Christmas Hill Road in Spring Valley im Bundesstaat New York vorgelegt, die den Namen „Solar Estates" tragen sollte. Das Projekt umfasste eine Reihe von Einfamilienhäusern, die mithilfe an der Südseite angebrachter Phasenwechsel-Solaranlagen beheizt werden sollten: „Kollektoreinheit + Wohnbereich dahinter", wie Olgyay auf einer schematischen Zeichnung schrieb. Dank des leicht abschüssigen Geländes und der offenen Grundstücke konnte jede Einheit optimal zur Sonne ausgerichtet werden.

→ ABB. 169

Die Solarwand in den „Solar Estates" bestand aus einer mit dicken Bändern aus Phasenwechsel-Kollektoren verkleideten wärmespeichernden Schicht; dazwischen befanden sich dünne Fensterbänder. Diese Wand sollte über ein Phasenwechsel-System nicht nur für die Warmwasserbereitung, sondern auch als Innenraumheizung genutzt werden. Bei der rechtwinkligen Grundrissvariante verdeckten ausfahrbare „Augenbrauen" im Sommer die Fenster; im Winter konnten diese „Augenbrauen" die Sonnenstrahlen auf die Kollektoren zurückwerfen, so dass sich deren Effizienz erhöhte und mehr Wärme für die nächtliche Nutzung gespeichert werden konnte.[15] Daneben gab es ein A-Rahmen-Modell, das typisch für die Ferienhäuser in der Gegend war. Wie aus Schnittzeichnungen hervorgeht, ermöglichte der Winkel des A-Rahmens im Winter eine stärkere direkte Sonneneinstrahlung. Das Dach beziehungsweise die Wand verfügten außerdem über eine Reihe von abnehmbaren Jalousien, damit es im Inneren im Sommer nicht zu heiß wurde. Die für die A-Rahmen-Konstruktion charakteristische Verschmelzung von Dach und Wand kam dem Sonnenwandmodell entgegen, da das der Sonne ausgesetzte Element undurchsichtig (wie ein Dach) und nicht verglast war. Auch lag es in dieser Konfiguration nah an den Wohnbereichen, so dass die erwärmte Luft keine langen Strecken zurückzulegen hatte.

→ ABB. 170

→ ABB. 171, 172

Im Rahmen des Christmas-Hill-Projekts erläuterten Olgyay und Telkes außerdem die Konstruktionsvorgaben für eine eigenständige Phasenwechsel-Kollektoreinheit. Diese Einheit bestand aus dem Kollektor selbst — einem angeschlossenen Wärmebehälter, der mit den entsprechenden chemischen Verbindungen zu füllen war — sowie einem Ansaug- und Gebläsesystem für die Wärmeverteilung. Vier „alternative Anordnungen" in der Zeichnung sollten zeigen, wie das System an die verschiedensten Haustypen angepasst werden konnte.

→ ABB. 175

Das Christmas-Hill-Projekt wurde zwar nie realisiert, führte aber zu einer Zusammenarbeit zwischen Telkes und Olgyay, die 1959 in den gebauten Sun Court — ein Solarforschungslabor im Freien — und ein experimentelles, solarbeheiztes Gebäude für die Firma Curtiss-Wright mündete. Telkes war gebeten worden, ihr Labor an der NYU zu erweitern und kommerzielle Einsatzmöglichkeiten mit dem Unternehmen Curtiss-Wright auszuloten. Olgyays Zeichnungen für den Sun Court zeigen ein Versuchsgebäude mit einer südlichen Solarwand, einen Bereich für Solaröfen und eine Sonnenuhr sowie als „Experimente" und „Panels" bezeichnete Bereiche, die auf den unbestimmten Charakter des Forschungsvorhabens hindeuten. Telkes' Entwurf für Curtiss-Wright sah zahlreiche Forschungsprojekte zu solarbetriebenen Apparaturen vor: einen Backofen (mit dem Hinweis: „dieses Gerät ist produktionsreif"), Destillatoren verschiedenster Art (bereit für die „Produktion in einer Pilotanlage"), eine Raumheizung, Warmwasserbereiter (ebenfalls produktionsreif), eine Klimaanlage, einen Hochtemperaturofen, Geräte für die Landwirtschaft — darunter Trockner, Wärmekollektoren und Wasserpumpen für die Bewässerung. Auch von Solarkraftwerken mit thermoelektrischen Generatoren war die Rede; in einer späteren, aktualisierten Version auch von Solarbatterien und „Klima- und Wettersteuerung".[16]

→ ABB. 173

14 Barber, „The World Solar Energy Project", S. 91-93.
15 Mária Telkes und Aladar Olgyay: „Solar Estates at Christmas Hill", ohne Datum (Abbildungen von 1957), MT/SEC-ASU 14/7. Bei dem Dokument handelt es sich um eine Dummy-Broschüre mit Abbildungen und Analysematerial für das Christmas-Hill-Projekt, das in zahlreichen Texten wieder aufgegriffen wurde, unter anderem in der 39-seitigen Veröffentlichung von Mária Telkes und Aladar Olgyay: „Solar Heated Houses" mit ausklappbaren Abbildungen, siehe Telkes Archives, Kasten 14, Mappe 7. Diese unveröffentlichte Broschüre diente als Grundlage für Aladar Olgyay: „Solar House Heating", in: The Hungarian Quarterly, Jg. 3, Nr. 1-2, April-Juli 1963, S. 1-11; und Aladar Olgyay und Mária Telkes: „Solar Heating for Houses", in: Progressive Architecture, Jg. 40, März 1959, S. 195-203.
16 Mária Telkes: „Program Submitted to Curtiss-Wright", Juni 1958; und Mária Telkes: „Agreement between Curtiss-Wright Corporation and Mária Telkes", Juli 1958. Vgl. Mária Telkes Papers in der Solar Energy Collection, Arizona State University (im Folgenden Telkes ASU Papers), Kasten 71, Mappe 14.

Das Herzstück des Sun Court war das Princeton Sun House: ein sechs Meter tiefes, einfaches, rechteckiges Gebäude mit einem Kollektor, der sich über die gesamte 27,5 Meter lange Südfassade erstreckte. In Wirklichkeit handelte es sich bei diesem eher unscheinbaren „Haus" nicht um ein Wohngebäude, sondern um ein Labor, in dem die Experimente zur Beheizung von Häusern weiterentwickelt und insbesondere die Solarwand weiter untersucht werden sollten. Im Innern gab es ein Büro, eine Teeküche und einen großen Laborbereich. An der Nordfassade war im oberen Bereich ein schmaler Streifen der Laborwand verglast; ein Dachvorsprung sorgte je nach Jahreszeit für Verschattung. Auf dem Dach befand sich zudem ein kleiner Kollektor, der zur Warmwasserbereitung diente. Wie im Grundriss angedeutet, war das Haus durch einen Arkadengang mit dem Rest des Hofes verbunden. Während die Südseite des Gebäudes auf der einen Seite von einem Solarofen und auf der anderen Seite von einem Weg zum Hauptbüro des Unternehmens flankiert wurde, ging die Nordseite in den Sun Court über. Hier gab es einen solarbetriebenen Springbrunnen, ein flaches Zierbecken und einen aufwändig gestalteten Lagerschuppen, hinter dessen zum Hof hin gewellten Wänden sich die Haustechnik, Lagerräume und Badezimmer befanden. Auch hier spendete ein weit auskragendes Dach im Sommer Schatten.[17]

→ ABB. 174

Das Princeton Sun House griff auf das Modell der abgeflachten Solarwand zurück. Der Kollektor bestand aus einer Doppelglasscheibe, die auf der Rückseite mit einer schwarzen Fläche versehen und vor einem Luftkanal, einer Isolierschicht, den Speicherchemikalien und einer weiteren Isolierschicht angebracht war. Die Luft zirkulierte zwischen der inneren Glasscheibe und der schwarzen Fläche und wurde bei Erwärmung entweder in den Lüftungskanal und damit in den Raum gesaugt oder zur Speicherung in den Wärmebehälter direkt hinter dem Kollektor geleitet. Dies hatte zwei Vorteile: Erstens konnte der Wärmebehälter die wahrnehmbare Wärme direkt aufnehmen, wenn der Kanal keine Luft ansaugte; zweitens konnte der Kollektor beziehungsweise die Speichereinheit als einzelne, eigenständige Wand vermarktet und verkauft und in die unterschiedlichsten baulichen Gegebenheiten integriert werden. Die Belüftungskanäle des chemischen Wärmespeichersystems konnten an ein Umluftsystem mit Standardkanälen und -gebläsen angeschlossen werden, um ein brennstoffbasiertes Kühlsystem zu versorgen und die klimatisierte Luft im ganzen Haus zu verteilen.[18]

An dieser Stelle sei zumindest am Rande darauf hingewiesen, dass Victor Olgyay etwa zur gleichen Zeit in seinem Beitrag für den AFASE Solar House Design Wettbewerb eine Phasenwechselnutzung für ein außerhalb von Phoenix, Arizona, gelegenes Haus vorschlug. In dem Entwurf sollten verspiegelte, bedienbare Dachlamellen das Sonnenlicht im Winter auf einen Boden aus Glasbausteinen zurückwerfen. Diese transparenten Ziegel befanden sich auf einem luftgefüllten Raum (zur Wärmegewinnung) mit einer Schicht aus „Betonspeicherblöcken" darunter, die mit einer chemischen Phasenwechsel-Lösung gefüllt waren. Diese Komponenten würden flüssig werden und die reflektierte Wärme tagsüber speichern, um sie in den kalten Wüstennächten dann abzugeben.

Am 15. November 1958 wurde im Rahmen eines PR-Events der Sun Court mit einer Reihe von funktionierenden Solargeräten der Öffentlichkeit vorgestellt.[19] Der Bau des Princeton Sun House wurde jedoch erst im Februar 1959 fertiggestellt; das Haus ging sogar erst im April in Betrieb. Auch dieser Termin konnte nur knapp eingehalten werden: Wieder einmal funktionierte das Solarsystem nicht besonders gut.[20] Die Mängelliste war lang: Die Kollektor-/Speichereinheiten lieferten nur die Hälfte der erwarteten Leistung, woraufhin man eine signifikante Ausweitung der Kollektorfläche erwog; die Vorratsbehälter für die Chemikalien korrodierten und waren undicht; das Wärmeverteilungssystem war unzureichend, so dass die Wärme die Nordseite des Labors nicht erreichte.[21] Als Aladar Olgyay auf der UN-Konferenz über neue Energiequellen 1961 in Rom das Princeton Sun House vorstellte,

17　Aladar Olgyay: „Design Criteria for Solar Heated Houses", in: United Nations: *Proceedings of the United Nations Conference on New Sources of Energy: Solar Energy, Wind Power, and Geothermal Energy, Rome, 21–31 August 1961*, United Nations Publications, New York 1964, S. 154–155.
18　Ebd., S.155.
19　Memorandum von P. Rogan an Mr. H. S. Bamford: „Solar Energy Exhibit–Public Relations Display", 10. November 1958. Telkes ASU Papers, Kasten 71, Mappe 15. Der „Court" wurde vor der Fertigstellung des Hauses eröffnet, um eine Hersteller-Beziehung zur Firma Hupp aufzubauen.
20　Memorandum von Dr. E. B. Gunyou an Mr. H. S. Bamford und Dr. Telkes: „Meeting with Mr. Hurley, Monday, March 30", 3. April 1959. Telkes ASU Papers, Kasten 71, Mappe 14. Als sich das Haus Anfang 1959 nicht in ordnungsgemäßem Betriebszustand befand, musste ein geplanter Vertrag über die Lieferung von Sonnenkollektoren an die Western Massachusetts Electric Company rückgängig gemacht werden.
21　D. B. Clark: Memorandum, „Solar House Heating: To examine the present status of the Princeton Solar Heated House, to examine its shortcomings, and its strong points, and to recommend a program which will culminate in a product for Curtiss-Wright", 6. Juli 1959, S.3. Telkes ASU Papers, Kasten 37, Mappe 5.

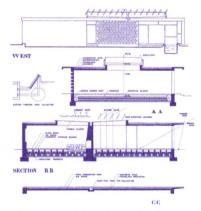

163　Victor Olgyay, Details der reflektierenden Paneele und des „Betonspeichersystems" in seinem Beitrag zum Wettbewerb „Living with the Sun", der von der Association for Applied Solar Energy organisiert wurde, 1957–1959.

regte er an, diese Mängel durch ein zweites Experiment zu beheben. Um die relevanten Variablen zu isolieren, schlug er eine Reihe von Testhäusern vor.[22] Sowohl die fühlbare Wärme, die von den Paneelen in das Gebäude abgestrahlt wurde (anstatt in chemischen Speicherbehältern absorbiert zu werden), als auch der massivere Einsatz von elektrischen Gebläsen würden, so hoffte er, das System effektiver machen.

Telkes und die Manager von Curtiss-Wright konzentrierten sich darauf, die Solarwand zu einem marktreifen Produkt zu entwickeln, das mit verschiedenen Haustypen kompatibel war. Sämtliche oben erwähnten Anpassungen führten jedoch auch nach ihrer Umsetzung zu enttäuschenden Ergebnissen. Anfang Juli 1959 kam man zu dem Schluss, dass „es töricht wäre, ein Produktdesign auf ein weniger konservatives Kriterium zu gründen als das, wonach die gesamte Wärmezufuhr aus der Heizungsanlage kommen sollte". Mit anderen Worten: Es funktionierte nicht, und das Unternehmen konnte es nicht verkaufen.[23] Die MarketingexpertInnnen von Curtiss-Wright schlugen dem Unternehmen vor, den regionalen Schwerpunkt der Marketingstrategie vom Nordosten der Vereinigten Staaten wegzuverlagern: „zur unmittelbaren Vermarktbarkeit sollten wir uns auf die Entwicklung von Komponenten konzentrieren, die sich in Südkalifornien verkaufen lassen" — wo das Klima deutlich weniger Innenraumheizung erforderte, was die Anforderungen an die Solarwand auf ein Niveau senkte, das sie möglicherweise erfüllen konnte.[24] Außerdem schlugen sie eine Vermarktung der Solarwand in Israel vor — einem Land, mit dem Curtiss-Wright gerade einen Vertrag über die Lieferung von Militärflugzeugen abgeschlossen hatte.[25] Telkes' und Olgyays Probleme hatten auch mit anderen Verpflichtungen innerhalb des Unternehmens zu tun, das sich kurz zuvor von Rüstungsaufträgen abgewandt und mit einer Reihe ehrgeiziger Experimente in kurzer Zeit hohe Verluste gemacht hatte. Ende 1961 wurde das Forschungsbüro von Curtiss-Wright in Princeton zusammen mit der Solarenergie-Ausstellung und allen damit verbundenen Experimenten geschlossen.[26]

→ ABB. 176, 177, 178

Zahlreiche Reaktionen auf die Komplikationen beim Princeton Sun House fanden in einen letzten Phasenwechsel-Entwurf Eingang, das bereits erwähnte <u>Telkes House</u>, das Telkes und Olgyay Ende 1960 in Princeton entwarfen. In dem Hausentwurf, der allerdings nie verwirklicht wurde, konzentrierten sie sich auf die saisonale Nutzung fühlbarer Wärme. Telkes war in gewisser Weise die ideale Bauherrin, da sie bereit war, ihre Gewohnheiten an die optimale Nutzung der Solarwand anzupassen. Abgesehen von zwei Stellen hinter einem Abstellraum und hinter einem der beiden Schlafzimmer wurde die Solarwand auf dem größten Teil ihrer beträchtlichen Länge nur von einem schmalen waagerechten Fenster durchbrochen, das einen Blick aus der Küche erlaubte und zusätzliches Tageslicht in die Wohnbereiche fallen ließ. Der Kollektor ragte über die Hausfassade hinaus und bot so eine maximal exponierte Fläche. In der Mitte befand sich ein chemischer Wärmespeicher, der zwar von einem mechanischen Kern umgeben war, die Wärme aber dennoch ins Wohnzimmer abgeben konnte; der Speicherbereich war durch einen Lüftungskanal im leicht geneigten Dach mit dem Kollektor verbunden. Auf dem Dach befand sich außerdem eine Solaranlage zur Warmwasserbereitung.

Vielleicht hätte es funktioniert. Nach der Schließung des Curtiss-Wright-Labors wurde Telkes als Professorin an die University of Delaware berufen. Dort war gerade ein Solarenergielabor unter anderem zur Erforschung von Solarhäusern eingerichtet worden, das später in das von Karl W. Böer geleitete Institute of Energy Conversion [Institut für Energieumwandlung] überging, dessen Schwerpunkt auf der Photovoltaik lag. 1972 baute die Gruppe eines der ersten Photovoltaikhäuser. In Delaware konzentrierte sich Telkes auf den Einsatz von Phasenwechselmaterialien in bekannten Baumaterialien, insbesondere Rigipsplatten — ein weniger ehrgeiziger, aber vielleicht praktischerer Versuch, eine Version der Solarwand marktfähig zu machen.

Wie bei anderen Aspekten der Debatte um Solarenergie in der unmittelbaren Nachkriegszeit waren ungeachtet der zahlreichen technischen Herausforderungen der Solarwand die damaligen Umstände die Haupthürde für den Erfolg der Solarenergie: Ölheizungen und — in einigen Regionen — Erdgas hatten den Markt so vollständig übernommen, dass andere Technologien für die Bereitstellung von Wärmekomfort nicht mehr ausreichten. Selbst die effizienteste Solarthermieanlage konnte nicht mit der

22 Olgyay, „Design Criteria", S. 155.
23 Clark, Memorandum „Solar House Heating", S. 8.
24 Ebd., S. 25.
25 Ebd., S. 29.
26 Obwohl das Unternehmen Curtiss-Wright in Bezug auf seine Produkte und seine Forschung breit aufgestellt war, schloss es fast zwei Drittel der Verträge mit dem Verteidigungsministerium ab, und ein Rückgang der Verteidigungsausgaben nach 1958 führte zu erheblichen Verlusten. Vgl. „Curtiss-Wright to Move: Princeton Division will Shut Down at End of Year", in: *Princeton Gazette*, 14. Dezember 1961, Telkes ASU Papers, Kasten 71, Mappe 14; vgl. auch Louis R. Eltscher und Edward M. Young: *Curtiss-Wright: Greatness and Decline*, Twayne Publishers, New York 1998.

geballten Energie fossiler Brennstoffe mithalten, da deren hohe Verfügbarkeit zu einem wesentlichen Aspekt der US-amerikanischen Innen- und Außenpolitik geworden war. Die wirtschaftliche oder politische Notwendigkeit für eine Anpassung der Komfortansprüche an das Niveau erneuerbarer Quellen nahm folgerichtig weiter ab. Eine solche Prämisse zur Steuerung des Energiebedarfs blieb bis zur sogenannten „Malaise"-Rede des damaligen US-Präsidenten Jimmy Carter weitgehend unausgesprochen. Carter legte der amerikanischen Bevölkerung nahe, den Thermostat herunterzudrehen und einen Pullover anzuziehen, um die durch das Preisabkommen von Teheran von den OPEC-Staaten heraufbeschworene Energiekrise zu bewältigen — ein Vorschlag, der weithin verspottet und von einigen als ausschlaggebend für Carters Niederlage gegen Ronald Reagan bei den Präsidentschaftswahlen 1980 gewertet wurde, obwohl er heute als ein Moment der „weisen Vorausschau" gefeiert wird.[27]

   Damit die Solarwand funktionieren konnte, hätte es sowohl technischer als auch sozialer Veränderungen bedurft: einer höheren Effizienz der Phasenwechselsysteme und einer gewissen Akzeptanz der Tatsache, dass erneuerbare Energien nicht einfach fossil befeuerte Anlagen ersetzen können, sondern dass sich auch die sozialen Praktiken und persönlichen Gewohnheiten ändern müssen, um den Energiebedarf zu senken. Heute wissen wir, dass unsere Ansprüche an Temperaturen in Innenräumen dadurch entstanden, dass fossile Brennstoffe in dieser Zeit künstlich verbilligt wurden, was zu einer historisch anormalen Luxusphase führte, die sowohl regional als auch ökonomisch ungleich verteilt war. Durch sorgfältige Strategien der Passivbauweise, aber auch durch die Bereitschaft, mehrere Schichten Kleidung übereinander zu tragen und sich in bestimmten Jahreszeiten in bestimmten Räumen aufzuhalten sowie andere mögliche Maßnahmen zu ergreifen, kann der Heizbedarf ohne Beeinträchtigung des Wohlbefindens erheblich reduziert werden. Dieser *Suffizienz*-Ansatz eröffnet Forschenden einen neuen Blick auf die Beziehung zwischen Körpern und Gebäuden, die sich je nach Region und kulturellen Normen unterscheiden. Gleichzeitig entdeckt er die reiche Geschichte solarer Heizstrategien neu und prüft diese auf ihre Relevanz hin — auch die der Solarwand.

27 David French: „The Wisdom and Prophecy of Jimmy Carter's Malaise Speech", in: *New York Times*, 23. Februar 2023, https://www.nytimes.com/2023/02/23/opinion/jimmy-carter-malaise-speech.html, zuletzt aufgerufen am 23. Mai 2023.

164 Eingang zur Ausstellung *The Sun at Work* anlässlich des Weltsymposiums zur angewandten Solarenergie, Phoenix, Arizona, 1955
165 Die Ausstellung *The Sun at Work* aus der Vogelperspektive, Phoenix, Arizona, 1955

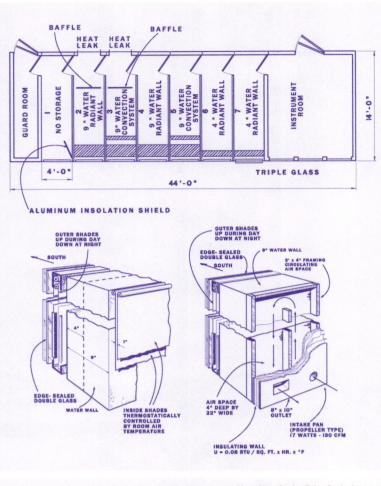
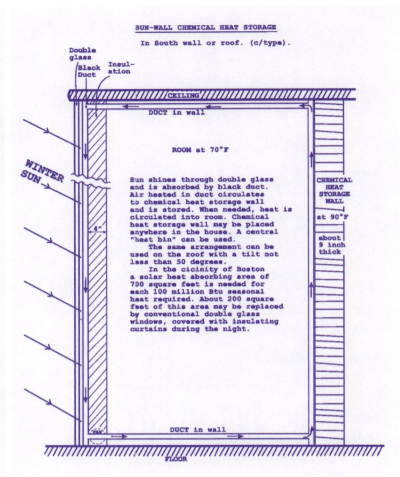
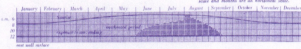

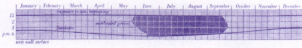
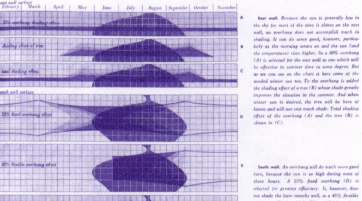

166 MIT Solar Energy Fund, Plan mit Variationen und Solarpaneel-Diagramm des MIT House II, 1947. Die schematischen Diagramme — gezeichnet, nachdem Telkes von der Arbeit des Fonds ausgeschlossen worden war — zeigen Wasser statt chemischer Verbindungen als Wärmespeichermedium.

167 Mária Telkes, Schnittzeichnung zur Funktionsweise einer Sonnenwand mit chemischer Wärmespeicherung, 1948

168 Victor und Aladar Olgyay, „The Temperate House", Architectural Forum, März 1951

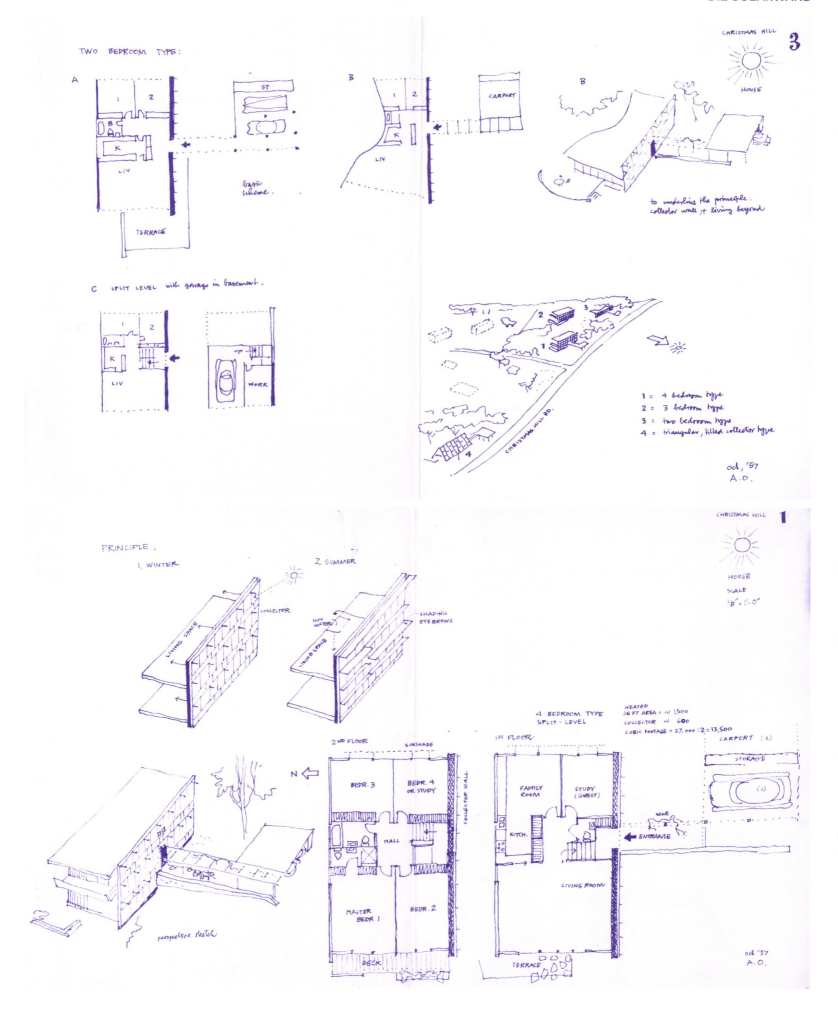

169 Aladar Olgyay und Mária Telkes, Grundrisse und Ansichten der Solar Estate in Christmas Hill in der Nähe von Pleasantville, NY, 1957
170 Aladar Olgyay and Mária Telkes, Solar Estates in Christmas Hill. Die Zeichnung zeigt die Schatten spendenden „Augenbrauen" über den Fenstern

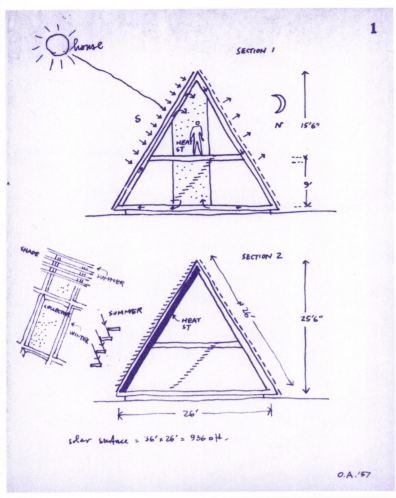
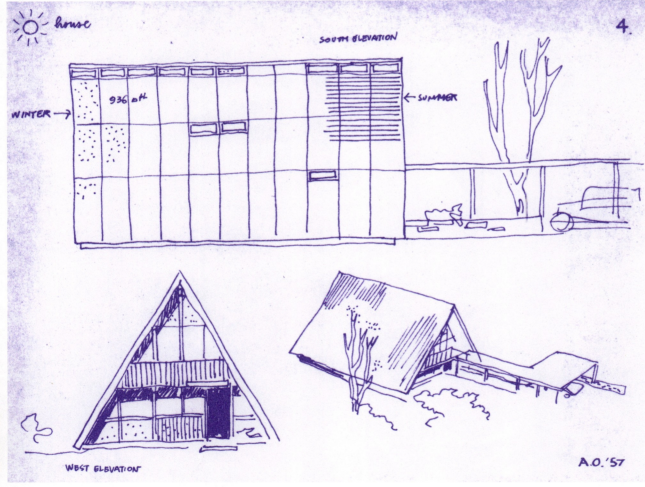

171 Aladar Olgyay und Mária Telkes, Frontansicht eines A-Rahmen-Modells für die Solar Estates in Christmas Hill
172 Aladar Olgyay und Mária Telkes, Seitenansicht eines A-Rahmen-Modells für die Solar Estates in Christmas Hill

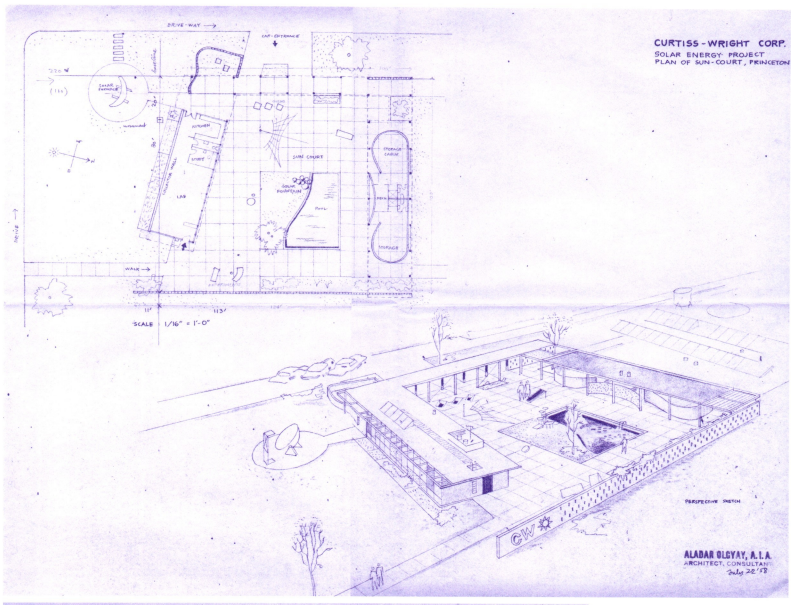

173　　Aladar Olgyay and Mária Telkes, Schematische Darstellung des Sun Court auf dem Firmencampus von Curtiss-Wright in Princeton, NJ, 1959
　　　　Das Laborgebäude war von weiteren Experimenten umgeben, darunter Solaröfen, Warmwasserbereiter, Wasserdestillationsanlagen und andere Technologien
174　　Aladar Olgyay und Mária Telkes, Princeton Sun House im Sun Court des Curtiss-Wright-Firmencampus, Princeton, NJ, 1959

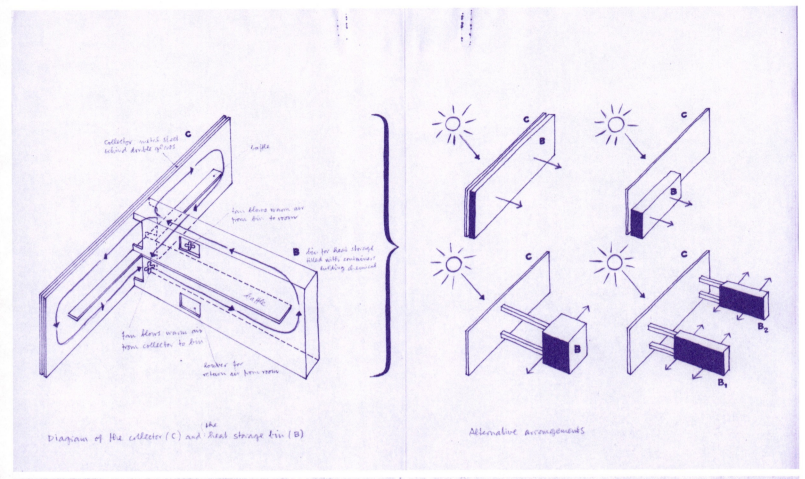
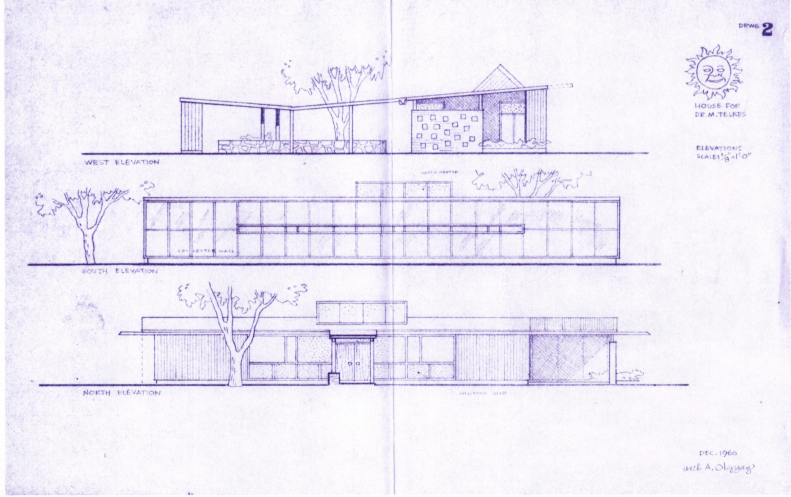

175 Aladar Olgyay und Mária Telkes, „The Principle of the Solar Wall", 1957–58. Die Zeichnung zeigt, dass die Solarwand an unterschiedliche Gebäudebedingungen angepasst werden konnte.

176 Aladar Olgyay und Mária Telkes, Ansichten des Telkes House, 1960

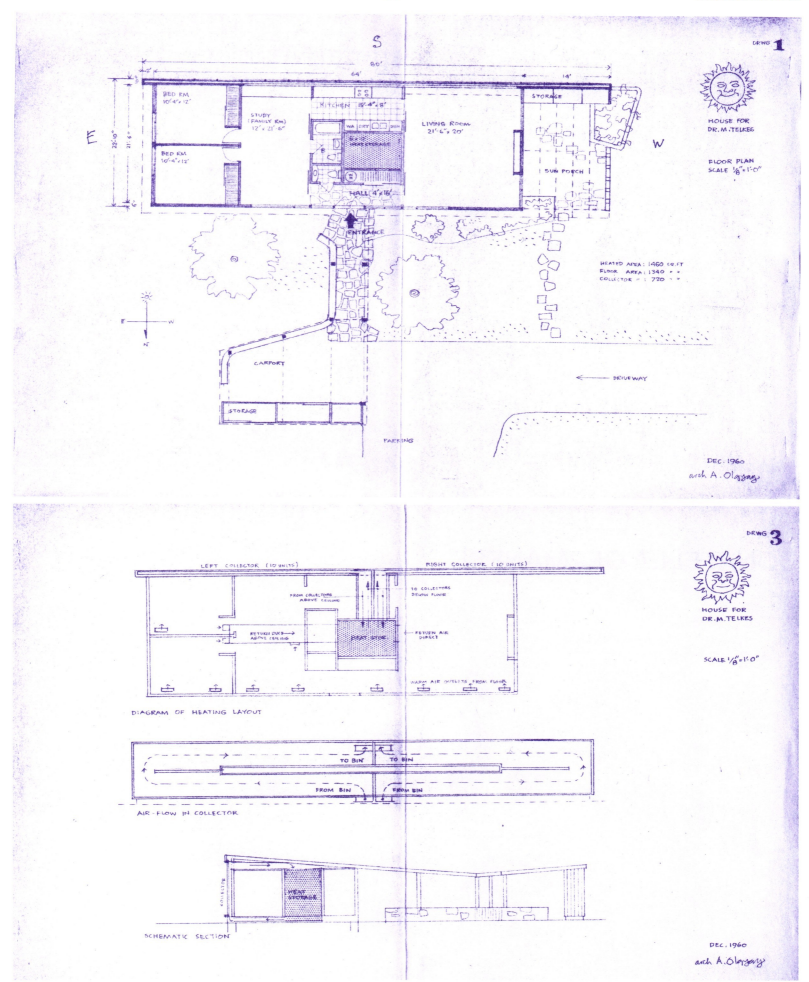

177 Aladar Olgyay und Mária Telkes, Grundriss des Telkes House, 1960
178 Aladar Olgyay und Mária Telkes, Diagram des Heizkonzepts des Telkes House, 1960

ATOME FÜR DEN FRIEDEN
Wie die Welt lernte, an das Gute in der Atomenergie zu glauben

DONATELLA GERMANESE

Einführung

2007 feierte die Internationale Atomenergiebehörde (IAEA) ihren 50. Jahrestag. Aus diesem Anlass erschien ein prächtiger Bildband mit zahlreichen Fotografien aus all den Ländern, die seit der Gründung der IAEA am 29. Juli 1957 in Wien von dieser unterstützt oder begutachtet worden waren. Der Titel des Buchs — *Atoms for Peace: A Pictorial History of the International Atomic Energy Agency* — war mit Bedacht gewählt, denn der Vorschlag zur Gründung einer derartigen Organisation ging auf die Rede von US-Präsident Eisenhower „Atoms for Peace" zurück, die er am 8. Dezember 1953 vor der Vollversammlung der Vereinten Nationen gehalten hatte. Im Wesentlichen hatte Eisenhower damals vorgeschlagen, die Zahl der Kernwaffen im Besitz der Atommächte zu begrenzen, dafür aber die friedliche Nutzung der Atomenergie zu fördern. Eine internationale Behörde unter der Ägide der Vereinten Nationen sollte diesen Prozess überwachen. „Experten würden aufgeboten, um Atomenergie für die Bedürfnisse der Landwirtschaft, Medizin und anderer friedlicher Lebensbereiche nutzbar zu machen", sagte Eisenhower. „Eine vorrangige Aufgabe wäre das Erzeugen von Elektrizität in Ländern, denen es an Strom mangelt. Auf diese Weise könnten die beitragenden Mächte einen Teil ihrer Stärke darauf verwenden, den Menschen zu geben, was sie brauchen, anstatt ihnen Angst einzujagen."[1]

Eisenhower machte in seiner Rede deutlich, dass sich der Einsatz von Atomkraft neben dem Energiesektor auch auf Landwirtschaft, Industrie und Gesundheitsversorgung erstrecken sollte und dass es darum ging, den Schwerpunkt auf die zivile Nutzung zu verschieben, ohne die militärische ganz auszuschließen. Tatsächlich wurde jedoch zunächst das weltweite Arsenal an atomaren Abschreckungswaffen aufgestockt,[2] während Kernkraftwerke noch einen längeren Entwicklungsprozess durchlaufen mussten, ehe sie *rentablen* Strom für Großstädte liefern konnten. Dennoch erschien die Kernkraft auf Anhieb als Inbegriff des Fortschritts und entfachte ein Wettrennen um die Führung bei der Stromerzeugung für die zivile Nutzung, wenn auch zunächst nur wenige Megawatt (MW) erzeugt werden konnten. Im Juni 1954 erreichte die Sowjetunion ihr Ziel, als erstes Land der Welt eine kleine Gemeinde (Obninsk) mit Strom aus einem Atomkraftwerk (mit einer Leistung von 5 MW) zu versorgen. In den folgenden Jahren wurden in weiteren Ländern Kernkraftwerke an das Stromnetz angeschlossen, so im August 1956 in England (Calder Hall, 49 MW), im Dezember 1957 in den USA (Shippingport, 60 MW), im April 1959 in Frankreich (Marcoule, 39 MW), im Juni 1962 in Kanada (Ralphton, 22 MW), im Oktober 1962 in Belgien (Mol, 10 MW), im Mai 1963 in Italien (Latina, 153 MW), im Oktober 1963 in Japan (Tokai, 12 MW) und im Mai 1964 in Schweden (Agesta, 10 MW).[3]

Nach Eisenhowers Rede begannen Verhandlungen, die einige Jahre später zur Gründung der IAEA führten. In der Zwischenzeit blieb die amerikanische Regierung nicht untätig. Sie legte rasch ein Sonderprogramm auf, um die Weltöffentlichkeit mit eilig produzierten Lehrfilmen, Büchern, Radiosendungen und Ausstellungen auf „Atome für den Frieden" einzustimmen.[4] General Electric produzierte den Film *A is for Atom*, der im Ausland vom United States Information Service (USIS) bei Ausstellungen zum Thema Kernenergie gezeigt wurde. Walt Disneys *Unser Freund das Atom*, im Fernsehen als Teil der Disneyland-Serie *Tomorrowland* ausgestrahlt und auch in Buchform erschienen, kann als dessen Fortsetzung betrachtet werden.[5] Walt Disney tritt am Beginn der Folge persönlich auf, um für Atomenergie zu werben. Er führt Modelle des ersten nuklearbetriebenen U-Boots *Nautilus* vor, das von der Maschinenbaufirma General Dynamics hergestellt wurde. Die Kulissen zeigen mehrere der berühmten General-Dynamics-Plakate mit dem „Atoms for Peace"-Motiv von Erik Nitsche.[6]

→ ABB. 187

---

1 Dwight D. Eisenhower: „Address by Mr. Dwight D. Eisenhower, President of the United States of America, to the 470th Plenary Meeting of the United Nations General Assembly", 8. Dezember 1953, www.iaea.org/about/history/atoms-for-peace-speech, aufgerufen am 14. Juni 2023. Eine kritische Würdigung der IAEA und ihrer Geschichte unternehmen Angela N. H. Creager und Maria Rentetzi: „Sharing the ‚Safe' Atom?: The International Atomic Energy Agency and Nuclear Regulation through Standardisation", in: Bernadette Bensaude-Vincent u.a. (Hg.): *Living in a Nuclear World*, Routledge, London/New York 2022, S. 111-131.
2 Vgl. Paul Erickson u.a.: *How Reason Almost Lost its Mind: The Strange Career of Cold War Rationality*, University of Chicago Press, Chicago 2013, S. 85; John Krige: „Atoms for Peace, Scientific Internationalism, and Scientific Intelligence", in: *Osiris*, Jg. 21, Nr. 1, 2006, S. 161-181.
3 Zahlen aus „IAEA Country Nuclear Power Profiles" mit Daten zur Geschichte der Atomkraftwerke in 38 Mitgliedstaaten der IAEA, https://cnpp.iaea.org/pages/index.htm, aufgerufen am 14. Juni 2023.
4 Zu Vorläufern derartiger Werbekampagnen auf nationaler Ebene in den späten 1940er Jahren siehe Paul Boyer: *By the Bomb's Early Light: American Thought and Culture at the Dawn of the Atomic Age*, University of North Carolina Press, Chapel Hill, NC/London 1985, S. 291-302.
5 Vgl. Ina Heumann und Julia B. Köhne: „Imagination einer Freundschaft – Disneys *Our Friend the Atom*. Bomben, Geister und Atome im Jahr 1957", in: *Zeitgeschichte*, Jg. 35, Nr. 6, 2008, S. 372-395; siehe auch Frank Schumacher: „The Symbolic Confrontation: Visual Power and American Opinion Management in West-Germany, 1949-1955", in: *Cahiers Charles V*, Jg. 28, Juni 2000, S. 125-148, hier S. 136.

Die United States Information Agency (USIA) veröffentlichte in einem Rechenschaftsbericht einen knappen Überblick der 1954 durchgeführten einschlägigen Aktivitäten. Sie stellte die Informationskampagne unmissverständlich in den Kontext des Kalten Krieges:

„Die USIA übernahm in der zweiten Jahreshälfte 1954 den weltweiten Verleih einiger Filme über die friedliche Nutzung der Atomenergie, darunter *A is for Atom, The Atom in Industry, The Atom and Biological Science, The Atom and Agriculture* und *The Atom and the Doctor*. Niederlassungen des US Information Service im Ausland brachten zahlreiche Bücher und Dokumente über die friedliche Nutzung der Kernenergie unter die Leute. Die Radiosender Wireless File und Voice of America sendeten zu jeder Phase der Atom-Geschichte, die sich hier entwickelte, einen anhaltenden Strom von Nachrichten und Kommentaren in die Welt. Nichts bestätigt den Erfolg dieses intensiven Aufklärungsprogramms so eindringlich wie eine Tatsache: Die Russen habe es uns vor kurzem nachgemacht."[7]

Die Vereinigten Staaten erkannten die Notwendigkeit einer langfristigen außenpolitischen Strategie. Wichtige Veranstaltungen, etwa die erste Genfer Atomkonferenz von 1955 unter Federführung der Vereinten Nationen, wurden im Voraus und auch im Nachgang von einer Vielzahl amerikanischer Ausstellungen begleitet. Die meisten davon tourten anschließend um die Welt, um die Botschaft möglichst weit zu verbreiten.[8]

Friedliche Nutzung der Atomenergie — für die Allgemeinheit erklärt

1954 veranstaltete die USIA *Atome für den Frieden*-Ausstellungen in Rom, Westberlin und São Paulo. Das Programm hatte einen ausgesprochen glücklichen Start in Rom am Abend des 15. Juni, als auf der belebten Piazza del Popolo Regierungsvertreter und Botschafter das Publikum begrüßten. Präsentiert wurde die *Mostra atomica* auf fünf Lkw-Anhängern, die in Rechteckformation auf der Piazza neben dem marmornen Neptunbrunnen aufgestellt waren. Lastwagenanhänger waren ein ungewöhnlicher Veranstaltungsort für eine Ausstellung, insbesondere in Italien mit seinen unzähligen Museen; der Aufbau ähnelte denn auch insgesamt mehr einem Wochenmarkt. Allerdings hatten die Architekten Peter G. Harnden und Lanfranco Bombelli Tiravanti, die mit ihrem Büro die Schau *Atome für den Frieden* gestalteten, schon bei den Marshallplan-Ausstellungen und Werbetouren für die NATO Anfang der 1950er Jahre erfolgreich nach diesem Konzept gearbeitet.[9] Der Ausstellungsaufbau war insgesamt eine kostengünstige Lösung; die ausziehbaren Metallkonstruktionen der Anhänger waren ideal für die Zwecke einer Wanderausstellung und eigneten sich auch gut zur Inszenierung von Zukunftsvisionen. Reaktionen auf die Ausstellung bestätigten diese Erwartung.

→ ABB. 181

→ ABB. 182

Gezeigt wurde eine Auswahl an Technik für das neue Atomzeitalter. Das Publikum bekam echte Ausrüstung und Instrumente aus der Atomindustrie zu sehen, darunter Geigerzähler, tragbare Detektoren zum Aufspüren radioaktiver Erze im Bergbau, Bleibüchsen und unterschiedlich große Behälter für den Transport von Radioisotopen, Fernbedienungszangen für den Umgang mit radioaktiven Materialien, eine Schaufensterpuppe in einem Schutzanzug aus Gummi für die Arbeit in radioaktiven Bereichen, außerdem Fotos vom Arbeitsalltag in der Atomindustrie. Als zusätzlichen Spaßfaktor gab es einen auf einem Tisch installierten Van-de-Graaff-Generator, der neugierigen Besuchern, die an das Gerät herantraten, die Haare zu Berge stehen ließ. Ein ganzer Lkw-Anhänger war dem Thema Medizin gewidmet. In einer Ecke hatte man ein kleines Behandlungszimmer eingerichtet. Darin lag eine lebensgroße Puppe unter einem weißen Tuch auf einem Krankenhausbett. Ein Assistent im weißen Mantel führte ab und zu die Rute eines Geigerzählers über den Körper der Puppe, um an ihr versteckte radioaktive Knöpfe aufzuspüren. Zweck solcher Vorführungen war es, Besuchern einen ersten Eindruck von den neuen Diagnoseverfahren der Nuklearmedizin zu vermitteln. Insgesamt machten die gezeigten Objekte sowie kurze Einführungstexte, Fotos und Schaubilder unterschiedlicher Größe, Kurzfilme und große Wandtafeln mit einzelnen Worten oder Symbolen das Publikum mit dem neuen, facettenreichen Gebiet der Kerntechnik vertraut.

→ ABB. 184

→ ABB. 183

6   Jacob Darwin Hamblin: *The Wretched Atom: America's Global Gamble with Peaceful Nuclear Technology*, Oxford University Press, Oxford 2021, S. 67–70; siehe auch Elizabeth Walker Mechling und Jay Mechling: „The Atom According to Disney", in: *Quarterly Journal of Speech*, Jg. 81, Nr. 4, 1995, S. 436–453.
7   United States Information Agency (USIA): *3rd Review of Operations: July–December 1954*, U.S. Government Printing Office, Washington, DC. 1955, S. 2 f.
8   Zu den von 1954 bis 1958 besuchten Ländern gehörten laut dem *3rd Review of Operations* der USIA Ägypten, Argentinien, Belgien, Brasilien, Chile, Dänemark, die Dominikanische Republik, Deutschland, Griechenland, Indien, der Irak, Island, Italien, Japan, Kolumbien, Libanon, Mexiko, Norwegen, Pakistan, Panama, Peru, die Schweiz, Syrien, die Türkei, das Vereinigte Königreich, Uruguay, Venezuela und Jugoslawien.
9   Vgl. weiter unten den Abschnitt „Gestaltung und Organisation der Atom-Wanderausstellungen".

Der Kalte Krieg und die Ausstellung *Atome für den Frieden*

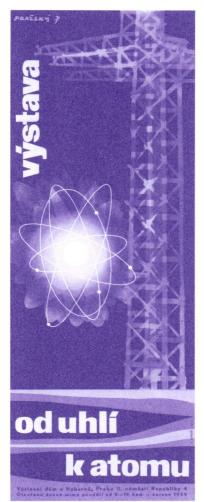

179 Adolf Pražsky, Plakat zur Ausstellung *Od uhlí k atomu* (Von der Kohle zum Atom), Prag 1959

→ ABB. 186

Wenige Wochen nach Eröffnung der *Mostra atomica* in Rom äußerte sich Clare Boothe Luce, die amerikanische Botschafterin in Italien, vertraulich gegenüber Theodore Streibert, dem Leiter der US Information Agency, über Länder, die ihrer Meinung nach für amerikanische Unterstützung in Sachen Atomenergie infrage kämen. In einer Notiz wurde dieses Gespräch festgehalten:

„Die Botschafterin sagte, [Reaktor-]Anlagen sollten entschieden antikommunistischen Ländern zugesagt werden, da dies die mancherorts aufkommende Begeisterung für den Kommunismus eher dämpfen werde. Sie wies darauf hin, dass die Sowjets ihre Anerkennung des Propagandapotenzials der friedlichen Nutzung der Atomenergie schon dadurch eingestanden hätten, dass sie kurz nach der Schau in Rom die Inbetriebnahme eines Kernreaktors für industrielle Zwecke ankündigten. Die Botschafterin sagte, wir sollten auf der Hut vor sowjetischen Angeboten von Atomanlagen an energiehungrige Länder sein und versuchen, allen derartigen Schritten entgegenzuwirken."[10]

Luce bezog sich auf das genannte Kernkraftwerk in Obninsk, das am 27. Juni 1954 ans Netz gegangen war. Ihre Bemerkung macht deutlich, was für die amerikanische Außenpolitik im Kalten Krieg bei der zivilen Nutzung der Atomenergie und der Weitergabe der entsprechenden Technologie auf dem Spiel stand — abgesehen von Fragen der atomaren Ausrüstung. Die Hegemonialmächte auf beiden Seiten des Eisernen Vorhangs stellten ihren Verbündeten beziehungsweise „Bruderstaaten" wie etwa Italien oder der Tschechoslowakischen Republik — wenn auch mit Einschränkungen — technische Aufbauhilfe und Wissenstransfer in Aussicht. Darüber hinaus kam ein direkter Wettbewerb zwischen den Vereinigten Staaten und der Sowjetunion um die Zusammenarbeit mit bündnisfreien Staaten in Gang. Da die Sowjetunion als Herausforderin die Vereinigten Staaten hier vor sich hertrieb, beanspruchte Nikita Chruschtschow, dass „die von kapitalistischen Ländern geplante Hilfe für Länder, die seit kurzem ihre Unabhängigkeit erlangt haben, auch als eine Art sowjetische Hilfe für diese Länder betrachtet werden" solle.[11] Wie das Beispiel Indiens zeigt, erwiesen sich einige der bündnisfreien Staaten als sehr geschickt darin, die Großmächte auf dem diplomatischen Parkett gegeneinander auszuspielen.[12] Das spiegelte sich auch in den Atomausstellungen wider: 1955 reiste eine US-amerikanische *Atoms for Peace*-Schau der USIA monatelang durch ganz Indien und zog laut einem Rechenschaftsbericht der Veranstalter insgesamt 1,7 Millionen Besucher an.[13] Ein Foto zeigt Indiens Ministerpräsidenten Nehru und seine Tochter Indira Gandhi beim Besuch der *Atoms for Peace*-Schau in Neu-Delhi in Begleitung von Dr. K. S. Krishnan von der Atomenergiekommission Indiens.[14] Zur selben Zeit intensivierten Nehru und Homi J. Bhabha, Chef der indischen Atomenergiekommission, die diplomatischen Beziehungen zu Moskau, und dort reagierte man im Oktober 1955 prompt mit der Entsendung einer eigenen Ausstellung *Atome für den Frieden* nach Neu-Delhi statt wie geplant nach Prag.[15] Zu einer direkten Rivalität zwischen Atomausstellungen kam es — beinahe in einer Art Kettenreaktion — auch im besetzten Berlin: In Westberlin fand eine erste Atom-Ausstellung von September bis November 1954 statt, in Ostberlin von Februar bis März 1955 und schon im Mai 1955 erneut im Westteil der Stadt.[16] Die US-Behörden gaben sich große Mühe mit der ersten Westberliner Schau und bezogen auch die United States Atomic Energy Commission (AEC) in die Gestaltung ein. Bei dieser Zusammenarbeit entstand unter anderem eine größere Anzahl von Funktionsmodellen.[17] Schauplatz waren diesmal keine Lkw-Anhänger, sondern ein Messegelände, doch die Struktur und das Grundkonzept entsprachen der am 15. Juni 1954 eröffneten *Mostra atomica* als erster Station der Wanderausstellung.

Gestaltung und Organisation der Atom-Wanderausstellungen

Die italienische Architektur- und Designzeitschrift *Domus* widmete der *Mostra atomica* ein spektakuläres Titelbild von der abendlichen Ausstellungseröffnung in Rom.[18] Der

10 National Archives and Records Administration (NARA), Record Group 59 (Dept. of State Central Files), Entry A1-205-KA (Cultural Affairs: E. Europe 1950-54), Box 2467, Document 511.65/7-954 vom 9.7.1954, freigegeben.
11 Nikita S. Chruschtschow: „Rede vor dem Präsidium der Kommunistischen Partei der Sowjetunion, 29. Dezember 1955", in: Pawel A. Satiukow (Hg.): *Missija druschby: prebivanie N. A. Bulganina i N. S. Chruschtschewa v Indij, Birme, Afganistane*, Prawda, Moskau 1956, S. 353, zit. n. David C. Engerman: *The Price of Aid: The Economic Cold War in India*, Harvard University Press, Cambridge, MA 2018, S. 125.
12 Vgl. Jayita Sarkar: *Ploughshares and Swords: India's Nuclear Program in the Global Cold War*, Cornell University Press, Ithaca, NY/London 2022; Engerman, *The Price of Aid*. Zur Haltung Mexikos siehe Gisela Mateos und Edna Suárez-Díaz: „,We are Not a Rich Country to Waste Our Resources on Expensive Toys': Mexico's Version of *Atoms for Peace*", in: *History and Technology*, Jg. 31, Nr. 3, 2015, S. 243–258.
13 United States Information Agency: *5th Review of Operations: July 1–December 31, 1955*, U.S. Government Printing Office, Washington, DC 1956, S. 7.
14 United States Information Agency: *4th Review of Operations: January 1–June 30, 1955*, U.S. Government Printing Office, Washington, DC 1955, S 3.
15 Michaela Šmidrkalová: „Celebrating the Czechoslovak Atom: From ‚Atoms for Peace' to Expo 58", in: *Annals of Science*, Jg. 80, Nr. 1, Januar 2023, S. 38–61.
16 Vgl. Schumacher, „The Symbolic Confrontation", S. 134–138.
17 Ebd., S. 135, Fn. 20.

auf der Titelseite angekündigte Artikel sprach die breite Leserschaft mit weiteren ins Auge springenden Fotos an, während sich der Text mit seinen technischen Details eher an Messebauer richtete. So erfuhr man aus der Beschreibung, dass die Lkw-Anhänger für die Ausstellung in Rom ein tiefergelegtes Fahrgestell hatten, dass der Aufbau mit vier auf doppelte Länge ausfahrbaren Trägern versehen war und dass deren Enden als Prallschutz für die Flanken dienten. In weniger als zwei Minuten ließen sich die Seitenwände der Anhänger mittels dieser elektrisch betriebenen Teleskopträger zu einem Innenraum von 6,5 × 7,8 Metern erweitern. Der Artikel erwähnte auch, dass die Presentations Branch des USIS diese Anhänger eigens für die Ausstellung entworfen hatte.[19]

Federführende Architekten der mobilen Atomausstellungen waren Peter G. Harnden (1913–1971) und Lanfranco Bombelli Tiravanti (1921–2008). Bombellis halb schweizerische, halb italienische Herkunft erwies sich als günstig bei seiner Ausbildung und in den Anfängen seiner Karriere; Harnden, der ebenfalls eine internationale Ausbildung in Europa genossen hatte, unternahm seine ersten Schritte als Architekt in Kalifornien und war ein erklärter Bewunderer von Richard Neutra. Während des Krieges trat er in die US Army als Geheimdienstoffizier ein.[20] Eines der wenigen dokumentierten Projekte Harndens aus den frühen 1940er Jahren ist ein „kleines Haus", das er zusammen mit dem kalifornischen Architekten Mario Corbett (1901–1977) entwarf, als die Vereinigten Staaten nach dem japanischen Angriff auf Pearl Harbor in den Zweiten Weltkrieg eingetreten waren und die Kriegswirtschaft unter anderem eine Knappheit an Baumaterialien mit sich brachte.[21] Außer beim Badezimmer sollte das Haus ganz ohne feste Innenwände auskommen; stattdessen sollten Raumteiler und Wandschirme „Nutzungsbereiche voneinander trennen, ohne das Gefühl für den gesamten Raum zu zerstören".[22] Erreicht werden sollte damit „geringstmöglicher Verbrauch strategischer Materialien bei einem maximalen Ergebnis hinsichtlich Kosteneinsparung, kurzer Bauzeit, Arbeitsersparnis und Wohnlichkeit".[23] Es waren dieselben Kriterien, die sich als besonders wichtig auch für die Wanderausstellungen erwiesen, die Harnden und Bombelli in den Nachkriegsjahren mit einigen Mitarbeitern aus aller Welt für die Presentations Branch in Paris gestalteten, um den Marshallplan, die Organisation für europäische wirtschaftliche Zusammenarbeit (OEEC), die NATO und die OEEC-Nachfolgeorganisation für Wirtschaftliche Zusammenarbeit und Entwicklung (OECD) sowie *Atoms for Peace* zu bewerben. Die Presentations Branch selbst war zur Unterstützung des US Special Representative in Europe gegründet worden und widmete sich vor allem der Umsetzung des Marshallplans. Im April 1953 veröffentlichte die Zeitschrift *Architectural Review* einen längeren Beitrag von Harnden und seinen Mitarbeitern über ihre neuen Gestaltungsansätze und Lösungen für Ausstellungen, die von 1950 bis 1953 durch Österreich, Belgien, Dänemark, Frankreich, Deutschland, Griechenland, die Niederlande, Italien und weitere Länder reisten.[24] Unterdessen realisierte Bombelli auch eine Wanderausstellung für das Schweizer Chemieunternehmen J. R. Geigy und nutzte dafür seine Erfahrungen aus der Arbeit mit Harnden.[25] Bombelli hatte an der ETH Zürich bei Max Bill studiert und fühlte sich von dessen Ästhetik stark beeinflusst — in späteren Rückblicken auf sein Werk bezeichnete sich Bombelli als Bill-Schüler.[26] Bombellis Messestände legen davon ein beredtes Zeugnis ab: Ihr Vorbild war unverkennbar der von Bill gestaltete Schweizer Pavillon auf der 6. Triennale von Mailand (1936) mit seinen schlanken Ständern und seiner Rahmenkons-

18 *Domus*, Nr. 298, Umschlag; s. auch Text von Peter G. Harnden u. a.: „Mostra atomica", in: *Domus*, Nr. 298, September 1954, S. 64 ff.; ausführliche Beschreibung der Atom-Wanderausstellungen in Italien in: Donatella Germanese: „The Ingredients of a Successful Atomic Exhibition in Cold War Italy", in: *Annals of Science*, Jg. 80, Nr. 1, Januar 2023, S. 10-37.
19 *Domus*, Nr. 298, S. 64.
20 Anonym: „Harnden and Bombelli, Architects", in: *Arts & Architecture*, Jg. 83, Nr. 6, 1966, S. 8-16, hier S. 8; Julio Garnica: „Best as a Team: Peter Harnden's *Big Band Architecture*", in: *Revista de Arquitectura*, Jg. 23, 2021, S. 238-245.
21 Anonym: „Priorities and a Small House Designed by Peter Graham Harnden and Mario Corbett", in: *California Arts & Architecture*, Jg. 59, Nr. 4, 1942, S. 20 f.
22 Ebd., S. 20.
23 Ebd.; 1945 beteiligte sich Corbett an der Ausstellung *Tomorrow's Small House* im Museum of Modern Art, New York. Siehe Elizabeth B. Mock (Hg.): Tomorrow's Small House, Ausst.-Kat. Museum of Modern Art, New York 1945 [2017].
24 Presentations Branch, US Special Representative in Europe: „Four Mobile Exhibitions", in: *The Architectural Review*, Jg. 113, Nr. 676, 1953, S. 216-225.
25 Bombelli verantwortete die Architektur von Geigys Wanderausstellung des Jahres 1953; Konzept und Fotos lieferte Gérard Ifert, die Grafik besorgte Karl Gerstner. Siehe Yvonne Zimmermann: „Zielgruppenorientierte Unternehmenskommunikation: Die Filmpraxis von Geigy", in: Museum für Gestaltung Zürich (Hg.): *Corporate Diversity. Schweizer Grafik und Werbung für Geigy 1940-1970*, Lars Müller Publishers, Baden 2009, S. 48-57; James H. Carmel: *Exhibition Techniques: Traveling and Temporary*, Reinhold Publishing, New York 1962, S. 158 ff.; Héctor García-Diego Villarías und Rubén A. Alcolea Rodríguez: „Exposiciones ambulantes: Campañas propagandísticas estadounidenses en Europa (1949-1959)/Exhibitions on Wheels: USA Propaganda Campaigns in Europe (1949-1959)", in: *Constelaciones*, Nr. 7, 2019, S. 155-169.
26 Giorgio Maffei: *M.A.C. Movimento arte concreta: Opera editoriale*, Bonnard, Mailand 2004, S. 71 ff., wo Bombelli auch über die Ausstellung *Arte astratta e concreta* (Mailand 1947) berichtet, die er mit Max Huber und mit Unterstützung von Max Bill realisierte.

truktion mit quadratischen Ausfachungen.[27] 1948 hatte Bill selbst eine Wanderausstellung für *Die Gute Form* entworfen und damit die aktuelle Produktgestaltung des Schweizer Werkbundes in Deutschland und Österreich bekannt gemacht.[28] Mit Eugenio Gentili und Max Huber gestaltete Bombelli auf der 8. Triennale von Mailand (1947) eine internationale Ausstellung zur Architekturfotografie, die für ihre Strukturierung des Raumes mit einer Goldmedaille ausgezeichnet wurde: hohe schlanke Ständer, die eine horizontale Rahmenkonstruktion trugen.[29]

    Dank ihrer vorangegangenen Arbeiten waren Harnden und Bombelli in der Lage, die Ansprüche der USIA über Jahre geschickt zu erfüllen. Ihre *Atoms for Peace*-Schau ließ sich auf jedes Land zuschneiden, indem man einfach die meisten Objekte und Fotos beibehielt und nur die Übersetzungen der Texte in die Rahmen der Bildtafeln einspannte; außerdem bezog man lokale Berühmtheiten mit einem fotografischen Porträt und einem Zitat über die Segnungen der Atomenergie mit ein. Diese Aufklärungs-Propaganda (sie war tatsächlich sowohl das eine wie auch das andere) erreichte ihr Ziel: Millionen von Europäern sahen die Ausstellungen und ließen sich überwiegend von den Wohltaten der Atomenergie überzeugen. Es brauchte in den Jahrzehnten danach drei schwere Reaktorunfälle — Three Mile Island (USA, 1979), Tschernobyl (Sowjetunion, 1986) und Fukushima (Japan, 2011) — sowie anhaltende Auseinandersetzungen über die Behandlung und Lagerung von radioaktivem Abfall, um die in den 1950er Jahren geschürten Hoffnungen zu dämpfen.[30]

27 Kenneth Frampton beschreibt den Schweizer Pavillon ausführlich in seinem Werkporträt von Max Bill: „Max Bill", in: Kenneth Frampton: *The Other Modern Movement: Architecture, 1920–1970*, Yale University Press, New Haven, CT/London 2021, S. 268–287.

28 Siehe Jochen Eisenbrand: *George Nelson – Ein Designer im Kalten Krieg. Ausstellungen für die United States Information Agency 1957–1972*, Park Books, Zürich 2014, S. 236 f.

29 *Arts & Architecture*, Jg. 83, Nr. 6, 1966, S. 18; siehe auch http://www.lombardiabeniculturali.it/fotografie/soggetti/679/, aufgerufen am 27. Juni 2023; *Ottava Triennale di Milano*, Ausst.-Kat. Triennale di Milano, Mailand 1947. Zum späteren gespannten Verhältnis zwischen den Designern der Atom-Ausstellungen und der amerikanischen Avantgarde in den späten 1950er und frühen 1960er Jahren am Beispiel der Auseinandersetzung zwischen Robert Smithson und Will Burtin, siehe Flora Lysen: „Blinking Brains, Corporate Spectacle, and the Atom Man: Visual Aspects of Science at the Stedelijk Museum Amsterdam (1962)", in: *Stedelijk Studies*, Nr. 2, 2015, https://stedelijkstudies.com/journal/blinking-brains-corporate-spectacle-and-the-atom-man/, aufgerufen am 27. Juni 2023.

30 Hein-Anton van der Heijden: „The Great Fear: European Environmentalism in the Atomic Age", in: Marco Armiero und Lise Fernanda Sedrez (Hg.): *A History of Environmentalism: Local Struggles, Global Histories*, Bloomsbury Academic, New York 2014, S. 185–211. Eine soziologische Vergleichsstudie der USA, Italiens und der Schweiz bietet Marco Giugni: *Social Protest and Policy Change: Ecology, Antinuclear, and Peace Movements in Comparative Perspective*, Rowman and Littlefield, Lanham, MD, u. a. 2004.

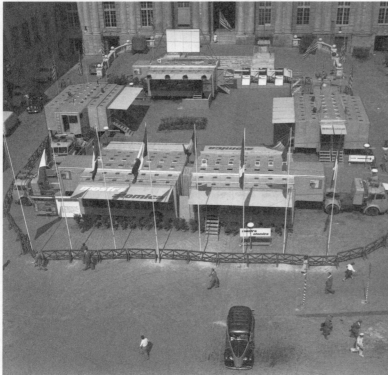

180   Vor dem Aufbau der *Atomica*-Ausstellung in Rom fuhren die Lastwagen als rollende Werbemaßnahme durch die Stadt.
181   Ansprache der US-amerikanischen Botschafterin in Italien Clare Boothe Luce anlässlich der Eröffnung der *Atomica*-Ausstellung am 15. Juni 1954 in Rom
182   Aufbau der *Atomica*-Ausstellung auf der Piazza Matteotti vor dem Palazzo Ducale in Genua, 1954
183   Ein Van-de-Graaff-Generator in der *Atomica*-Ausstellung demonstrierte die Umwandlung von mechanischer in elektrische Energie.

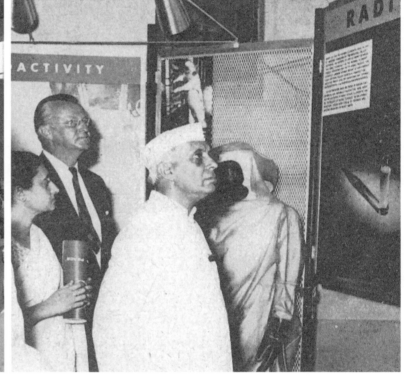

184 Innenansicht eines Lastwagens mit der *Atomica*-Ausstellung
185 Die sowjetische Ausstellung Atome für den Frieden in Bratislava, 1956
186 Der indische Premierminister Nehru und seine Tochter Indira Gandhi beim Besuch der Ausstellung Atoms for Peace 1955 in Neu-Delhi, 1955.

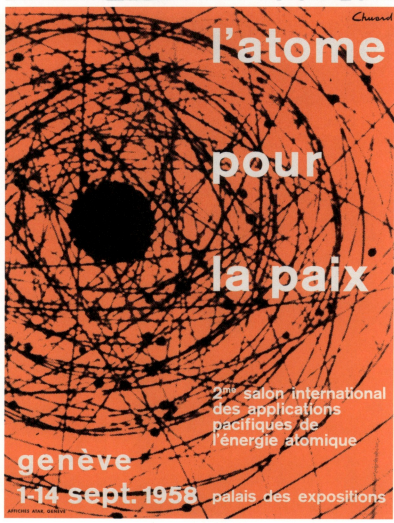

187 Erik Nitsche, Plakat *Atoms for Peace* für General Dynamics, 1955
188 Clauss Peter Gross, Plakat für die *Atom*-Ausstellung des U.S. Informationsdienstes, Köln 1955
189 Ausstellungsplakat *Atom für den Frieden*, Landesgewerbeamt Stuttgart, 1955
190 Chuard, Plakat für die Zweite Internationale Konferenz zur friedlichen Nutzung der Atomenergie, Genf 1958

Nikolay Silaev, Plakat *Atom v mirnych celjach!* [Atom für friedliche Nutzung], 1960

LANDSCHAFTEN DES ÖLS

CAROLA HEIN

Industriell gefördertes Erdöl und raffinierte Erdölprodukte haben Alltag und Landschaften auf der ganzen Welt auf eine Weise umgestaltet, die sich unserer Wahrnehmung weitgehend entzieht. Dass Erdöl Bestandteil so vieler Gegenstände, Rohstoffe und Prozesse ist, die uns unmittelbar umgeben, macht es schwer, seine prägende Kraft zu erkennen: Erdöl steckt in den Fasern unserer Kleidung, im Spielzeug unserer Kinder, im Asphalt, auf dem wir fahren, und sogar in unserem Essen. Oft beeinflusst Erdöl unseren Lebensalltag indirekt, etwa wenn seine Verfügbarkeit darüber entscheidet, wo wir wohnen oder womit wir unsere Freizeit verbringen. Wir nehmen sein Vorhandensein und das, was es ermöglicht, für selbstverständlich und haben auch erst vor kurzem begonnen, seine Auswirkungen in Form von Kohlendioxidemissionen, Plastikvermüllung und Kunstdüngereintrag zu registrieren. Dabei sind Erdöl und seine Derivate seit anderthalb Jahrhunderten im Einsatz. Sie treiben Fabriken an, lassen ganze Städte entstehen, prägen Landschaften und Lebensweisen und sind Existenzgrundlage etlicher Nationalstaaten.

Die verschiedenen Räume und Infrastrukturen des Erdöls — Ölfelder, Raffinerien, Firmensitze, Tankstellen, aber auch Wohnhäuser, historische Baudenkmäler und selbst philanthropische Einrichtungen — sind ungleich über die Welt verteilt. Sie erleichtern manchen das Leben und belasten andere hingegen schwer. In ihrer Gesamtheit bilden sie eine geschlossene Landschaft — eine globale, sozial ebenso wie physisch Schicht um Schicht aufgetragene *palimpsestische Erdöllandschaft*,[1] die sich mit der Zeit durch das menschliche Handeln immer weiter verfestigt, die Stadt und Land, Kultur und Natur, materielle und immaterielle Praktiken verflicht. Jeder einzelne dieser Räume weist eine ihm eigene Typologie auf, die sich hinsichtlich Nutzung, Stil, Lage und architektonischer Form von den anderen abhebt. Sie alle gelangen auf unterschiedliche Weise auch zu ihrer eigenen, mehr oder weniger wiedererkennbaren und eindrücklichen Darstellung für die allgemeine Öffentlichkeit durch Publikationen und Werbekampagnen von Ölkonzernen, in der Sprache und Bildwelt des Alltags sowie in weiteren visuellen oder architektonischen Erscheinungsformen. Die physischen Schichten des Erdöls und dessen Darstellung entscheiden auch maßgeblich darüber, wie die Öffentlichkeit seinen Einfluss auf die gebaute Umgebung wahrnimmt.

Der Begriff der Erdöllandschaft bezieht Architektur und gebaute Umgebung in ein ohnehin schon vielstimmiges Gespräch mit ein. Um eine Vorstellung davon zu gewinnen, wie das Öl verschiedene Stadträume und Architekturen geformt hat, können wir uns zunächst mit dem vom amerikanischen Stadttheoretiker Neil Brenner und dem Schweizer Soziologen Christian Schmid entwickelten Konzept der planetaren Urbanisierung[2] behelfen und die Frage stellen, inwieweit letztere von Erdölinteressen vorangetrieben worden ist.[3] Dieses Herangehen an die globale Erdöllandschaft stimmt auch überein mit Henri Lefebvres Sicht auf den Raum als etwas, das gesellschaftlich erzeugt, dann aber von den Mächtigen angeeignet und zu einem Werkzeug umfunktioniert wird.[4] In der Einleitung zu seinem Buch *Die Produktion des Raums* schreibt Lefebvre, dass Raum „außer einem Produktionsmittel auch ein Mittel der Kontrolle, also der Beherrschung und der Macht" ist.[5] Im Fall des Erdöls tritt diese Dynamik besonders klar darin zutage, wie sich der Umgang mit Raum (der Lebensalltag der Bewohner in ihm) und die Darstellungen des Raums (das Herangehen der Fachleute an die gebaute Umwelt) mit Raumvorstellungen (inneren Bildern und Assoziationen seiner Nutzer) überschneiden.

→ ABB. 191

Wie die Infografik zeigt, entstand die Erdöllandschaft zunächst aus dem Zusammenwirken verschiedener Akteure, bis sie schließlich selbst zur Akteurin wurde. Ist einmal eine Erdöllandschaft entstanden, so zieht sie häufig ergänzende Funktionen — eine Erdöllandschaft zweiter Ordnung — nach sich, und dadurch verfestigt sich wiederum die Präsenz der anfänglichen Ölinfrastrukturen. Die einzelnen Raumschichten weisen funktionale und typologische Ähnlichkeiten (Stil, Standort, architektonische Form) mit ihresgleichen überall in der Welt auf. In Summe ergeben diese Schichten der Erdöllandschaft — ihre

[1] Siehe vorangegangene Arbeiten der Autorin: Carola Hein: „Between Oil and Water: The Logistical Petroleumscape", in: Neeraj Bhatia und Mary Casper (Hg.): *The Petropolis of Tomorrow*, Actar/Archicture at Rice, New York 2013, S. 436–447; „Global Landscapes of Oil", in: *New Geographies*, Jg. 2, Sondernummer Landscapes of Energy (2009), S. 33–42; „Oil Spaces: The Global Petroleumscape in the Rotterdam/The Hague Area", in: *Journal of Urban History*, Jg. 44, Nr. 5, September 2018, S. 887–929, https://doi.org/10.1177/0096144217752460; und „‚Old Refineries Rarely Die': Port City Refineries as Key Nodes in the Global Petroleumscape", in: *Canadian Journal of History*, Jg. 55, Nr. 3, 2018, S. 450–479, https://utpjournals.press/doi/abs/10.3138/cjh.ach.53.3.05.
[2] Neil Brenner und Christian Schmid: „Towards a New Epistemology of the Urban?", in: *City*, Jg. 19, Nr. 2-3, 2015, S. 151–182; Matthew Gandy: „Planetary Urbanization", in: Matthew Gandy (Hg.): *Urban Constellations*, Jovis, Berlin 2011, S. 10–13.
[3] Nancy Couling und Carola Hein (Hg.): *The Urbanisation of the Sea: From Concepts and Analysis to Design*, nai010/BK Books, Rotterdam 2020.
[4] Henri Lefebvre, *La production de l'éspace*, Éditions anthropos, Paris 1974, S. 35.

Industrien, Verwaltungen, Vertriebe, Verkehrswege — eine in sich geschlossene globale Landschaft. Die räumliche Gegenwart von Strukturen des Erdöls und die enge Verzahnung einschlägiger Akteure lassen Pfadabhängigkeiten entstehen, die eine Verstetigung der Erdöllandschaft bewirken.[6] Im Laufe der Zeit und in Abhängigkeit von jeweiligen zeitlichen, räumlichen und umfassenderen politischen, wirtschaftlichen, gesellschaftlichen und kulturellen Kontexten haben die verschiedenen Akteure des Erdöls mit Unterstützung der Öffentlichkeit eine Energiekultur geschaffen, die in Raum und Vorstellung wiederum eine Vielzahl von Rückkopplungsschleifen etabliert. Diese stabilisieren das System weiter und machen aus dem Öl einen positiv besetzten, wenn nicht gar einen Spaßfaktor des Alltags. Sie hindern Unternehmen, Organisationen und Staaten wirkungsvoll daran, den Übergang von der Ölabhängigkeit zu anderen Energieregimes zu bewerkstelligen.

Die räumlichen Tatsachen des Erdöls haben das Antlitz der Menschheitsgeschichte grundlegend verändert und als solche maßgeblich dafür gesorgt, dass die Nutzung des Öls so viele Lebensbereiche durchdrungen hat; einmal geschaffen, können physische Infrastrukturen und Räume mitunter weit im Voraus künftige Entwicklungen bestimmen. Die Umwälzungen durch das Öl zu erkennen und zu verstehen, wie es den Bau und die Nutzung von Gebäuden, Städten und Landschaften — von den tiefen Erdschichten bis hinauf in die Atmosphäre — geprägt hat, ist umso wichtiger, als wir heute vor der Notwendigkeit stehen, den Übergang zu neuen Energielandschaften zu bewältigen, Chancen und Schwierigkeiten einer Zukunft nach dem Öl in den Blick zu bekommen, Gestaltungsaufgaben anders anzugehen und einen neuen Umgang mit dem historischen Erbe zu finden. Das Bewusstsein für die Folgen der Abhängigkeit vom Öl kann dazu beitragen, dass wir uns in den verschiedenen Gesellschaften der Welt besinnen, wie wir künftig mit dem Öl verfahren wollen.

Das Konzept der Erdöllandschaft begreift Erdöl zunächst als Rohstoff mit tiefgreifenden Folgen für den physischen Raum in architektonischer wie städtebaulicher und landschaftsgestalterischer Hinsicht, nicht als eine Art die Wirtschaft antreibenden Zaubertrank ohne jeglichen Fußabdruck. Erdöl ist ein Naturprodukt, das aus dem Boden sprudelt. Menschen nutzten es bereits vor langer Zeit für bestimmte Zwecke und in einer Weise, die seinen heutigen Gebrauch schon ankündigte. Brandwaffen wie das „Griechische Feuer" nahmen beispielsweise unseren heutigen Einsatz von Öl im Krieg vorweg. Das Bitumen, einst im Zweistromland zum Abdichten von Becken und Zisternen sowie im Ägypten der hellenistischen Zeit zum Mumifizieren von Leichen verwendet, findet heute Verwendung als Asphaltdecke auf den Straßen und Bürgersteigen, als Dachpappe und für andere Abdichtungen. Auch der heutige pharmazeutische und kosmetische Einsatz von Erdöl hat seine Vorläufer in der medizinischen Anwendung von Erdöl: Seit etwa 150 Jahren schmieren Menschen Vaseline-Petrolat auf trockene Haut und kleinere Wunden. Schon früh hat also die Materialität des Erdöls den physischen Raum und die Lebensweise von Menschen überall in der Welt geprägt.

Die Erdölindustrie hat zahlreiche mächtige internationale Akteure hervorgebracht. Sie sind miteinander verflochten und kontrollieren den Ölreichtum rund um die Welt. Einige kapitalträchtige Konzerne und politisch mächtige Staaten waren in der Lage, den Sektor zu konsolidieren, weil sie in technische Innovation und Forschung investierten und auch Rückschläge, Katastrophen, Kriege und große Preisstürze durchstanden, indem sie die Einnahmen und Investitionen über ihre gesamten globalen Lieferketten verteilten. Die Ölindustrie umfasst zahlreiche Wirtschaftsbereiche, die man in Upstream-, Midstream- und Downstream-Aktivitäten einteilt. Vorgelagerte Bereiche (Upstream) sind Erdölsuche, -bohrung und -förderung. Die Standorte befinden sich oft in abgelegenen oder schwer zugänglichen Gebieten. Der mittelgelagerte Bereich (Midstream) beinhaltet die Straßen-, Bahn- und Leitungsinfrastrukturen, die Erdöl und seine Derivate von und zu den Raffinerien transportieren, und zwar nicht selten in globalem Maßstab. Der nachgelagerte Bereich (Downstream) umfasst neben dem Raffinerieprozess auch die Vermarktung und einige der mittelgelagerten Tätigkeiten, von denen jede einzelne unerlässlich für den Vertrieb der Ölprodukte an die Konsumenten ist. Jeder Bereich weist hinsichtlich der Art der Betriebsstätten, ihrer Bauweisen und Funktionen weltweit ähnliche Funktionen und Typologien auf.

Obwohl das Erdöl immer wieder Auslöser von Konflikten war und ist und seine zahlreichen Akteure häufig gegensätzliche Interessen verfolgen, ist seine Geschichte

5 Ebd.
6 Begriff und Ansatz der Pfadabhängigkeit dienen in der Politikwissenschaft dazu, das Fortwirken historischer Entscheidungen aufgrund von Widerstand gegenüber Veränderungen oder eingeschränkten Möglichkeiten bei vorangegangenen Entscheidungen oder Ereignissen auf spätere zu beschreiben.

als Kraft räumlicher Transformation zumindest dem Anschein nach eine Geschichte ungehinderter, stetiger Steigerung und Expansion. Diese Kraft hat sich unseren Konsumgewohnheiten, Sitten und Gebräuchen und eben auch Lebensräumen seit den Anfängen der industriellen Ölförderung vor 150 Jahren eingeschrieben. Als Grundstoff für so wichtige Raffinerieprodukte wie Bitumen, Paraffin, Feinöl und Schmierstoffe für Maschinen, Lösungsmittel, Kunststoffe, Duftstoffe und chemische Derivate wie die Kohlenwasserstoffe Ehylen, Polyethlyen oder Propylen begründete das Erdöl Weltmonopole in den Händen von Konzernen wie Standard Oil (Exxon/Mobil), BP, Royal Dutch Shell und AGIP. Die Ölströme haben direkt und indirekt die Landschaften, Städte und Bauten überall auf der Welt auf mehr oder weniger greifbare Weise mitgeformt. Vier Zeitabschnitte in der Einwirkung der Ölindustrie auf den Raum lassen sich unterscheiden: das Beleuchtungszeitalter (1860er bis 1910er Jahre), das Automobilzeitalter (1910er bis 1950er Jahre), das Plastikzeitalter (1950er bis 1980er Jahre) und schließlich die Phase seit den 1980ern mit den ersten Versuchen, sich aus der Abhängigkeit vom Öl zu lösen.

  Die Geschichte der Ölmoderne beginnt im 19. Jahrhundert mit Öl für Lampen. Privatunternehmer betrieben in den Anfangsphasen große Teile dieses Geschäfts zunächst noch auf ihrem eigenen Land. Als Großkonzerne entstanden und diese vor-, mittel- und nachgelagerten Prozesse unter ihre Kontrolle gerieten, nährte dies den Bedarf an größeren Vorkommen und Fördergebieten sowie am Bau umfangreicher, miteinander verbundener Infrastruktur- und Transportsysteme. Es dauerte eine Weile, bis die Branche herausfand, wie sie die Logistik für Produktion und Transport organisieren musste, wie sie sich das Land aneignete und mit Sicherheits- und Umweltschutzanforderungen fertigwurde. Vor allem Raffinerien sind meist äußerst langfristig an Standorte gebunden und haben sich deshalb als Hauptknotenpunkte in der Öllandschaft erwiesen. Sie wirken auch auf das weitere Umland durch den Ausbau von relevanter Infrastruktur und dadurch, dass sie andere Industriebranchen anlocken. Längerfristig beeinflussen sie dadurch auch die Narrative der Landnutzung unter den ansässigen Menschen. Obwohl es möglich ist, kleinere Raffinerien wieder abzubauen, und obwohl etwa im Ersten Weltkrieg einige sogar verlegt wurden, verschwinden Raffinerien kaum wieder, wenn sie einmal stehen. Ohne starke Anreize ist es für die Unternehmen viel lohnender, an alten Standorten festzuhalten und dort bestehende Infrastrukturen und Wirtschaftsnetze weiterzunutzen, anstatt ausgediente Anlagen rückzubauen. Da Raffinerien eng an konkrete physische Umstände und die Infrastruktur vor Ort gebunden und nur mit großem Aufwand zu verlegen sind, verwachsen sie mehr oder weniger mit ihrem Standort. Wie es die internationale Unternehmensberatung Ernst & Young formuliert: „Alte Raffinerien sterben selten."[7]

  In den 1910er Jahren löste die Erfindung benzinbetriebener Automobile und die rasche Erhöhung ihrer industriellen Produktion einen entsprechend gesteigerten Bedarf an Erdöl als dem Grundstoff für Schmier- und Treibstoffe aus. Konsumenten und Unternehmen drängten auf den Ausbau der Ölförderung. Als die europäischen Länder und die Vereinigten Staaten ihre Armeen auf benzinbetriebene Fahrzeuge umrüsteten, entwickelten auch sie ein gesteigertes Interesse am gesicherten Zugang zu Öl. Ölfirmen suchten nach neuen Lagerstätten und bauten dann häufig Raffinerien in der Nähe der Förderstätten, wodurch Ölinfrastrukturen und Raffinerien mit der Industrialisierung benachbarter Regionen und Städte Hand in Hand gingen. Waren vor Ort keine Infrastrukturen verfügbar und staatliche Behörden nicht willens, den Aufbau der nötigen Anlagen zu unterstützen, war es an den Weltkonzernen, in großem Maßstab Straßen, Eisenbahnen und Ölleitungen zu errichten, ebenso wie Wohnviertel, Kinos, Theater, Bibliotheken und Orte der Andacht für die Arbeitskräfte in ihren Raffinerien.

  Waren Betriebsstätten und -abläufe der Industrie rund um das Erdöl erst einmal geschaffen, so brachten sie eine Rückkopplungsschleife in Gang, die die Vorherrschaft dieser Industrie immer weiter zementierte — angetrieben auch durch die Bürger, für die das Öl inzwischen ein Rohstoff des täglichen Bedarfs war. Wir kennen heute Beispiele dafür, wie die Präsenz des Erdöls auf städtebauliche Maßnahmen und über diese auf die Vorstellungswelten und das Verhalten der Bürger zurückgewirkt hat. So war das *Futurama* mit dem Diorama einer *City of the Future* auf der New Yorker Weltausstellung von 1939 Ergebnis einer Zusammenarbeit zwischen General Motors, dem Gestalter Norman Bel Geddes und Shell Oil. Shell bediente sich anschließend für Werbezwecke der Bildwelt einer imaginären modernen Stadt voller Autobahnen und

[7] Siehe Ernst & Young: *The Oil Downstream: Vertically Challenged?* (2012), https://www.yumpu.com/en/document/view/28677732/the-oil-downstream-vertically-challenged-ernst-young, aufgerufen am 7. August 2023.

THE GLOBAL PE

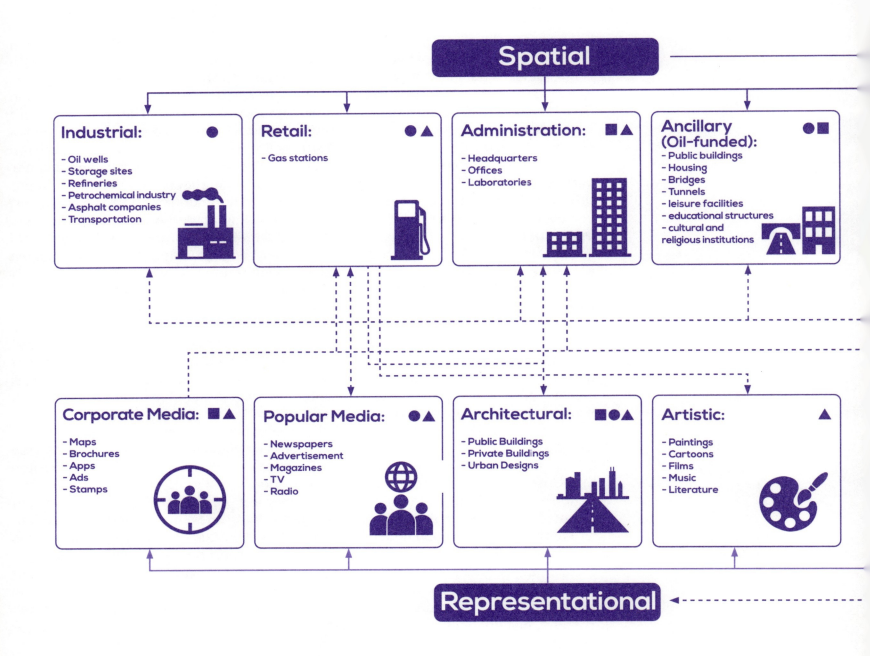

PETROLEUMSCAPE

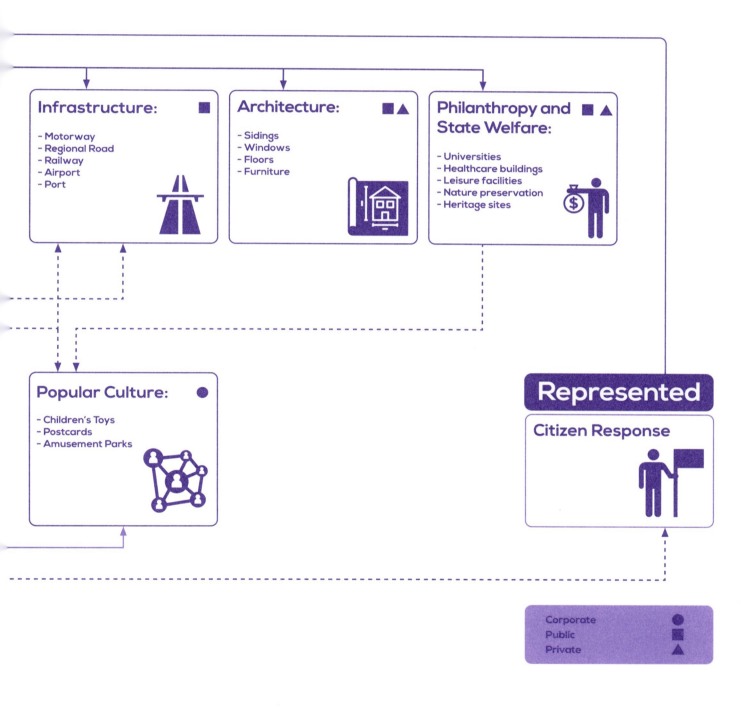

Wolkenkratzer. Das Exponat nährte bei Städtebauern und Bürgern Fantasien vom Leben in ihrer Stadt in der zweiten Hälfte des 20. Jahrhunderts. Gleichzeitig betrieb die Ölindustrie gemeinsam mit anderen privatwirtschaftlichen und öffentlichen Akteuren Lobbyarbeit für ölfreundliche Maßnahmen wie einen staatlich subventionierten Autobahnbau und gegen diejenigen, die stattdessen bessere öffentliche Verkehrsmittel forderten. Im Verein mit dem kräftig beworbenen Wohnideal des Einfamilienhauses und etwa staatlich gestützten Hypotheken für die meisten amerikanischen Veteranen des Zweiten Weltkriegs in den Nachkriegsjahren war ein Rezept gefunden, mit der Nutzung von Autos zugleich das Wuchern der Vorstadtsiedlungen voranzutreiben.

Durch die wachsende Bedeutung von ölbetriebenen Transportmitteln und privaten Heizungsanlagen in der Nachkriegszeit wurde das Erdöl zu einem der wichtigsten Sektoren in den Volkswirtschaften Europas und der USA. Das Öl erschien als unerschöpfliche Energiequelle, die nicht nur vorhandenen Bedarf stillen, sondern auch das Wachstum des eigenen Sektors immer weiter vorantreiben konnte. Eine neue Welle von Raffineriebauten folgte auf verschiedene geopolitische Veränderungen der Nachkriegszeit: Entkolonialisierung, umfangreiche Enteignungen und Verstaatlichungen von Raffinerien in vielen Teilen der Welt; die weitere Ausbreitung von Automobilen und energieaufwändigen (vorstädtischen) Lebensweisen im globalen Maßstab. Standortentscheidungen für Raffinerien richteten sich nun nach nationalen Interessen und Prioritäten, beispielsweise nach der vorrangigen Bedeutung von Öl aus dem Nahen Osten für die US-amerikanische Verteidigungs- und Außenpolitik während des Kalten Krieges. Die Sueskrise im Jahr 1956 verdeutlichte erneut den großen geopolitischen Stellenwert des Erdöls. Schließlich wurde Öl auch als Druckmittel in politischen Auseinandersetzungen zwischen Staaten eingesetzt und das Öl-Embargo der Organisation Erdöl exportierender Staaten (OPEC) im Jahr 1973 sichtbarster Ausdruck dieser Entwicklung. Was von da an in Öl verbrauchenden Ländern eine Ölkrise genannt wurde, erlebten die arabischen Staaten in der Regel als Öl-Boom.

Im Lauf der Zeit kamen zu den ursprünglich privaten Ölfirmen und Raffinerien etliche international tätige staatliche Firmen, die dann ebenfalls zu den Triebkräften des weltweiten Ölgeschäfts wurden. Einige dieser Großkonzerne, darunter ExxonMobil, Shell und BP, wurden so groß, dass ihr Einfluss auf wirtschaftspolitische Entscheidungen und geopolitische Strategien von Nationalstaaten größer war als die Macht der jeweiligen Regierungen. Wo diese Weltkonzerne ihre Raffinerien bauten, hatte Folgen für die Entwicklung von Städten und ganzen Regionen, wenngleich die Firmen formell nicht über die Raumplanung der Städte und Gegenden rund um ihre Vorkommen und Anlagen bestimmen konnten. Je mehr die Staaten die Bedeutung des Erdöls und der Verfügung über diesen Rohstoff erkannten, umso stärker griffen manche in die Entscheidungsprozesse ein und machten dies sogar zu einem Kernbestandteil ihrer Raumplanungsstrategien. In der Folge wurden einige Länder — darunter China, Russland, Norwegen und die Golfstaaten — mit Erdöl reich. Sie zogen die Planung an sich und investierten vorausschauend in die Zukunft des eigenen Landes, indem sie ganze Volkswirtschaften transformierten, Städte rekonstruierten und ihre Zukunft neu erfanden.

Je nach politischem System des Landes — kapitalistisch, sozialistisch, kommunistisch — und dem Stellenwert des Ölunternehmens gegenüber dem Staat, aber auch abhängig von umwelt- und sozialpolitischen wie auch kulturellen Präferenzen eines Landes variierte die Konzentration von Funktionen rund um das Öl zu verschiedenen Zeiten und von Ort zu Ort. Ölfirmen spielten im Zuge der Erschließung von Vorkommen und ihrer damit wachsenden Einnahmen oft eine wichtige Rolle bei der Entstehung von Wohngebieten, dem Bau neuer Städte und in der Werbung für Konsumgüter und moderne Lebensstile. Das Wachstum der Ölindustrie lenkte also Bevölkerungsströme um und verstärkte sie ebenso wie den Warenverkehr und die Zirkulation technischer und wissenschaftlicher Kenntnisse. Es spielte damit auch eine bestimmende Rolle bei der Schaffung neuer Stadträume und Gesellschaftsformen, und das nicht nur in den Ölstädten selbst, sondern weit darüber hinaus.

Solange der Bedarf an Öl anhält, werden Unternehmen und Staaten das Geschäft mit dem Erdöl weiter in der bisherigen, sehr gewinnträchtigen Weise betreiben, unter anderem durch die Erschließung neuer Vorkommen wie in der Bakken-Formation im Norden der Vereinigten Staaten oder vor der Küste Brasiliens, aber auch durch den Bau neuer Raffinerien. Staaten, die in das Ölgeschäft investiert haben, schufen dadurch mit der Zeit eine ganze Öllandschaft, die zu ihrer Finanzierung auf noch mehr Öl angewiesen und zugleich auf weitere Förderung und noch mehr Ölverbrauch ausgelegt ist. Die heute vorhandene Öllandschaft steht daher weitgehend im Widerspruch zu öffentlichen und auch von Konzernen erhobenen Forderungen, auf nachhaltige Entwicklung und Kreislaufwirtschaft umzustellen — letztere ein neuer Ansatz, der sich als Alternative zur traditionellen linearen Wirtschaft der Ausbeutung von Rohstoffen und Anhäufung von Müll am Ende der Produktzyklen versteht. Einstweilen ist ein Ende des Erdöls jedoch nicht in Sicht, weshalb Firmen, Raumplaner, Politiker und Bürger die Raumstrategien für neue Energielandschaften sich anderswo, nämlich auf der sogenannten grünen Wiese, ausdenken und sie dort auch realisieren müssen.

Ein wesentlicher Aspekt des Loskommens vom Öl besteht in der Aufklärung über seine eigentliche Geschichte. Es geht darum, ein Bewusstsein dafür zu schaffen, in welchem Maß das Öl unseren Alltag prägt, welche Kosten und Auswirkungen seine allgegenwärtige Verfügbarkeit mit sich bringt, auch welche Macht die fortwährende Propaganda der Ölfirmen entfaltet. Wir müssen die Abkehr vom Öl und den Raum nach dem Öl genauso bestechend und anziehend gestalten wie zuvor die Räume des Öls. Anstelle des Erdöls und seiner Narrative müssen wir die Kreise zwischen Produktion und Konsumtion schließen und so in die Kreislaufwirtschaft einsteigen, den Verbrauch fossiler Brennstoffe senken, den erdölbasierten Plastikmüll reduzieren, uns von energieintensiven Lebensweisen abwenden, für sauberes Wasser sorgen und damit auch den Zielen der Vereinten Nationen für die nachhaltige Entwicklung und den Kampf gegen den Hunger gerecht werden.

Die zunehmende Verbrennung fossiler Rohstoffe und die Freisetzung von CO_2 spielen eine entscheidende Rolle in der gegenwärtigen Aufheizung und Verschmutzung der Erde. Wo Öl ausläuft, schädigt es die Natur, ob bei Schiffshavarien, Schäden an Unterwasserleitungen oder im Betriebsalltag auf dem Land. Die steigenden Kosten des Erdöls — globale Erwärmung, Abhängigkeit der führenden Industrieländer von ausländischem Öl, drohendes Schwinden der Vorkommen — haben immerhin zum Nachdenken über die Energiesicherheit geführt, und das wiederum kann uns nun dahin bringen, einmal mehr unsere Landschaften und unsere gebaute Umwelt zu transformieren. Um diese Neugestaltung in Angriff zu nehmen, müssen wir aber zuerst wissen, wo wir heute stehen und wie wir an diesen Punkt gelangt sind. Wir müssen erkennen, wie sich das Erdöl in unseren Umgang mit dem Raum und unsere Sicht auf ihn eingeschrieben hat, und das sowohl global als auch lokal, in der Wiederholung wie auch in der jeweiligen Ausprägung, langfristig und kurzfristig und in stets wechselseitigen Verbindungen und Abhängigkeiten.

Eine eingehende Analyse der Erdöllandschaft in Raum und Vorstellung kann uns helfen, eine neue Sicht auf die Bedeutung von Energieräumen zu gewinnen, und so das Erarbeiten neuer systemischer Herangehensweisen begünstigen. Wir müssen Pfadabhängigkeiten, die sich aus der langen, kontinuierlich wachsenden Dominanz des Erdöls ergeben haben, besser verstehen, und wir müssen die Kräfte, die uns von der Festlegung auf ein nachhaltiges Energieregime in räumlichen und praktischen Hinsichten abhalten, einzuschätzen lernen. Wir brauchen strukturelle Veränderungen statt sporadischer Eingriffe. Das zu erkennen ist wichtig — nicht nur für die Gestaltung einer grünen Energielandschaft, sondern auch als Grundlage für Entscheidungen über den Umgang mit unserem historischen Erbe. Da viele historische Stätten, die im Zusammenhang mit der Ölindustrie stehen, nun zu einem Teil unseres Bau- und Kulturerbes werden, müssen wir uns auch gut überlegen, was mit diesen Stätten geschehen soll. Um diesen Aufgaben gerecht zu werden, müssen die mit Energie befassten Geistes- und Sozialwissenschaften ein neues Vokabular für ein konzeptionelles Verständnis von den Raumsystemen des Erdöls, von seinen greifbaren und ungreifbaren Räumen, von seiner Materialität und seinen Ökologien entwickeln. So können wir den Übergang zu Kreislaufwirtschaft und Nachhaltigkeit so gestalten, dass er gesellschaftlich gerecht vonstatten geht, und neue Narrative über ökologisch saubere Rohstoffe und neue schöpferische Lebensweisen fördern.

Tanja Engelberts, *500 meters afar, Day-Time*, 2016, publiziert in ihrem Buch *Forgotten Seas*, 2023

Edward Burtynsky, *Socar Oil Fields #9, Baku, Azerbaijan*, 2006, aus der Serie *Oil*

Mitch Epstein, *Signal Hill, Long Beach, California*, 2007, aus der Serie *American Power*

Ed Kashi, *Erdöl Pipelines, Okrika Town, Nigeria, 2006*, aus seinem Buch *Curse of the Black Gold*, 2008

Edward Burtynsky, *Breezewood, Pennsylvania, USA*, 2008, aus der Serie *Oil*

Mitch Epstein, *Omaha, Nebraska*, 2008, aus der Serie *American Power*

ANHANG

181　BILDNACHWEIS
182　BIBLIOGRAFIEN
190　INDEX
194　IMPRESSUM
195　DANKSAGUNG

BILDNACHWEIS

1	© Roman Keller, Zürich
2	Aptera
3–6	Deutsches Museum, München, Archiv
7	© Smiling Sun, www.smilingsun.org
8	Mia Grau & Andree Weißert, www.atomteller.de
9–10	Pablo Bras
11	(B)energy
12	Vitra Design Museum Illustration: Thomas Rustemeyer
13	NASA
14	C.F. Møller Architects Foto: Adam Mørk
15	© BIG, Foto: Rasmus Hjortshoj
16	CorPower
17	© Sonnenwagen Aachen e.V.
18	EcoClipper
19–20	LHS Stuttgart / Transsolar / Urban Catalyst
	Cartoon Seite 19 Kaamran Hafeez / The New Yorker Collection / The Cartoon Bank
21	Hamburger Energiewerke Foto: Daniel Sumesgutner
22	Vitra Design Museum Illustration: Thomas Rustemeyer
23	© realities:united, 2019, digitale Montage basierend auf einer Fotografie von Andreas Franke / picture alliance
24	© realities:united
25	Honglin Li, www.the-filtration.com
26	From the Collections of The Henry Ford
27	© 11 Bit Studios
28	AL_A
29	© General Motors LLC
30	© General Motors LLC
31	Eric Nathan / Alamy Stock Foto
32	Floris Schoonderbeek
33	Arvid Riemeyer
34	Jesse Jacobsen, Karl Sperhake, Paul Meyer
35	Christa Carstensen Foto: Arvid Riemeyer
36	Vitra Design Museum Illustration: Thomas Rustemeyer
37	Léon Félix Foto: Sara de Brito Faustino
38	Stiftung Deutsches Technikmuseum Berlin, Historisches Archiv, I.4.156-236-3
39–40	Mit freundlicher Genehmigung von: Dieter Mechlinski / Virtuelles Brückehofmuseum
41	CRA-Carlo Ratti Associati
42	Stefan Troendle, Foto: Hikaru Hori
43	Melle Smets / Kris de Decker
44	IceWind
45	© ITER Organization, http://www.iter.org
46	Jason Evans. Mit freundlicher Genehmigung von Dunne & Raby
47–50	SPARK
51	E-WERK Luckenwalde
52	Vitra Design Museum Illustration: Thomas Rustemeyer
53	Levante
54	LightEd, Stanley Anigbogu
55	Lightyear
	Cartoon Seite 31 Tom Cheney / The New Yorker Collection / The Cartoon Bank
56	Low Tech Magazine
57	Foto: SAE Renewables
58	Derek Lovley und Jun Yao an der UMass Amherst
59	Aptera
60	Jason Evans. Mit freundlicher Genehmigung von Dunne & Raby
61	Stefan Troendle, Foto: Hikaru Hori
62	© BIG, Foto: Rasmus Hjortshoj
63	Marjan van Aubel Studio Foto: Mitch Payne
64	Hamburger Energiewerke, Foto: Daniel Sumesgutner
65	Tobias Trübenbacher Foto: Nikolai Marcinowski
66	© Sonnenwagen Aachen e.V.
67	© Smiling Sun, www.smilingsun.org
68	CRA-Carlo Ratti Associati
69	Mit freundlicher Genehmigung von Marjan van Aubel, Foto: Pim Top
70	HfG Offenbach
71	Foto: Karl Wagner für das Museum of Solar Energy
	Cartoon Seite 50 Punch Cartoon Library / TopFoto
72	Usman Haque
73	© Reconstrained Design
74	© Oceanbird
75	Vitra Design Museum Illustration: Thomas Rustemeyer
76	ONOMOTION GmbH Foto: Janine Graubaum
77	Orbital Marine Power
78	PostlerFerguson
	Cartoon Seite 53, Christoph Niemann, 2023
79	Tobias Trübenbacher Foto: Nikolai Marcinowski
80	© Esmée Willemsen & Anna Koppmann
81–82	Foto: © Zooey Braun
83	Werner Sobek
84–85	Isabel + Helen Studio Foto: Sam Lort
	Cartoon Seite 55 Peter C. Vey / The New Yorker Collection / The Cartoon Bank
86	Snøhetta, Foto: Ivar Kvaal
87	Mit freundlicher Genehmigung von Marjan van Aubel, Foto: Pim Top
88	© Energym 2023
89	© OMA
90	© Aurea Technologies Inc.
91	© Sono Motors
92-93	© Eames Office / LLC
94	© Eames Office / LOC Foto: Bernard Gardner für Marvin Rand
95	© Advanced Textiles Research Group, Nottingham Trent University (UK)
96	© Ville Kokkonen
97	Pauline van Dongen Foto: Liselotte Fleur
98	Foto: Amos Field Reid
99	Mit freundlicher Genehmigung von Tega Brain
100	Solar Turtle
	Cartoon Seite 62 Drew Dernavich / The New Yorker Collection / The Cartoon Bank
101	© European Space Agency / Andreas Treuer 2022
102	Leon Tukker
103	SolarVille — SPACE10 Foto: Irina Boersma
104–105	Ben Berwick
106	Vitra Design Museum Illustration: Thomas Rustemeyer
	Cartoon Seite 64 Kendra Allenby / The New Yorker Collection / The Cartoon Bank
107	Teresa van Dongen Foto: Hans Boddeke
108	© Marjan van Aubel Studio
109	Pauline van Dongen Foto: Anna Wetzel
110	Léon Félix Foto: Sara de Brito Faustino
111-115	Mit freundlicher Genehmigung von TAKK / mireia luzárraga + alejandro muiño / Foto: José Hevia
116	© Vitra Design Museum Foto: mischer'traxler
117	Mit freundlicher Genehmigung von TOWT, Rendering: PIRIOU
118	ECAL / Marvin Merkel
119	Bild: Kent Dayton
120	© Volvo Cars
121	© Abeer Seikaly, 2020
122	Vitra Design Museum Illustration: Thomas Rustemeyer
123	Mit freundlicher Genehmigung Department of Special Collections, Stanford University Libraries
124	Vitra Design Museum Illustration: Thomas Rustemeyer
125	Mit freundlicher Genehmigung Estate of R. Buckminster Fuller
	Cartoon Seite 72 Bénédicte
	Cartoon Seite 72 Juan Astasio / The New Yorker Collection / The Cartoon Bank
126	Layer
127	© XTU Architects
128	Christa Carstensen Foto: Arvid Riemeyer
129	Marjan van Aubel Studio Foto: Wai Ming Ng
130	© Abeer Seikaly, 2020
131	© XTU Architects
132	Isabel + Helen, Foto: Sam Lort
133	Mit freundlicher Genehmigung von Lightyear
134	Mia Grau & Andree Weißert www.atomteller.de
135	© E-WERK Luckenwalde und Ben Westoby
136	© Eames Office / LLC
137	Mit freundlicher Genehmigung von TAKK / mireia luzárraga + alejandro muiño / Foto: José Hevia
138	Pauline van Dongen Foto: Anna Wetzel
139	PostlerFerguson
140	Léon Félix Foto: Sara de Brito Faustino
141	© realities:united, 2019, digitale Montage basierend auf einer Fotografie von Andreas Franke / picture alliance
142	© Marjan van Aubel Studio
143	Pauline van Dongen Foto: Liselotte Fleur
144	Levante
145	Foto: © Zooey Braun
146	Teresa van Dongen Foto: Hans Boddeke
147	Melle Smets / Kris de Decker
148	© Philips / Philips Company Archives
149	Layer
150	ECAL / Arthur Seguin
151	Leon Tukker
152	Vitra Design Museum
153	Mit freundlicher Genehmigung von Godfrey Boyle und Peter Harper
154	Foto: Carl Dahlstedt
155	© Universität für angewandte Kunst Wien, Victor J. Papanek Foundation. Foto: UNESCO
156	© Cristiano Toraldo di Francia
157	Kate Crawford und Vladan Joler
158	From the Collections of The Henry Ford
159	Foto: Köbberling&Kaltwasser © VG Bild-Kunst, Bonn 2024
160	Mit freundlicher Genehmigung des Department of Archives and Special Collections, Arizona State University Libraries
161	Christian Science Monitor, 31. Dezember 1948

BILDNACHWEIS/BIBLIOGRAFIE

162	Vitra Design Museum
163	Aus dem Buch *Living with the Sun: Sixty Plans Selected from the Entries in the 1957 International Design Competition to Design a Solar Heated Residence* (AFASE 1957). Mit freundlicher Genehmigung der International Solar Energy Society (ISES, früher Association for Applied Solar Energy)
164–165	Mit freundlicher Genehmigung des Department of Archives and Special Collections, Arizona State University Libraries
166–165	Archiv des MIT-Instituts, neu gezeichnet von Daniel Barber
167	Eleanor Raymond Collection. Mit freundlicher Genehmigung der Frances Loeb Bibliothek, Harvard Graduate School of Design
168	Vitra Design Museum
169–178	Mit freundlicher Genehmigung des Department of Archives and Special Collections, Arizona State University Libraries
179	Foto: Museum für Gestaltung Zürich, Plakatsammlung, ZHdK
180	Fonds Harnden and Bombelli, architects. Arxiu Històric del COAC
181	Luce Historical Archive, Rome
182	Archivio Publifoto Genua
183	Luce Historical Archive, Rome
184	Fonds Harnden and Bombelli, architects. Arxiu Històric del COAC
185	TASR photo archive
186	U. S. Information Agency, 4th Review of Operations, 1. Januar–30. Juni 1955
187	Foto: Museum für Gestaltung Zürich, Plakatsammlung, ZHdK
188	Deutsches Historisches Museum / I. Desnica
189–191	Foto: Museum für Gestaltung Zürich, Plakatsammlung, ZHdK
192	© Carola Hein
193	© Tanja Engelberts
194	© Edward Burtynsky, mit freundlicher Genehmigung der Nicholas Metivier Gallery, Toronto
195	© Black River Productions, Ltd. / Mitch Epstein, Courtesy Galerie Thomas Zander, Köln. Verwendung mit Genehmigung. Alle Rechte vorbehalten.
196	Ed Kashi / VII / Redux
197	© Edward Burtynsky, mit freundlicher Genehmigung der Nicholas Metivier Gallery, Toronto
198	© Black River Productions, Ltd. / Mitch Epstein, mit freundlicher Genehmigung der Galerie Thomas Zander, Köln. Verwendung mit Genehmigung. Alle Rechte vorbehalten.

BIBLIOGRAFIE

After Oil Collective, Ayesha Vemuri und Darin Barney (Hg.): *Solarities: Seeking Energy Justice*, University of Minnesota Press, Minneapolis 2022

The *Architectural Review* (AR), Oktober 2020: Energy

Marjan van Aubel: *Solar Futures: How to Design a Post-Fossil World with the Sun*, Jap Sam Books, Prinsenbeek, NL 2022

Gretchen Bakke: *The Grid: The Fraying Wires Between American and Our Energy Future*, Bloomsbury, London / New York 2016

Daniel A. Barber: *A House in the Sun: Modern Architecture and Solar Energy in the Cold War*, Oxford University Press, New York 2016

Matthias Böttger, Stefan Carsten und Ludwig Engel (Hg.): *Spekulationen Transformationen. Überlegungen zur Zukunft von Deutschlands Städten und Regionen*, Lars Müller Publishers, Zürich 2016

Dominic Boyer: Energopolitics: *Wind and Power in the Anthropocene*, Duke University Press, Durham und London 2019

Godfrey Boyle und Peter Harper (Hg.): *Radical Technology*, Pantheon Books, New York 1976

Nancy Couling und Carola Hein (Hg.): *The Urbanisation of the Sea: From Concepts and Analysis to Design*, nai010 Publishers, Rotterdam 2020

Cara New Daggett: *The Birth of Energy: Fossil Fuels, Thermodynamics, and the Politics of Work*, Duke University Press, Durham/London 2019

DBZ – Deutsche Bauzeitschrift, 1. Februar 2023, Heft: *Energie der Zukunft*

Jeff Diamanti und Imre Szeman: „Nine Principles for a Critical Theory of Energy", in: *Polygraph: An International Journal of Culture & Politics*, August 2020, S. 137–159

Peter Eckart und Kai Vöckler: *Mobility Design. Die Zukunft der Mobilität gestalten*, Band 1: *Praxis*, Jovis Verlag, Berlin 2022

Peter Eckart u. a. (Hg.): *Mobility Design. Die Zukunft der Mobilität gestalten*, Band 2: *Forschung*, Jovis Verlag, Berlin 2022

Tanja Engelberts: *Forgotten Seas*, The Eriskay Connection, Breda 2023

Mitch Epstein: *American Power*, Steidl, Göttingen 2009

Alexander Etkind: *Nature's Evil: A Cultural History of Natural Resources*, Polity Press, Cambridge, 2021

Marco Garofalo: Energy Portraits, Electa, Mailand 2022

Rania Ghosn (Hg.): *New Geographies 2: Landscapes of Energy*, Harvard University Graduate School of Design, Cambridge, MA 2009

Peter E. Glaser: „Power from the Sun: Its Future", in: *Science*, 22. November 1968, New Series, Jg. 162, Nr. 3856, S. 857–861

Markus Graebig u. a. (Hg.): *Strom Netz Fluss. Ein Atlas unserer Stromwelt und ihres Wandels*, WindNODE 2023, https://www.stromnetzfluss.de/#download

Markus Graebig u. a. (Hg.): *Sun Wind Wires. Atlas of an Energy System in Transition*, WindNODE 2023, https://www.stromnetzfluss.de/#download

Carola Hein (Hg.): *Oil Spaces: Exploring the Global Petroleumscape*, Taylor & Francis, Milton 2021

Christian Holler, Joachim Gaukel, Harald Lesch u. a.: *Erneuerbare Energien zum Verstehen und Mitreden*, Penguin Random House, Bertelsmann, Gütersloh 2021

Cymene Howe: *Ecologics: Wind and Power in the Anthropocene*, Duke University Press, Durham/London 2019

Jean-Marc Jancovici und Christophe Blain: *Welt ohne Ende. Vom Energiewunder zum Klimawandel*, Reprodukt, Berlin 2022

Anja Jardine: „Die zweite Hälfte der Erde wird verteilt", in: *Neue Zürcher Zeitung*, 11. Oktober 2019, www.nzz.ch/gesellschaft/anthropozaen/tiefseebergbau-die-letzte-landnahme-ld.1512041?reduced=true, aufgerufen am 6. Januar 2023

William Stanley Jevons: *The Coal Question: An Inquiry Concerning the Progress of the Nation, and the Probable Exhaustion of Our Coal-Mines*, Macmillan and Co, London 1866

Ed Kashi: *The Curse of the Black Gold: 50 Years of Oil in the Niger Delta*, powerHouse Books, Brooklyn, NY 2010

Alexander Klose und Benjamin Steininger: *Erdöl. Ein Atlas der Petromoderne*, Matthes & Seitz, Berlin 2020

Fanny Lopez: *Dreams of Disconnection: From the Autonomous House to Self-Sufficient Territories*, Manchester University Press, Manchester 2021

Bernhard Ludewig: *Der Nukleare Traum*, DOM Publishers, Berlin 2020

James Maguire, Laura Watts und Brit Ross Winthereik (Hg.): *Energy Worlds in Experiment*, Mattering Press, Manchester 2021

Mediations: Journal of the Marxist Literary Group, Jg. 31, Nr. 2, Spring 2018, Heft: *Materialism and the Critique of Energy*

Timothy Mitchell: *Carbon Democracy*, Verso Books, London 2011

Fred Pearce: „In Scramble for Clean Energy, Europe is Turning to North Africa, *Yale Environment 360*, published at the Yale School of the Environment", 16. Februar 2023, https://e360.yale.edu/features/africa-europe-solar-wind-power, aufgerufen am 27. Dezember 2023

Hyman G. Rickover: „Energy Resources and Our Future" [1957], http://energybulletin.net/23151.html

Simon Sadler: „Drop City Revisited", in: *Journal of Architectural Education*, Jg. 58, Nr. 3, Februar 2006, S. 5–14

Dirk Sijmons u. a. (Hg.): *Landscape and Energy: Designing Transition*, nai010 publishers, Rotterdam 2014

Imre Szeman und Dominic Boyer: *Energy Humanities: An Anthology*, John Hopkins University Press, Baltimore 2017

The Architectural Review, Oktober 2020, Heft: Energy

Ingo Uhlig: *Energiewende erzählen. Literatur, Kunst, Ressourcen*, Spector Books, Leipzig 2023

Oliver Wainwright: „How solar farms took over the California desert: ‚An oasis has become a dead sea'", in: *The Guardian*, 21. Mai 2023, https://www.theguardian.com/us-news/2023/may/21/solar-farms-energy-power-california-mojave-desert

Leslie A. White: „Energy and the evolution of Culture", in: *American Anthropologist*, Juli–September 1943, New Series, Jg. 45, Nr. 3, Teil 1, S. 335–356

Rebecca Wright, Hiroki Shin und Frank Trentmann: *From World Power Conference to World Energy Council: 90 Years of Energy Cooperation, 1923–2013*, World Energy Council, London 2013

WEBSITES

https://afteroil.ca

https://www.energyhumanities.ca

https://www.petrocultures.com

https://solar.lowtechmagazine.com

BIBLIOGRAFIE PROJEKTE

ADAPTIVE SOLAR FAÇADE

Institut für Technologie in Architektur, Architecture and Building Systems (A/S), ETH Zürich: „ASF – Adaptive Solar Facade", https://systems.arch.ethz.ch/research/adaptive-solar-facade

Hauptverband der Deutschen Bauindustrie: „Energieverbrauch und Klimaschutz, Energieverbrauch und Klimaschutz im Baugewerbe – Eine Datensammlung", 23. März 2023, www.bauindustrie.de/zahlen-fakten/auf-den-punkt-gebracht/energieverbrauch-und-klimaschutz-im-baugewerbe-eine-datensammlung

„Klimaproblem, in Beton gegossen. Uno-Report über Gebäudeemissionen", in: Der Spiegel, 16. Dezember 2020, www.spiegel.de/wissenschaft/mensch/klimawandel-38-prozent-der-co2-emissionen-stammen-aus-dem-gebaeudesektor-a-b31a21c4-a3bb-4b00-a5fc-869091ee6ca4

Zoltan Nagy u. a.: „The Adaptive Solar Facade: From concept to prototypes", in: Frontiers of Architectural Research, Jg. 5, Nr. 2, 2016, S. 143–146, https://www.sciencedirect.com/science/article/pii/S2095263516300048

APTERA

Aptera, www.aptera.us/community/discussion/origin-of-the-aptera-shape

Tobias Dorfer: „Das große Versprechen" in: Die Zeit, 24. Mai 2023, www.zeit.de/mobilitaet/2023-05/aptera-solar-auto-kalifornien-elektroauto/seite-2

Michael Knott: „Solarauto von Aptera im Windtunnel: Auf dem Weg zur Supergeschwindigkeit", Netzwelt, 14. Juli 2023, www.netzwelt.de/news/219799-solarauto-aptera-windtunnel-weg-superwindschnittigkeit.html

ATLANTROPA

Nachlass Herman Sörgel (Sign. NL 092), Archiv Deutsches Museum, München

Herman Sörgel: Atlantropa, Fretz & Wasmuth, Zürich/Piloty & Loehle, München 1932

Alexander Gall: Das Atlantropa-Projekt. Die Geschichte einer gescheiterten Vision. Herman Sörgel und die Absenkung des Mittelmeers, Campus Verlag, Frankfurt am Main 2010

Philipp Nicolas Lehmann: „Infinite Power to Change the World: Hydroelectricity and Engineered Climate Change in the Atlantropa Project", in: American Historical Review, Jg. 121, Nr. 1, Februar 2016, S. 70–100

Wolfgang Voigt: Atlantropa: Weltbauen am Mittelmeer. Ein Architektentraum der Moderne, Grosser und Stein, Pforzheim 2007

ATOMKRAFT? NEJ TAK

The History of the Smiling Sun, www.smilingsun.org

Ruby Boddington: „‚I'm not a designer – I was just an activist': how The Smiling Sun became one of history's most iconic logos", in: It's Nice That: Inspiring Creativity, 8. März 2018, www.itsnicethat.com/features/anne-lund-the-smiling-sun-graphic-design-internationalwomensday-080318

Mark Walker: „The land of the smiling sun", in: Copenhagen Post, 7. April 2016, www.cphpost.dk/2016-04-07/business-education/the-land-of-the-smiling-sun

World Nuclear Association: „Nuclear Energy in Denmark", letztes Update April 2022, www.world-nuclear.org/information-library/country-profiles/countries-a-f/denmark.aspx

ATOMTELLER

Atomteller, https://atomteller.de/

Mia Grau, www.miagrau.de/p-atomteller.php

AVAILABLE NETWORKS

Pablo Bras, https://pablobras.fr/09_Reseaux-Dispos-Repertoire

Pablo Bras, https://pablobras.fr/10_Reseaux-Disponibles-Dioramas

„Strategies for Inhabiting the Unstable", Interview mit Pablo Bras, in: koozArch, 29. August 2022, www.koozarch.com/interviews/strategies-for-inhabiting-the-unstable

(B)PACK

(B)energy: „(B)pack: the mobile rucksack", https://be-nrg.com/bpack-the-mobile-rucksack

„(B)energy – mobile Biogastechnik", in: Deutschland. Land der Ideen, https://land-der-ideen.de/projekt/b-energy-mobile-biogas technik-44

Armida di Lorenzo: „(B)energy – Biogas als Geschäftsmodell für Mensch und Umwelt", in: Social Start-ups, 3. Juli 2023, https://social-startups.de/benergy-biogas

BLUE ALCHEMIST

Blue Origin, www.blueorigin.com

Andrew Jones: „Blue Origin makes solar cell out of simulated moon dirt with alchemist project", 22. Februar 2023, in: space.com, www.space.com/blue-origin-solar-cells-moon-dirt-simulant

BROOKLYN MICROGRID

Brooklyn Microgrid: www.brooklyn.energy

Varinia Bernau und Kathrin Werner: „Brooklyn Microgrid. Wenn der Nachbar den Strom liefert", in: Süddeutsche Zeitung, 8. September 2016, www.sueddeutsche.de/wirtschaft/brooklyn-microgrid-wenn-der-nachbar-den-strom-liefert-1.3153543?reduced=true

Hubertus Breuer: „Solarstrom dank Blockchain", 6. Februar 2018, Siemens, www.siemens.com/de/de/unternehmen/stories/forschung-technologien/energiewende/smart-grids-und-energiespeicher-mikrogrid-in-brooklyn.html

Diane Cardwell: „Solar Experiment Lets Neighbors Trade Energy Among Themselves", in: New York Times, 14. März 2017, www.nytimes.com/2017/03/13/business/energy-environment/brooklyn-solar-grid-energy-trading.html

COOLAR

Coolar, www.coolar.co

Bundesministerium für Bildung und Forschung: „Kühlschrank ohne Strom", 5. Juli 2022, www.bmbf.de/bmbf/shareddocs/kurzmeldungen/de/2022/07/kuehlschrank-ohne-strom.html

Social Impact: „Coolar – die Kühlschrankrevolution", 2. Februar 2016, in: Biorama, www.biorama.eu/coolar-die-kuehlschrankrevolution

Martin Zogg: „Geschichte der Wärmepumpe. Schweizer Beiträge und Internationale Meilensteine", hg. v. Schweizerische Eidgenossenschaft, Bundesamt für Energie, Abteilung Energieeffizienz und erneuerbare Energien, Mai 2008, www.erdsondenoptimierung.ch/custom/erdsondenoptimierung.ch/userfiles/files/dokumente/waermepumpe/geschichte-der-waermepumpe.pdf

COPENHAGEN INTERNATIONAL SCHOOL

C.F. Møller Architects, www.cfmoller.com/p/-de/Copenhagen-International-School-Nordhavn-i2956.html#

„Integrierte Solarzellen. Copenhagen International School, Kopenhagen/DK", in: DBZ – Deutsche BauZeitschrift, Nr. 9, 2019, www.dbz.de/artikel/dbz_Copenhagen_Inter_natio_nal_School_Kopenhagen_DK-3419295.html

„Koloss am Containerhafen. Internationale Schule in Kopenhagen von C.F. Møller", in: Baunetz, 24. August 2017, www.baunetz.de/meldungen/Meldungen-Internationale_Schule_in_Kopenhagen_von_C.F._Moller_5144123.html

„Photovoltaik-Fassade deckt mehr als fünfzig Prozent des Strombedarfs", in: Baunetz_Wissen, www.baunetzwissen.de/gebaeudetechnik/objekte/kultur-bildung/copenhagen-internationa-school-5192420

COPENHILL

BIG, www.big.dk/projects/copenhill-2391

Copenhill, https://www.copenhill.dk/en

„Amager Resource Center/Copenhill, Copenhagen", 28. Februar 2017, in: Arquitectura Viva, www.arquitecturaviva.com/works/amager-resource-center-copenhill-in-copenhagen

Thomas Kühler: „realities: united, Fazit", in: Anne Bitterwolf / Berlinische Galerie (Hg.): realities:united–Fazit, Ausst.-Kat. Berlinische Galerie, Distanz Verlag, Berlin 2019

Alexander Russ: „Sustainable Hedonism: ‚CopenHill' von BIG, 7. Oktober 2020, in: Baumeister, www.baumeister.de/copenhill-big-kopenhagen-skipiste

CORPOWER OCEAN

Cor Power Ocean, https://corpowerocean.com

Cor Power Ocean, „How it works – CorPower Ocean Wave Energy Converters", YouTube-Video, https://www.youtube.com/watch?v=9qu2Olw4-p8

Stefanie Dierks: „Corpower-Bojen erzeugen Strom mit Wellenkraft", 30. September 2022, in: Edison Media, https://edison.media/stromerzeugung/corpower-bojen-erzeugen-strom-mit-wellenkraft/25230844

COVESTRO SONNENWAGEN

Team Sonnenwagen Aachen, www.sonnenwagen.org

Bridgestone World Solar Challenge, www.worldsolarchallenge.org/the-event/history

EAZ WIND

EAZ Wind, www.eazwind.de

„Rotorblätter mit Recyclingproblem. Schwierige Wiederverwertung von Windanlagen", in: Der Spiegel, 22. Dezember 2022, www.spiegel.de/wissenschaft/technik/windanlagen-rotorblaetter-mit-recycling-problem-a-4a2c64ed-2359-4711-b808-8eb216675f41

Ryan Schnurr: „The Iconic Windmills That Made the Americans West", 15. Januar 2018, in: Atlas Obscura, www.atlasobscura.com/articles/windmills-water-pumping-museum-indiana

ECOCLIPPER

EcoClipper, https://ecoclipper.org/News/press-release-wind-transport-ready-for-the-next-step

Frank Odenthal: „EcoClipper. Zurück in die Zukunft", in: brand eins, März 2020, www.brandeins.de/magazine/brand-eins-wirtschaftsmagazin/2020/arbeiten/ecoclipper-zurueck-in-die-zukunft

ENERGIE GESTALTET STADT

Transsolar KlimaEngineering, https://transsolar.com/de

UC – Urban Catalyst, https://urbancatalyst.de

Bauhaus Earth, www.bauhauserde.org

Christine von Raven und Christoph Walter: „Energieoptimierte urbane Räume der Zukunft", in: DBZ – Deutsche BauZeitschrift, Nr. 1–2, 2023, S. 6–9

ENERGIE- UND ZUKUNFTSSPEICHER HEIDELBERG

LAVA – Laboratory for Visionary Architecture: Energy Storage Centre, www.l-a-v-a.net/projects/energy-storage-centre

Stadtwerke Heidelberg: „Helix-Treppe auf dem 55 Meter hohen Energie- und Zukunftsspeicher in Heidelberg eingeweiht", YouTube-Video, 28. Oktober 2022, www.youtube.com/watch?v=1bas0r1P3Hc

BDEW (Verband Erdgas, Strom und Heizwärme sowie Wasser und Abwasser): „Wärme auf Vorrat: Der Energie- und Zukunftsspeicher Heidelberg", www.bdew.de/energie/waermewende/waerme-schafft-lebensraeume/waerme-auf-vorrat-der-energie-und-zukunftsspeicher-heidelberg

Peter Petz: „Dynamische Skulptur. Energie- und Zukunftsspeicher, Heidelberg", in: german-architects.com. Profiles of Selected Architects, 23. November 2016, www.german-architects.com/de/architecture-news/podest/dynamische-skulptur

ENERGIEBUNKER

Energiebunker, www.hamburger-energiewerke.de/projekte/energiebunker

Hamburg.de, Offizielles Stadtportal für Hamburg: „Energiebunker Wilhelmsburg. Ökostrom mit Weitblick", www.hamburg.de/sehenswuerdigkeiten-gruenes-hamburg/10202498/energiebunker-wilhelmsburg

Internationale Bauausstellung Hamburg: „Ein Mahnmal treibt den Stadtteil an. Energiebunker", Internationale Bauausstellung Hamburg 2006–2013, www.internationale-bauausstellung-hamburg.de/projekte/energiebunker/projekt/energiebunker.html

VJU, Café im Energiebunker, www.vjuimenergiebunker.de

ENERGY VAULT

Energy Vault, https://www.energyvault.com/Ides

BIBLIOGRAPHIE PROJEKTE

Jakob Blume: „1,1 Milliarden Dollar verloren: Shortseller attackieren Schweizer Batteriefirma", 5. Dezember 2022, in: *Handelsblatt*, https://www.handelsblatt.com/unternehmen/energie/energy-vault-1-1-milliarden-dollar-boersenwert-verloren-shortseller-attackieren-schweizer-batteriefirma/28848246.html

„Langzeit-Energiespeicher: Energy Vault startet Inbetriebnahme eines GESS in China", in: *Cleanthinking*, 13. August 2023, https://www.cleanthinking.de/gess-gravity-energy-storage-system

Georg Haas: „Energy Vault: Schweizer Start-up baut riesige ‚Schwerkraftbatterien'", 24. April 2023, in: *Trending Topics*, https://www.trendingtopics.eu/energy-vault-schweizer-startup-baut-riesige-schwerkraftbatterien

FAZIT

Anne Bitterwolf und Berlinische Galerie (Hg.): *realities:united – Fazit*, Ausst.-Kat. Berlinische Galerie, Distanz Verlag, Berlin 2019

FILTRATION SKYSCRAPER

Honglin Li: „Filtration Skyscraper on the ‚eighth continent'", www.honglin-li.com/the-filtration

Bridget Cogley: „Filtration Skyscrapers in the Oceans Could ‚Solve Environmental and Energy Problems' Around the World", in: *Dezeen*, 16. August 2019, www.dezeen.com/2019/08/16/filtration-tower-honglin-li-plastic-waste-to-energy

„Filtration Skyscraper", 29. April 2019, in: *eVolo – Architecture Magazine*, www.evolo.us/filtration-skyscraper

Johannes Stühlinger: „Saubermacher auf hoher See", 31. März 2023, in: *Kurier.at*, www.kurier.at/cm/ubm/saubermacher-auf-hoher-see/401957521

FORD NUCLEON

Informationsblatt „Nucleon", hrsg. von Ford Motor Company, 1958, www.thehenryford.org/collections-and-research

FROSTPUNK

Mark Hill: „Indie City-Building Games Finally Reckon with Climate Change", 6. Januar 2022, in: *Wired*, www.wired.com/story/city-builder-games-climate-change/?fbclid=IwAR0wl37Ff83-uOT2LqfDnvEAJGNFpxzTU9841P2owl39TeS-QTdRM2MqHGw

Christopher Livingston: „Frostpunk developers on hope: Misery and the ultimately terrifying book of laws", 15. September 2022, in: *PC Gamer*, www.pcgamer.com/frostpunk-developers-on-hope-misery-and-the-ultimately-terrifying-book-of-laws

Christopher Livingston: „Almost 5 years after Frostpunk, its influence can still be felt in new city builders, 17. Dezember 2022, in: *PC Gamer*, www.pcgamer.com/almost-5-years-after-frostpunk-its-influence-can-still-be-felt-in-new-city-builders

Steven T. Wright: „From Zelda to Civ to Frostpunk – can climate change be fun?", 5. Juni 2020, in: *Ars Technica*, https://arstechnica.com/gaming/2020/06/from-zelda-to-civ-to-frostpunk-can-climate-change-be-fun

GENERAL FUSION DEMONSTRATION PLANT

Amanda Levete Architects, Pressemitteilung 7. September 2023

Andreas Merian: „Brennpunkte der Kernfusion", Max Planck Gesellschaft, 11. Januar 2022, www.mpg.de/19734973/brennpunkte-der-kernfusion

Richard Waite: „Amanda Levete's prototype fusion power plant in Oxfordshire approved", in: Architects' Journal, 13. Januar 2023, www.architectsjournal.co.uk/news/amanda-levetes-prototype-fusion-power-plant-in-oxfordshire-approved

GENERAL MOTORS SUN MOBILE

General Motors Corporation, Press Release, Sunday, July 24, 1955

General Motors Corporation, News of the Powerama on Chicago's Lake Front, August 31 – September 25, 1955

General Motors Corporation, Press Release for Sunday Papers of September 23, 1956

alle Dokumente im General Motors Archive

GLOWEE

„Die CLIC®-Chronik: Ein Treffen mit Glowee, dem Start-up, das nachhaltige Beleuchtung aus biolumineszenten Bakterien schafft", Lombard Odier, www.lombardodier.com/de/contents/corporate-news/responsible-capital/2023/may/the-clic-chronicles-meet-glowee.html

„Glowee. Imitating nature by biolumenescence to jumpstart the bio-economy", Solarimpulse Foundation, www.solarimpulse.com/solutions-explorer/glowee

Gesche Wüpper: Wenn die Qualle das Schaufenster beleuchtet", in: *Die Welt*, 23. Dezember 2015, www.welt.de/wirtschaft/article150275446/Wenn-die-Qualle-das-Schaufenster-beleuchtet.html

GROUNDFRIDGE

Groundfridge, www.groundfridge.com

Uwe Fontes: „Der Erdkeller – Teil 1. Eine Einführung in die unterirdische Welt der Lagerung", 11. September 2023, 5 Elements Universe, www.5elementsuniverse.org/post/der-erdkeller-teil-1-eine-einf%C3%BChrung-in-die-unterirdische-welt-der-lagerung#viewer-a5a6v

Ellen Müller: „Der Erdkeller – Renaissance eines Kulturguts", Pagewizz, www.pagewizz.com/der-erdkeller-renaissance-eines-kulturguts

Christina Petridou: „Naturally Cooled ‚Groundfridge' is a Sustainable Alternative to Refrigerated Cellars", in: *designboom*, 1. Juni 2021, www.designboom.com/design/naturally-cooled-alternative-traditional-refrigerated-cellar-06-01-2021

HARVEST / COOLING

Arvid Riemeyer, DeltaT, unveröffentlichte Studie, 2023

HARVEST / SOLAR

Christa Carstensen, https://christacarstensen.de/portfolio_page/harvest-solar/, aufgerufen am 10. August 2023

HELIOS SOLAROFEN

Léon Félix, https://www.leonfelix.ch

HONNEF WINDKRAFTWERKE

Hermann Honnef: *Electric Tower for Wind Power Stations*, Dissertation, 1931

Hermann Honnef: *Windkraftwerke*, Friedrich Vieweg & Sohn AG, Braunschweig 1932

Typoskript „Referat zum Lichtbildervortrag des Ing.'s Hermann Honnef über Wind-Elektro-Kraftwerke und ihre Bedeutung für die deutsche Energie-Wirtschaft", o. O., o. J.

„Honnef's Kohlefreie Elektrizitäts-Erzeugung durch Naturkräfte Winde und Wasser, Broschüre", o. O., o. J.

Alle Dokumente befinden sich im Nachlass von Hermann Honnef im Archiv des Deutschen Technikmuseums, Berlin.

HOT HEART HELSINKI

Carlo Ratti Associati, https://carloratti.com/project/hot-heart

Stadt Helsinki, https://energychallenge.hel.fi/hot-heart

Christele Harouk: „On the-latest-Representation Trends-and-immersive-experiences-in-virtual-design-platforms-spaceform-x-cra", in: *ArchDaily*, 27. April 2022, https://www.archdaily.com/978986/on-the-latest-representation-trends-and-immersive-experiences-in-virtual-design-platforms-spaceform-x-cra

HUMAN POWER PLANT

Human Power Plant, www.humanpowerplant.be/human_power_plant/about-.html

Museum Boijmans van Beuningen: „The Human Power Plant (2050) – an exhibition", www.boijmans.nl/en/exhibitions/the-human-power-plant

Museum Boijmans van Beuningen: „BoTu op Menskracht, Human Power Plant op Lokatie Bosspolder-Tussendijken", www.boijmans.nl/en/boijmans-bospolder-tussendijken

HYDROGEN COOKER

Stefan Troendle, https://stefantroendle.com

École cantonale d'art de Lausanne, Stefan Troendle, https://ecal.ch/en/school/network/people/stefan-troendle

World Health Organisation: „Household Air Pollution", www.who.int/news-room/fact-sheets/detail/household-air-pollution-and-health

Hermann Honnef: *Windkraftwerke*, Friedrich Vieweg & Sohn AG, Braunschweig 1932

ICEWIND

Icewind, www.icewind.is

Carina Dietze: „Isländer bringen Windrad für private Zwecke: Es hält sogar einen Hurrikan aus", 14. November 2022, *EFahrer.com*, www.efahrer.chip.de/e-wissen/islaender-bringen-windrad-fuer-private-zwecke-es-haelt-sogar-einen-hurrikan-aus_1010066

Johanna Keese: „Innovativer Windgenerator ‚IceWind'", 6. Januar 2015, *energiezukunft*, www.energiezukunft.eu/erneuerbare-energien/wind/innovativer-windgenerator-icewind

Norio: „Kurioser Wind-Mixer liefert mehr Strom als Windräder?" (YouTube-Video), 8. November 2022, www.youtube.com/watch?v=8Rjt60SYo3E

INTERNATIONAL THERMONUCLEAR EXPERIMENTAL REACTOR (ITER)

ITER, https://www.iter.org

„Internationaler Thermonuklearer Experimenteller Reaktor", *chemie.de*, www.chemie.de/lexikon/Internationaler_Thermonuklearer_Experimenteller_Reaktor.html

Andreas Merian: „Brennpunkte der Kernfusion", 11. Januar 2023, Max Plank Gesellschaft, https://www.mpg.de/19734973/brennpunkte-der-kernfusion

IS THIS YOUR FUTURE?

Dunne & Raby, https://dunneandraby.co.uk/content/projects/68/0

Anthony Dunne und Fiona Raby: *Speculative Everything: Design, Fiction, and Social Dreaming*, The Mit Press, Boston, MA 2013

Bill Moggridge: *Designing Interactions*, The Mit Press, Boston, MA 2006, S. 589

KISS THE PETROL KIOSK GOODBYE

Spark: „Kiss the Petrol Kiosk Goodbye. Singapore, Shanghai", Konzept 2018, www.sparkarchitects.com/work/spark-kiss-the-petrol-kiosk-goodbye

ULIAsiaPacificTV: „Kiss the Petrol Kiosk Goodbye" (YouTube-Video), 3. Juli 2018, www.youtube.com/watch?v=KEKDJPQLt8A&t=269s

KUNSTSTROM

E-WERK Luckenwalde, www.kunststrom.com/startseite.html

Bürgerwerke, https://buergerwerke.de

Anne Kohlick: „‚Wir produzieren hier Strom aus Kunstwerken.' E-Werk Luckenwalde", rbb24, 14. August 2020, www.rbb24.de/kultur/beitrag/2020/08/e-werk-luckenwalde-kunststrom-pablo-wendel.html

Tom Wilkinson: „Public Generator", in: *The Architectural Review*, Nr. 1495, Oktober 2022, S. 32–39

LEVANTE

Levante, https://www.levante.eco

Alice Fisher: „Design news: solar power to go, graphic rewinding and virtual meetings", 26. Juni 2023, in: *The Guardian*, www.theguardian.com/lifeandstyle/2023/jun/26/design-news-solar-power-to-go-graphic-rewilding-and-virtual-meetings

LIGHTED

„The Circulars Accelerator '23: LightEd: LightEd", UpLink, https://uplink.weforum.org/uplink/s/uplink-contribution/a012o00001pULwpAAG/lighted

Laura Cozzi u. a.: „For the first time in decades the number of people without access to electricity is set to increase in 2022", 3. November 2022, IEA – International Energy Agency, www.iea.org/commentaries/for-the-first-time-in-decades-the-number-of-people-without-access-to-electricity-is-set-to-increase-in-2022

Michelle Fincke: „Baby-steps to global goals: Stanley Anigbogu's plans to drive STEM engagement in Africa", 12. September 2022, *The Brilliant*, www.thebrilliant.com/case-studies/stanley-anigbogu

Liza de Giorgina: „LightEd: Bringing Light where It's Most Needed", 31. März 2023, The Pollination Project, www.thepollinationproject.org/lighted-bringing-light-where-its-most-needed

LIGHTYEAR

Lightyear, https://lightyear.one

Nicolas Kaufmann: „Sono Motors und Lightyear: Das Scheitern der Solarautos", in: *Stern*, 25. Januar 2023, www.stern.de/auto/e-mobilitaet/sono-motors-und-lightyear--das-scheitern-der-solarautos--33135006.html

Luca Leicht u. a.: „Solarauto unterm Hammer – 3, 2, 1, … deins", in: *auto, motor, sport*, 21. April 2023, www.auto-motor-und-sport.de/elektroauto/lightyear-0-solarauto-2022

LIGNODE

„So stellen wir Batterien aus Bäumen her: Lignode® by Stora Enso", Storaenso, www.storaenso.com/de-de/products/lignin/lignode

„Stora Enso und Partner entwickeln eine europäische Wertschöpfungskette für holzbasierte Batterien", 11. Mai 2023, *Flotte.de. Das Portal für betriebliche Mobilität*, https://flotte.de/artikel/129/20658/stora-enso-und-partner-entwickeln-eine-europaische-wertschopfungskette-fur-holzbasierte-batterien.html

Peter Dolega u. a.: „Ökologische und sozio-ökonomische Herausforderungen in Batterie-Lieferketten: Graphit und Lithium", 29. Juli 2020, Öko-Institut e. V., www.oeko.de/fileadmin/oekodoc/Graphit-Lithium-Oeko-Soz-Herausforderungen.pdf

Marc Kubatta-Große: „Lignode – Ligninbasierter Graphit-Ersatz für Batterien", in: *Forstpraxis*, 28. Januar 2023, https://www.forstpraxis.de/lignode-ligninbasierter-graphit-ersatz-fuer-batterien-21811

LOW TECH MAGAZINE

Low-Tech Magazine, https://solar.lowtechmagazine.com/

Kris de Decker, www.krisdedecker.org/

Helga Hansen: „Low-Tech-Website geht offline, wenn die Wolken aufziehen", in: *Heise online*, 12. Oktober 2018, www.heise.de/news/Low-Tech-Webseite-geht-offline-wenn-die-Wolken-aufziehen-4183293.html

MEYGEN TIDAL POWER

SAE, MeyGen, https://saerenewables.com/tidal-stream/meygen

Stanley Reed: „Going Under the Sea for Clean Energy", in: *The New York Times*, 2. April 2014, www.nytimes.com/2014/04/03/business/energy-environment/going-under-the-sea-for-clean-energy.html

„World's first large-scale tidal energy farm launches in Scotland", in: *The Guardian*, 12. September 2016, www.theguardian.com/uk-news/2016/sep/12/worlds-first-large-scale-tidal-energy-farm-launches-scotland

„The Pentland Firth and Orkney Waters Model", 4. März 2022, Marine Scotland Information, https://marine.gov.scot/information/pentland-firth-and-orkney-waters-model

MICROBIAL HOME

Philips Design Probes internal documentation: „Microbial Home, A Philips Design Probe", Philips Company Confidential, 2011

Rose Etherington: „Microbial Home by Philips Design", in: *Dezeen*, 29. Oktober 2011, www.dezeen.com/2011/10/29/microbial-home-by-philips-design

„Microbial Home by Philips Design", in: *Domus*, 8. November 2011, www.domusweb.it/en/news/2011/11/08/microbial-home-by-philips-design.html

MIKROBIELLER STROMERZEUGENDER BIOFILM

University of Massachusetts Amherst: „Bacteria powering truly green revolution personal electronics", www.umass.edu/news/article/bacteria-powering-truly-green-revolution-personal-electronics

Xiaomeng Liu u. a.: „Microbial Biofilms for Electricity Generation from Water Evaporation and Power to Wearables", in: *Nature Communications*, Artikel Nr. 4369, Jg. 13, 2022, www.nature.com/articles/s41467-022-32105-6

MOBILITY DESIGN GUIDE

Andrea Krajewski, Sabine Reitmaier, Kai Vöckler, Peter Eckart: „Mobility Design Guide. Zukünftige Mobilität greifbar und erlebbar machen", in: Kai Vöckler, Peter Eckart, Martin Knöll und Martin Lanzendorf (Hg.): *Mobility Design. Die Zukunft der Mobilität gestalten*, Band 2: Forschung, Jovis Verlag, Berlin 2023, S. 58–69

Statistisches Bundesamt: „Energieverbrauch im Verkehr 2020 um ein Fünftel gesunken", Pressemitteilung Nr. 510 von 2. Dezember 2022, Destatis, www.destatis.de/DE/Presse/Pressemitteilungen/2022/12/PD22_510_85.html

MUSEUM OF SOLAR ENERGY

Museum of Solar Energy (MOSE), https://solarmuseum.org

E-Mail von Karl Wagner an die Autorin, 21. November 2023

NACH DER KERNKRAFT – KONVERSIONEN DES ATOMZEITALTERS

Bundesamt für die Sicherheit der nuklearen Entsorgung: „Ausstellung *Nach der Kernkraft – Konversionen des Atomzeitalters*", www.base.bund.de/SharedDocs/Termine/BfE/DE/2022/nach-der-kernkraft-konversionen-des-atomzeitalters.html

Stefan Rettich, Janke Rentrop (Hg.): *Nach der Kernkraft – Konversionen des Atomzeitalters*, Jovis Verlag, Berlin 2023

„Nach der Kernkraft – Konversionen des Atomzeitalters. Studie und Ausstellung", in: *DBZ – Deutsche BauZeitschrift*, 16. Dezember 2022, www.dbz.de/news/nach-der-kernkraft-konversionen-des-atomzeitalters-3887553.html

NATURAL FUSE

Natural Fuse, https://naturalfuse.haque.co.uk

Umbrellium, https://umbrellium.co.uk/projects/natural-fuse

Usman Haque: „Natural Fuse (2008). Networked plant pots that form a collective carbon sink", https://haque.co.uk/work/natural-fuse/

„Natural Fuse", 9. September 2016, Building Centre, www.buildingcentre.co.uk/news/articles/natural-fuse

NEWTON MACHINES

James Auger, Julian Hanna und Enrique Enchinas (Hg.): *Reconstrained Design: A Manifesto*, ACM Publications 2017

James Auger und Julian Hanna: „How the Future Happens", in: *Journal of Future Studies*, März 2019, Jg. 23, Nr. 3, S. 93–98, https://jfsdigital.org/articles-and-essays/vol-23-no-3-march-2019/how-the-future-happens

CCCB – Centre de Cultura de Contemporània de Barcelona: „Reconstrained Design Group: The Newton Machine", 25. Januar 2018, https://www.cccb.org/en/participants/file/reconstrained-design-group/228345

OCEANBIRD

Oceanbird, www.theoceanbird.com

Wallenius Wilhelmsen, www.walleniuswilhelmsen.com/news-and-insights/highlighted-topics/orcelle

Jörg Römer: „Schwedische Reederei plant Segelfrachter", in: *Der Spiegel*, 14. September 2020, www.spiegel.de/wissenschaft/technik/oceanbird-schwedische-reederei-plant-frachtschiff-mit-segeln-a-d2bfcf5a-f804-4315-8690-bd06560a7537

Resch, Susanne: „Finden auf diesem gigantischen Segelschiff bald Kreuzfahrten statt?", 25. April 2022, *Travelbook*, https://www.travelbook.de/news/oceanbird-segelschiff

O-WIND TURBINE

O-Innovations, www.o-innovations.com/

Deutscher Wetterdienst: Wetterlexikon, Stadtklima, www.dwd.de/DE/service/lexikon/begriffe/S/Stadtklima.html?view=renderHelp&nn=18834

Mathias Laurer: „O-Wind. Turbinen machen städtische Zugluft zu Strom", 22. November 2018, edison.mediaertraeumen/o-wind-turbinen-machen-staedtische-zugluft-zu-strom/23663500.html

ONO

Onomotion, www.onomotion.com

Focus E-Bike Redaktion: „Onomotion: So geht Verkehrswende made in Berlin", *Focus Mobility*, 5. Juni 2023, www.focus-mobility.de/magazin/onomotion-so-geht-verkehrswende-made-berlin

Sabine Olschner: „Das letzte Wort hat: Philipp Kahle, Gründer von Onomotion, Anbieter von E-Cargo-Bikes", www.karrierefuehrer.de/ingenieure/das-letzte-wort-hat-philipp-kahle-gruender-von-onomotion-anbieter-von-e-cargo-bikes.html

ORBITAL O2 2MW

Orbital Marine Power, www.orbitalmarine.com/o2/

„Orbital Marine Power O2 at EMEC", Thetys, https://tethys.pnnl.gov/project-sites/orbital-marine-power-o2-emec

Gernot Kramper: „Energie Orbital O2 – die stärkste schwimmende Turbine der Welt", in: stern.de, 8. Oktober 2021, www.stern.de/digital/technik/energie-orbital-o2----die-staerkste-schwimmende-turbine-der-welt-30499370.html

Daniel Lübbert: „Das Meer als Energiequelle. Wellenkraftwerke, Osmose-Kraftwerke und weitere Perspektiven der Energiegewinnung aus dem Meer", Info-Brief der Wissenschaftlichen Dienste des deutschen Bundestags, 2005, www.bundestag.de/resource/blob/513438/bb29366600afb78a1605948ea25e756a/Das-Meer-als-Energiequelle-data.pdf

PAPA FOXTROT

Papa Foxtrot auf Instagram, www.instagram.com/ppfxtrt

Papa-Foxtrot-Objekte im Victoria and Albert Museum, London, https://collections.vam.ac.uk/context/organisation/AUTH360258/papa-foxtrot

PAPILIO

Tobias Trübenbacher, https://tobiastruebenbacher.com/

Nadia Drake: „Our nights are getting brighter, and Earth is paying the price", in: *National Geographic*, 3. April 2019, www.nationalgeographic.com/science/article/nights-are-getting-brighter-earth-paying-the-price-light-pollution-dark-skies

PLUS MINUS 25 °C

Anna Koppmann, www.annakoppmann.eu/Plus-Minus-25-C

„Plus Minus 25 °C. Anna Koppmann und Esmée Willemsen", Universität der Künste, Produkt & Fashion Design, www.design.udk-berlin.de/2020/11/plus-minus-25c-anna-koppmann-esmee-willemsen

„Plus Minus 25: Melting curtains that could regulate room temperature", *Design Indaba*, www.designindaba.com/articles/creative-work/plus-minus-25-melting-curtains-could-regulate-room-temperature

PLUSENERGIE-QUARTIER P18

Werner Sobek, www.wernersobek.com/de/projekte/stadtquartier-p18

Claudia Fuchs: „Seriell und effizient", in: *Baumeister*, April 2023, S. 20–29.

Max Mannschreck: „Klug kombiniert. Wohnquartier in Stuttgart", in: *BAUKULTUR – Zeitschrift des Verbands Deutscher Architekten- und Ingenieurvereine e. V. (DAI)*, Nr. 2, 2023, S. 22 f.

POWER SUITS

Isabel + Helen, www.isabelandhelen.com/

Isabel + Helen / Power Suits at the V&A, We Folks, www.wefolk.com/features/isabel-helen-powersuits

POWERHOUSE BRATTØRKAIA

Powerhouse Brattørkaia, www.powerhouse.no/en/prosjekter/powerhouse-brattorkaia

Snøhetta, www.snohetta.com/projects/powerhouse-brattorkaia

„Powerhouse Brattørkai / Snøhetta", 3. April 2023, in: *ArchDaily*, www.archdaily.com/924325/powerhouse-brattorkaia-snohetta

RA

Marjan van Aubel, www.marjanvanaubel.com

Jennifer Hahn: „Marjan van Aubel turns solar cells into art with glow-in-the-dark tapestry", 26. Januar 2022, in: *Dezeen*, www.dezeen.com/2022/01/26/ra-marjan-van-aubel-tapestry

„Solar-Kunst. Bilder aus elektrolumineszierendem Papier", in: *Baunetz_Wissen*, www.baunetzwissen.de/sonnenschutz/tipps/produkte/solar-kunst-7907256

BIBLIOGRAPHIE PROJEKTE

RE:GEN

Energym, https://energym.io

Mary Murphy: „Ride Bike to Power Devices: RE:GEN Trainer Generates Electricity You Can Use", 15. Juni 2021, *GearJunkie*, https://gearjunkie.com/news/energym-regen-electricity-bike

„RE:GEN Get Reward to Exercise 6 Generate Power", Indiegogo, www.indiegogo.com/projects/re-gen-get-rewarded-to-exercise-generate-power/#/

ROADMAP 2050: A PRACTICAL GUIDE TO A PROSPEROUS, LOW-CARBON EUROPE
(Ein praktischer Leitfaden für ein prosperierendes, CO_2-freies Europa)

OMA – Office for Metropolitan Architecture, www.oma.com/publications/roadmap-2050-a-practical-guide-to-a-prosperous-low-carbon-europe

Daniel A. Barber: „Hubbert's Peak, Eneropa, and the Visualization of Renewable Energy", in: *Places*, Mai 2013, https://placesjournal.org/article/hubberts-peak-eneropa-and-the-visualization-of-renewable-energy/?cn-reloaded=1

„Eneropa: our energy future?", in: *the Guardian*, 7. Mai 2010, www.theguardian.com/artanddesign/gallery/2010/may/07/architecture-rem-koolhaas

European Climate Foundation, www.europeanclimate.org

Hattie Hartman: „Rotterdam, The Netherlands – Rem Koolhaas' OMA tackles energy interdependency in Europe", in: *The Architectural Review*, 1. Juni 2010, https://www.architectural-review.com/essays/rotterdam-the-netherlands-rem-koolhaas-oma-tackles-energy-interdependency-in-europe

SHINE

Shine, www.shineturbine.com/

Heather Balogh Rochfort: „How Tech is Transforming the Outdoor Industry", in: *Outside Business Journal*, 31. August 2021, www.outsideonline.com/business-journal/issues/how-tech-is-transforming-the-outdoor-industry

Rob Maeda: „Portable Wind Turbine Brings Power to the Outdoors" (Video), *NBC Bay Area*, 19. April 2023, www.nbcbayarea.com/news/local/climate-in-crisis/bay-area-wind-energy/3209632/

SION

Sonomotors, https://sonomotors.com

Gregor Hebermehl u. a.: „Sion-Reservierer verlieren wohl ihr Geld", in: *auto, motor, sport*, 15. Mai 2023, www.auto-motor-und-sport.de/elektroauto/sono-sion-geld-zurueck

SOLAR DO-NOTHING-MACHINE

Library of Congress, Charles and Ray Eames Collection, Box II:101, Aluminum Company of America, Forecast Projects, ALCOA Solar Do Nothing Machine 1953–1957

Brief von Charles Eames an Ian McCallum, 14. November 1958, Library of Congress, Charles and Ray Eames Collection, Box II:17 Folder 5, McCallum, Ian, Architectural Review, Alcoa Solar Do Nothing-Machine

Brief von Tom Ross, Art Director bei Ketchum, MacLeod & Grove an Charles Eames, 28. Mai 1956, Library of Congress, Charles and Ray Eames Collection, Box II:101 Folders 9–10, Alcoa Forecast Solar Do Nothing Correspondence

Olga Gueft: „For Alcoa's Forecast Program Eames Creates a Sun Machine That Accomplishes: Nothing?", in: Interiors, CXVII, Nr. 9, April 1958, S. 122–123, 182–193

John Neuhart, Marylin Neuhart und Ray Eames: *Eames Design: The Work of the Office of Charles and Ray Eames*, Harry N. Abrams, New York 1989, S. 220–221

Marylin Neuhart, John Neuhart: *The Story of Eames Furniture*, Gestalten, Berlin 2010, S. 662–663

Sarah Nichols: *Aluminum by Design*, Ausst.-Kat. des Carnegie Museum of Art, Pittsburgh 2000

Daniel Ostroff (Hg.): *An Eames Anthology: Articles, Film Scripts, Interviews, Letters, Notes, Speeches by Charles and Ray Eames*, Yale University Press, New Haven / London 2015, S. 189–191

SOLAR E-TEXTILES

Neranga Abeywickrama u. a.: „The Design and Development of Woven Textile Solar Panels", in: *Materials*, Jg. 16, Nr. 11, 2023 (4129), https://doi.org/10.3390/ma16114129

Achala Satharasinghe, Theodore Hughes-Riley und Tilak Dias: „A Review of Solar Energy Harvesting Electronic Textiles", in: *Sensors*, 21. Oktober 2020, https://core.ac.uk/download/pdf/337607587.pdf

Lea Zeitoun: „E-Textile composed of 1200 Photovoltaic cells nottingham trent university", in: *designbocm*, 12. Dezember 2022, www.designboom.com/technology/e-textile-composec-of-1200-photovoltaic-cells-nottingham-trent-university-12-12-2022

SOLAR MAMAS

Barefootcollege, www.barefootcollege.org/solution/solar

Bérénice Magistretti: „These ‚Solar Mamas' Are Trained as Engineers to Bring Power and Light to Their Villages", in: *Forbes*, 25. Juli 2019, www.forbes.com/sites/berenicemagistretti/2019/07/25/these-solar-mamas-are-trained-as-engineers-to-bring-power-and-light-to-their-villages/?sh=339189b8204f

WWF – World Wide Fund for Nature: „Madagaskar: Solarstrom dank Barefoot College", www.wwf.ch/de/projekte/madagaskar-solarstrom-dank-barefoot-college

SOLAR PARASOL

Ville Kokkonen, www.villekokkonen.com/work/foldable-travel-parasol-2018/, aufgerufen am 29. September 2023

SOLAR PROTOCOL

Solar Protocol, http://solarprotocol.net/program.html, aufgerufen am 9. August 2023

Timothy Rooks: „Data centers keep energy use steady despite big growth", *DW – Deutsche Welle*, 24. Januar 2022, https://www.dw.com/en/data-centers-energy-consumption-steady-despite-big-growth-because-of-increasing-efficiency/a-60444548

Steve Lohr: „The Internet Eats Up Less Energy Than You Might Think", in: *New York Times*, 24. Juni 2021, https://www.nytimes.com/2021/06/24/technology/computer-energy-use-study.html

SOLAR SHIRT

Pauline van Dongen, www.paulinevandongen.nl/portfolio/solar-shirt/#scroll-down

Bart Brouwers: „Solar Shirt Pauline van Dongen in Victoria and Albert Museum", *Innovation Origins*, 14. Juni 2018, www.innovationorigins.com/en/solar-shirt-pauline-van-dongen-in-victoria-and-albert-museum

SOLAR SINTER

Kayserworks, www.kayserworks.com/798817030644

Markus Kayser: „Solar Sinter Project" (YouTube-Video), 28. Juni 2011, www.youtube.com/watch?v=ptUj8JRAYu8&t=218s

Stefan: „Solar Sinter – 3D Druck mit der Kraft der Sonne", *Netzkonstrukteur*, 12. Januar 2022, www.netzkonstrukteur.de/solar-sinter-3d-druck-mit-der-kraft-der-sonne

SOLAR TURTLE

Solar Turtle, www.solarturtlesa.co.za

Solar Turtle auf Facebook, www.facebook.com/SolarTurtle

„SA youth: Pioneers for a green economy and overcoming power challenges", *South Africa. The Good News*, 20. Juni 2023, www.sagoodnews.co.za/child-protection-week-programme-talton-moghale-city-by-thabo-motlhabi-2

Sanedi – South African National Energy Development Institute (Hg.): „A Mean, Lean and Green Energy Solution", *Insights*, 4. April 2023, www.issuu.com/lithacommunications/docs/060323-sanedi_insights_book_2023

WWF South Africa: „WWF-SA Climate Solver: Solar Turtle" (YouTube-Video), 7. März 2014, www.youtube.com/watch?v=12RWuWnrSQk

SOLARIS

ESA Solaris, The European Space Agency, www.esa.int/Enabling_Support/Space_Engineering_Technology/SOLARIS/

Stuart Clark: „Beam me down: can solar power from space help solve our energy needs?", *The Guardian*, 9. Oktober 2022, https://www.theguardian.com/science/2022/oct/09/beam-me-down-can-solar-power-from-space-help-solve-our-energy-needs

Constantin Hoppe: „Energieerzeugung: Könnte ein Solar-Kraftwerk in der Erdumlaufbahn die Energieprobleme lösen?", in: *Frankfurter Rundschau*, 11. September 2022, https://www.fr.de/wissen/raumfahrt-energiekrise-weltall-solaris-mission-esa-satelliten-solar-strom-energieerzeugung-91781286.html

SOLARPUNK

Leon Tukker, https://leontukker.artstation.com/projects

„Art Competition winners: Solarpunk 2019", Atomhawk, https://atomhawk.com/resources/art-competition-2019-winners

Adam Flynn: „Solarpunk: Notes toward a manifesto", 4. September 2014, Project Hieroglyph, Arizona State University, https://hieroglyph.asu.edu/2014/09/solarpunk-notes-toward-a-manifesto

„From Steampunk to Solarpunk", 27. Mai 2008, Republic of the Bees, https://republicofthebees.wordpress.com/2008/05/27/from-steampunk-to-solarpunk

Lara Keilbart: „Solarpunk. Mit utopischem Optimismus gegen den Klimawandel", 26. Juni 2023, Deutschlandfunk Kultur, https://www.deutschlandfunkkultur.de/die-solarpunk-bewegung-genug-von-der-klima-apokalypse-podcast-dlf-kultur-d5e31986-100.html

Andrew Sage und Sabrina Gevaerd: „The Hope of Solarpunk", in: *Shado*, 12. Juli 2021, https://shado-mag.com/do/the-hope-of-solarpunk

Rhys Williams: „'This Shining Confluence of Magic and Technology': Solarpunk, Energy Imaginaries, and the Infrastructures of Solarity", Open Library of Humanities Journal, Jg. 5, Nr. 12019, 13. September 2019, https://olh.openlibhums.org/articles/10.16995/olh.329

SOLARVILLE

SPACE10, https://space10.com/projects/solarville

Natashah Hitti: „Space 10's SolarVille project proposes communities generate and share energy", 8. März 2019, in: *Dezeen*, www.dezeen.com/2019/03/08/solarville-space10-village-solar-energy-blockchain/

UN-Habitat: „Design lab, Space10, visits nairobi to present innovative energy project: Solarville", https://unhabitat.org/story-solarville

SOLGAMI

Prevalent, www.prevalent.archi/solgami

„Origami-Jalousie mit Photovoltaikanlage", in: *Baunetz_Wissen*, www.baunetzwissen.de/sonnenschutz/tipps/forschung/origami-jalousie-mit-photovoltaikanlage-6478012

SPACE-BASED SOLAR POWER PROJECT

Robert Perkins: „In a First, Caltech's Space Solar Power Demonstrator Wirelessly Transmits Power in Space", 1. Juni 2023, Caltech, www.caltech.edu/about/news/in-a-first-caltechs-space-solar-power-demonstrator-wirelessly-transmits-power-in-space

Sara Cardine: „Caltech prototype funded by O.C. donor beams solar power from space – a terrestrial first", in: *LA Times*, 1. Juni 2023, www.latimes.com/socal/daily-pilot/news/story/2023-06-01/caltech-prototype-funded-by-o-c-donor-beams-solar-power-from-space-a-terrestrial-first

Sofia Lekka Angelopoulou: „caltech launches prototype satellite developed to harvest unlimited space-based solar power", in: *designboom*, 5. Januar 2023, https://www.designboom.com/technology/caltech-prototype-satellite-space-based-solar-power-05-01-2023

SUN CATCHER

„Sun Catcher, Teresa van Dongen", Highlight Delft, www.highlightdelft.nl/program/in2022/sun-catcher-3

„Teresa van Dongen & Duncan McMillan", https://crossingparallels.nl/residents/teresa-van-dongen

„Starshade Technology Development", Nasa Exoplanet Program, https://exoplanets.nasa.gov/exep/technology/starshade

SUNNE

Marjan van Aubel, www.marjanvanaubel.com/sunne

Christina Petridou: „Sunne: The solar light that brings the sun indoors", 2. November 2022, in: *designboom*, www.designboom.com/design/sunne-solar-light-sun-indoors-marjan-aubel-11-02-2022/

BIBLIOGRAPHIE PROJEKTE

SUNTEX

Pauline van Dongen: „Suntex. Leightweight Woven Solar Textile", www.paulinevandongen.nl/portfolio/suntex

Amy Frearson: „Pauline van Dongen to ‚Create a New Aesthetic for Buildings' with Solar Textile", in: *dezeen*, 15. September 2022, www.dezeen.com/2022/09/15/pauline-van-dongen-suntex-solar-textile-architecture

Tentech: „Suntech – Technologie, Solaire et Tissage", www.tentech.nl/en/textile-architecture/nl-suntex

Fraunhofer-Institut für solare Energiesysteme ISE: „Organische Solarzellen und -module", www.ise.fraunhofer.de/de/geschaeftsfelder/photovoltaik/perowskit-und-organische-photovoltaik/organische-solarzellen-und-module.html

TERRA

Léon Félix, https://www.leonfelix.ch/, aufgerufen am 1. September 2023

THE DAY AFTER HOUSE

Takk, https://takksarchive.cargo.site/the-day-after-house

Takk: *The Day After House. Domesticities in the New Global Climate Regime*, Ausst.-Kat. Galería H2o, Barcelona 2022

Jennifer Hahn: „Takk perches communal bedroom on stilts in Madrid apartment renovation", 6. Februar 2022, in: *Dezeen*, www.dezeen.com/2022/02/09/takk-madrid-apartment-renovation

„The Day After House / Takk", in: *ArchDaily*, www.archdaily.com/975987/the-day-after-house-takk?ad_medium=office_landing&ad_name=article

THE IDEA OF A TREE

mischer'traxler Studio, www.mischertraxler.com/projects/the-idea-of-a-tree-process/mischer'traxler, mischer'traxler Studio, www.mischertraxler.com/projects/tioat-objects

„Austria: mischer'traxler: The Idea of a Tree", 18. September 2013, in: *Mapping the Design World*, https://mappingdesignww.wordpress.com/2013/09/18/austria-mischertraxler-the-idea-of-a-tree

Dezeen: „The Idea of a Tree by mischer'traxler at Clerkenwell Design Week" (YouTube-Video), 3. Juni 2013, https://www.youtube.com/watch?v=-5t2q_hSpgc

Rose Etherington: „The Idea of a Tree by mischer'traxler", in: Dezeen, 5. Juni 2009, www.dezeen.com/2009/06/05/the-idea-of-a-tree-by-mischertraxler

TOWT

TOWT, www.towt.eu

Solarimpuls Foundation, https://solarimpulse.com/companies/towt

Climate & Capital Media, www.climateandcapitalmedia.com/company-directory/towt-2/

U.F.O.G.O.

Shorefast, www.shorefast.org

India Block, Oli Stratford (Hg.): *U.F.O.G.O.*, Disegno & ECAL, London 2023 (anlässlich der Ausstellung im Rahmen des Salone del Mobile ECAL Milano U.F.O.G.O., 18.–23. April 2023, SPAZIO ORSO 16, Mailand

The International Energy Agency: „World Energy Outlook 2022", www.iea.org/reports/world-energy-outlook-2022

ULTRADÜNNE GLUKOSE-BRENNSTOFFZELLEN

Jennifer Chu: „Ultrathin fuel cell uses the body's own sugar to generate electricity", 12. Mai 2022, *MIT News*, Massachusetts Institute of Technology, www.news.mit.edu/2022/glucose-fuel-cell-electricity-0512

„Mini-Brennstoff-Zelle erzeugt Strom mit körpereigenem Zucker", 20. Mai 2022, Technische Universität München, www.tum.de/aktuelles/alle-meldungen/pressemitteilungen/details/mini-brennstoffzelle-erzeugt-strom-mit-koerpereigenem-zucker

VOLVO PURE TENSION PAVILION

„Volvo Pure Tension Pavilion", in: *Archello*, https://archello.com/project/volvo-pure-tension-pavilion

Alyn Griffiths: „Volvo Pure Tension Pavilion that charges an electric car by Synthesis + Architecture", 14. November 2013, in: *Dezeen*, www.dezeen.com/2013/11/14/volvo-pure-tension-pavilion-charges-an-electric-car-by-synthesis-design-architecture

WEAVING A HOME

Abeer Seikaly, https://abeerseikaly.com/weaving-a-home-2020

„Kreative Frau erfindet Zelte für Flüchtlinge, die Regenwasser auffangen und Solarenergie speichern", 28. November 2019, in: *Netzfrauen*, https://netzfrauen.org/2019/11/28/abeer-seikaly

UNO Flüchtlingshilfe: „Zahlen und Fakten zu Menschen auf der Flucht", www.uno-fluechtlingshilfe.de/informieren/fluechtlingszahlen

„Weaving a Home", in: *archello*, https://archello.com/de/project/weaving-a-home

WINGS FOR LIVING

Wings for Living, https://wings-for-living.de/

„Was mit alten Windrädern passiert", 8. September 2021, rbb24, www.rbb24.de/wirtschaft/beitrag/2021/09/brandenburg-windkraftanlagen-windraeder-lebensdauer-rueckbau-recycling.html

Wind Energy End-of-Service Guide, https://windexchange.energy.gov/end-of-service-guide

WISAMO

Michelin, Wisamo, https://wisamo.michelin.com/

„Michelin etwickelt aufblasbares Segelsystem WISAMO mit Reederei weiter", 19. Januar, 2022, Michelin Newsroom, https://news.michelin.de/articles/michelin-entwickelt-aufblasbares-segelsystem-wisamo-mit-reederei-weiter

IMO – International Maritime Organization: „IMO's work to cut GHC emissions from ships", https://www.imo.org/en/MediaCentre/HotTopics/Pages/Cutting-GHG-emissions.aspx

„Klimaneutral bis etwa 2050", in: *taz*, 7. Juli 2023, https://taz.de/UN-Organisation-IMO-ueber-Schifffahrt/!5945874

„Klimaneutrale Schifffahrt – UN-Organisation setzt Ziele", in: *Merkur*, 10. Juli 2023, www.merkur.de/wirtschaft/klimaneutrale-schifffahrt-un-organisation-setzt-ziele-zr-92388446.html

WORLD GAME

R. Buckminster Fuller: *Critical Path*, St. Martin's Press, London 1980

R. Buckminster Fuller: *World Design Science Decade, 1965–1975*, Phase I (1963) Document I Inventory of World Resources, Human Trend and Needs, mit einem Vorwort von John McHale, World Resources Inventory, Southern Illinois University, Carbondale Illinois, Buckminster Fuller Institute, www.issuu.com/buckminster_fuller_institute/docs/phase1

Brigitte Felderer: „R. Buckminster Fuller's World Game", in: *Kunstforum International. Kunst und Spiel I*, Nr. 176, 2005, S. 139–140

Global Energy Network Institute (GENI), www.geni.org

Stuart McMillen: *Energy Slaves* (Comic), www.stuartmcmillen.com/comic/energy-slaves/

Josh Pang: World Game Presentation 4 Book Club (Präsentation und Master Thesis), https://joshpang.com

Peg Rawes: „Insecure Predictions", Juli 2018, *e-flux Architecture: Structural Instability*, www.e-flux.com/architecture/structural-instability/208706/insecure-predictions

WORLDBEING

Layer, https://layerdesign.com/project/worldbeing-digital

Emma Tucker: „Layer's Concept Wearable Tracks Personal Carbon Consumption", 2. Oktober 2015, in: *Dezeen*, https://www.dezeen.com/2015/10/02/layer-benjamin-hubert-concept-wearable-worldbeing-wristband-tracks-personal-carbon-consumption/#

X_LAND

XTU Architects, https://www.xtuarchitects.com/xtu-nos-utopies#/x-land/

Gespräch der Autorin mit Anouk Legendre von XTU Architects am 17. Februar 2023.

Alle Websites wurden zwischen August und Dezember 2023 aufgerufen.

BIBLIOGRAFIE ESSAYS

DANIEL BARBER

Daniel A. Barber: "The World Solar Energy Project, c. 1952", in: *Grey Room*, Nr. 51, 2013, S. 64–93

Daniel A. Barber: *A House in the Sun: Modern Architecture and Solar Energy in the Cold War*, Oxford University Press, Oxford 2016

Daniel A. Barber: *Modern Architecture and Climate: Design before Air Conditioning*, Princeton University Press, Princeton, NJ, 2020

James Marston Fitch und Wolfgang Langewiesche: "A Lesson in Climate Control", in: *House Beautiful*, Jg. 91, Nr. 10, Oktober 1949, S. 151–155

Jiat-Hwee Chang und Tim Winter: "Thermal Modernity and Architecture", in: *The Journal of Architecture*, Jg. 20, Nr. 1, 2015, S. 92–121

Richard W. Hamilton (Hg.): *Space Heating with Solar Energy: Proceedings of a Course-Symposium Held at the Massachusetts Institute of Technology, August 21–26, 1950*, Massachusetts Institute of Technology/Bemis Foundation, Cambridge, MA, 1954

Aladar Olgyay: "Solar House Heating", in: The *Hungarian Quarterly*, Jg. 3, Nr. 1–2, April–Juli 1963, S. 1–11

Aladar Olgyay: "Design Criteria for Solar Heated Houses", in: United Nations: *Proceedings of the United Nations Conference on New Sources of Energy: Solar Energy, Wind Power, and Geothermal Energy*, Rome, 21–31 August 1961, United Nations Publications, New York 1964, S. 154–155

Aladar Olgyay und Victor Olgyay: *Solar Control and Shading Devices*, Princeton University Press, Princeton, NJ, 1957

Aladar Olgyay und Mária Telkes: "Solar Heating for Houses", in: *Progressive Architecture*, Jg. 40, März 1959, S. 195–203

Victor Olgyay: "The Temperate House", in: *Architectural Forum*, Jg. 94, Nr. 3, März 1951, S. 180–189

Yamina Saheb: "COP26: Sufficiency Should be First", in: *Buildings and Cities*, 10. Oktober 2021, https://www.buildingsandcities.org/insights/commentaries/cop26-sufficiency.html; dt. Version: www.de-ipcc.de/media/content/IPCC_AR6_WGIII_SPM_de_vorlaeufiges-Layout.pdf, zuletzt aufgerufen am 7. Juli 2023

Priyadarshi R. Shukla u. a. (Hg.): *Climate Change 2022: Mitigation of Climate Change*. Contribution of Working Group III to the Sixth Assessment Report of the Intergovernmental Panel on Climate Change, Cambridge University Press, Cambridge 2022

John I. Yellott (Hg.): *Living with the Sun: Sixty Plans Selected from the Entries to the International Architectural Competition to Design a Solar-Heated Residence*, Association for Applied Solar Energy, Phoenix, AZ, 1958

DONATELLA GERMANESE

Anonym: "Priorities and a Small House Designed by Peter Graham Harnden and Mario Corbett", in: *California Arts & Architecture*, Jg. 59, Nr. 4, 1942, S. 20–21

The *Architectural Review*, Jg. 113, Nr. 676, 1953

United States Information Agency (USIA): *3rd Review of Operations: July–December 1954*, U.S. Government Printing Office, Washington, DC, 1955

Arts & Architecture, Jg. 83, Nr. 6, 1966

Paul Boyer: *By the Bomb's Early Light: American Thought and Culture at the Dawn of the Atomic Age*, University of North Carolina Press, Chapel Hill, NC/London 1985

California Arts & Architecture, Jg. 59, Nr. 4, 1942

James H. Carmel: *Exhibition Techniques: Traveling and Temporary*, Reinhold Publishing, New York 1962

Nikita S. Chruschtschow: "Speech to the Presidium of the Communist Party of the Soviet Union, December 29, 1955", in: Pavel A. Satiukov (Hg.): *Missiia druzhby: prebyvanie N. A. Bulganina i N. S. Khrushcheva v Indii, Birme, Afganistane*, Pravda, Moskau 1956, S. 353, zit. n.: Engerman, The *Price of Aid*, 2018, S. 125

Angela N. H. Creager und Maria Rentetzi: "Sharing the ,Safe' Atom?: The International Atomic Energy Agency and Nuclear Regulation through Standardisation", in: Bernadette Bensaude-Vincent u. a. (Hg.): *Living in a Nuclear World*, Routledge, London/New York 2022, S. 111–131

Domus, Nr. 298, September 1954

Jochen Eisenbrand: *George Nelson – Ein Designer im Kalten Krieg. Ausstellung für die United States Information Agency 1957–1972*, Park Books, Zürich 2014

Dwight D. Eisenhower: "Address by Mr. Dwight D. Eisenhower, President of the United States of America, to the 470th Plenary Meeting of the United Nations General Assembly", 8. Dezember 1953, www.iaea.org/about/history/atoms-for-peace-speech, aufgerufen am 14. Juni 2023

David C. Engerman: *The Price of Aid: The Economic Cold War in India*, Harvard University Press, Cambridge, MA, 2018

Paul u. a. Erickson: *How Reason Almost Lost Its Mind: The Strange Career of Cold War Rationality*, University of Chicago Press, Chicago 2013

Kenneth Frampton: "Max Bill", in: *The Other Modern Movement: Architecture, 1920–1970*, Yale University Press, New Haven, CT/London 2021, S. 268–287

Julio Garnica: "Best as a Team: Peter Harnden's Big Band Architecture", in: *Revista de Arquitectura* [Pamplona], Nr. 23, 2021, S. 238–245

Donatella Germanese: "The Ingredients of a Successful Atomic Exhibition in Cold War Italy", in: *Annals of Science*, Jg. 80, Nr. 1, 2023, S. 10–37

Marco Giugni: *Social Protest and Policy Change: Ecology, Antinuclear, and Peace Movements in Comparative Perspective*, Rowman and Littlefield Publishers, Lanham, MD, u. a. 2004

Jacob Darwin Hamblin: *The Wretched Atom: America's Global Gamble with Peaceful Nuclear Technology*, Oxford: Oxford University Press, Oxford 2021

Peter G. Harnden, Lanfranco Bombelli Tiravanti und Pierre Boucher: "Mostra atomica", in: *Domus*, Nr. 298, September 1954, S. 64–66

Hein-Anton van der Heijden: "The Great Fear: European Environmentalism in the Atomic Age", in: Marco Armiero und Lise Fernanda Sedrez (Hg.): *A History of Environmentalism: Local Struggles, Global Histories*, Bloomsbury Academic, New York 2014, S. 185–211

Ina Heumann und Julia B. Köhne: "Imagination einer Freundschaft – Disneys *Our Friend the Atom*. Bomben, Geister und Atome im Jahr 1957", in: *Zeitgeschichte*, Jg. 35, Nr. 6, 2008, S. 372–395

Max Huber: *T8. Ottava Triennale di Milano*, Ausst.-Kat. Triennale di Milano, Mailand 1947, International Atomic Energy Agency (IAEA): "Country Nuclear Power Profiles", https://www.cnpp.iaea.org/pages/index.htm, aufgerufen am 14. Juni 2023

John Krige: "Atoms for Peace, Scientific Internationalism, and Scientific Intelligence", in: *Osiris*, Jg. 21, Nr. 1, 2006, S. 161–181

Flora Lysen: "Blinking Brains, Corporate Spectacle, and the Atom Man: Visual Aspects of Science at the Stedelijk Museum Amsterdam (1962)", in: *Stedelijk Studies*, Nr. 2, 2015, https://www.stedelijkstudies.com/journal/blinking-brains-corporate-spectacle-and-the-atom-man/, aufgerufen am 27. Juni 2023

Giorgio Maffei: *M.A.C. Movimento arte concreta: Opera editoriale*, Bonnard, Mailand 2004

Masey, Jack und Conway L. Morgan: *Cold War Confrontations: US Exhibitions and Their Role in the Cultural Cold War*, Lars Müller Publishers, Baden 2008

Gisela und Edna Suárez-Díaz Mateos: "'We are Not a Rich Country to Waste Our Resources on Expensive Toys': Mexico's Version of Atoms for Peace", in: *History and Technology*, Jg. 31, Nr. 3, 2015, S. 243–258

Elizabeth Walker Mechling und Jay Mechling: "The Atom According to Disney", in: *Quarterly Journal of Speech*, Jg. 81, Nr. 4, 1995, S. 436–453

Elizabeth B. Mock: *Tomorrow's Small House*, Ausst.-Kat. Museum of Modern Art, New York 1945 [2017]

Jahnavi Phalkey: *Atomic State: Big Science in Twentieth-Century India*, Permanent Black, Ranikhet 2013

Presentations Branch, US Special Representative in Europe: "Four Mobile Exhibitions", in: *Architectural Review*, Jg. 113, Nr. 676, 1953, S. 216–225

Jayita Sarkar: *Ploughshares and Swords: India's Nuclear Program in the Global Cold War*, Cornell University Press, Ithaca, NY/London 2022

Frank Schumacher: "The Symbolic Confrontation: Visual Power and American Opinion Management in West-Germany, 1949–1955", in: *Cahiers Charles V*, Nr. 28, Juni 2000, S. 125–148

Michaela Šmidrkalová: "Celebrating the Czechoslovak Atom: From ,Atoms for Peace' to Expo 58", in: *Annals of Science*, Jg. 80, Nr. 1, 2023, S. 38–61

United States Information Agency (USIA): *4th Review of Operations: January 1–June 30, 1955*, U.S. Government Printing Office, Washington, DC, 1955

United States Information Agency (USIA): *5th Review of Operations: July 1–December 31, 1955*, U.S. Government Printing Office, Washington, DC, 1956

Héctor García-Diego Villarías und Rubén A. Alcolea Rodríguez: "Exposiciones ambulantes: Campañas propagandísticas estadounidenses en Europa (1949–1959) / Exhibitions on Wheels: USA, Propaganda Campaigns in Europe (1949–1959)", in: *Constelaciones*, Nr. 7, 2019, S. 155–169

Yvonne Zimmermann: "Zielgruppenorientierte Unternehmenskommunikation. Die Filmpraxis von Geigy", in: Museum für Gestaltung Zürich (Hg.): *Corporate Diversity. Schweizer Grafik und Werbung für Geigy 1940–1970*, Lars Müller Publishers, Baden 2009, S. 48–57

CAROLA HEIN

Neil Brenner und Christian Schmid: "Towards a New Epistemology of the Urban?", in: *City*, Jg. 19, Nr. 2–3, 2015, S. 151–182

Nancy Couling und Carola Hein (Hg.): *The Urbanisation of the Sea: From Concepts and Analysis to Design*, nai010/BK Books, Rotterdam 2020

Ernst & Young: *The Oil Downstream: Vertically Challenged?* (2012), https://www.yumpu.com/en/document/view/28677732/the-oil-downstream-vertically-challenged-ernst-young, aufgerufen am 7. August 2023

Matthew Gandy: "Planetary Urbanization", in: Matthew Gandy (Hg.): *Urban Constellations*, Jovis, Berlin 2011, S. 10–13

Carola Hein,: "Global Landscapes of Oil", in: *New Geographies*, Jg. 2, Sondernummer *Landscapes of Energy*, 2009, S. 33–42

Carola Hein: "Between Oil and Water: The Logistical Petroleumscape", in: Neeraj Bhatia und Mary Casper (Hg.): *The Petropolis of Tomorrow*, Actar/Archicture at Rice, New York 2013, S. 436–447

Carola Hein: "‚Old Refineries Rarely Die': Port City Refineries as Key Nodes in the Global Petroleumscape", in: *Canadian Journal of History*, Jg. 55, Nr. 3, 2018, S. 450–479, utpjournals.press/doi/abs/10.3138/cjh.ach.53.3.05

Carola Hein: "Oil Spaces: The Global Petroleumscape in the Rotterdam/The Hague Area", in: *Journal of Urban History*, Jg. 44, Nr. 5, September 2018, S. 887–929, https://doi.org/10.1177/0096144217752460

Henri Lefebvre: *The Production of Space*, übers. v. Donald Nicholson-Smith, Blackwell, Oxford 1991, S. 26–27

STEPHAN RAMMLER

R. Buckminster Fuller: *Bedienungsanleitung für das Raumschiff Erde und andere Schriften*, übers. und hg. von Joachim Krausse, Mitarbeit Ursula Bahn, Rowohlt, Reinbek b. Hamburg 1973

Stephan Rammler: *Mobilität und Moderne. Geschichte und Theorie der Verkehrssoziologie*, Edition Sigma, Berlin 2001

Stephan Rammler: *Schubumkehr. Die Zukunft der Mobilität* (Forum für Verantwortung 3079), 2. Aufl., Fischer Taschenbuch, Frankfurt am Main 2015

Stephan Rammler: *Volk ohne Wagen. Streitschrift für eine neue Mobilität*, Fischer Taschenbuch, Frankfurt am Main 2017

Stephan Rammler, Dirk Thomas, André Uhl und Felix Beer: *Resiliente Mobilität. Ansätze für ein krisenfestes und soziales Verkehrssystem* (WISO-Diskurs 03), Friedrich-Ebert-Stiftung, Abteilung Wirtschafts- und Sozialpolitik, Berlin 2021

CATHARINE ROSSI

Emilio Ambasz: „Design Program", in: Emilio Ambasz (Hg.): *Italy: The New Domestic Landscape: Achievements and Problems of Italian Design*, Ausst.-Kat. Museum of Modern Art, New York, und Centro di Florence, 1972

Archizoom Associati: „Global Tools" (1973), wieder abgedruckt in: Valerio Borgonuovo und Silvia Franceschini (Hg.): *Global Tools 1973–75*, Salt/Garanti Kültür AŞ, Istanbul 2015, https://www.saltonline.org/media/files/globaltools_scrd-1.pdf, aufgerufen am 15. Juli 2023, o. P.

Sandra Backlund u. a.: „STATIC! The Aesthetics of Energy in Everyday Things", in: Ken Friedman u. a. (Hg.): DRS2006: Wonderground, Papers from the International Conference (1.–4. November 2006) in Lissabon, Portugal, https://dl.designresearchsociety.org/drs-conference-papers/drs2006/researchpapers/36, aufgerufen am 15. Juli 2023

Jenny Bergström u. a.: „Becoming Materials: Material Forms and Forms of Practice", in: *Digital Creativity*, Jg. 21, Nr. 3, 2010, S. 152–172

Evan Boyle: „Rethinking Energy Studies: Equity, Energy and Ivan Illich (1926–2002)", in: *Energy Research & Social Science*, Jg. 95, Januar 2023

Godfrey Boyle und Peter Harper (Hg.): *Radical Technology*, Pantheon Books, New York 1976

Barnabas Calder: *Architecture: From Prehistory to Climate Emergency*, Pelican, London 2021

Alison Clarke: *Victor Papanek: Designer for the Real World*, MIT Press, Cambridge, Mass. 2021

Gary Cook und Elizabeth Jardim: *Greenpeace Reports: Guide to Greener Electronics*, Oktober 2017, hg. v. Nancy Bach, https://www.greenpeace.org/usa/reports/greener-electronics-2017, aufgerufen am 15. Juli 2023

Kate Crawford und Vladan Joler: *Anatomy of an AI System*, 2018, https://anatomyof.ai, aufgerufen am 29. August 2023

Earth Overshoot Day, Global Footprint Network: „Media Backgrounder: Earth Overshoot Day" (o. D.), https://www.overshootday.org/newsroom/media-backgrounder/, aufgerufen am 23. August 2023

Ivan Illich: *Energy and Equity*, Harper & Row, New York 1973

Ivan Illich: „The Energy Crisis", in: Ivan Illich: *Toward a History of Needs*, Pantheon Books, New York 1978, S. 2–6

Ivan Illich: „Energie und Gerechtigkeit", in: *Fortschrittsmythen*, Rowohlt, Reinbek bei Hamburg 1978, S. 73–112

Patricia Leigh Brown: „Space for Trash: A New Design Frontier", in: *New York Times*, 27. Juli 1989, https://www.nytimes.com/1989/07/27/garden/space-for-trash-a-new-design-frontier.html, aufgerufen am 15. Juli 2023.

„Microbial Home Probe", *Materiability Research Group* (o. D.), https://www.materiability.com/portfolio/microbial-home/, aufgerufen am 29. August 2023

Jane Penty: *Product Design and Sustainability: Strategies, Tools and Practice*, Routledge, Abingdon/Oxon/New York 2019

Franco Raggi: „Dysfunctional Objects for a Heretical ‚Inverse Ergonomics'", in: Valerio Borgonuovo und Silvia Franceschini (Hg.): *Global Tools 1973–75*, Salt/Garanti Kültür AŞ, Istanbul 2015, https://www.saltonline.org/media/files/globaltools_scrd-1.pdf, aufgerufen am 15. Juli 2023

UK Office for National Statistics: „Energy prices and their effect on households", 1. Februar 2022, https://www.ons.gov.uk/economy/inflationandpriceindices/articles/energypricesandtheireffectonhouseholds/2022-02-01, aufgerufen am 23. August 2023

UK Parliament Post: „Energy Consumption of ICT", 1. September 2022, https://www.post.parliament.uk/research-briefings/post-pn-0677/#:~:text=Information%20and%20Communication%20Technology%20(ICT,use%20over%20the%20next%20decade, aufgerufen am 20. August 2023

INDEX

A

Aachen 17
Abfall
    Biogas aus 14, 29
    Filtration Skyscraper 20–21
    Metabolic House 121, 126–127
    Microbial Home 32, 121
    radioaktiver 13, 161
    siehe auch Müll; Recycling
Abwasser 32
Acopian Solar Radio 49
Adaptive Solar Façade (ASF) 11
Adsorptionskühlschränke 15
Aerodynamisches Institut 25
Afrika 6, 12, 13–14, 30
    siehe auch einzelne Länder
Agrarwirtschaft 17
Ägypten 12, 61, 158Fn8, 168
Aix-en-Provence 28
Akkus 110
    siehe auch Batterien
Aktivhaus (Unternehmen) 54–55, 96
ALBA (Experiment) 64
ALCOA (Hersteller) 58–59
Alfa Laval AB 52
AlfaWall Oceanbird 52
Algenfarm 29
All *siehe* Weltraum
Aluminium 11, 14, 24, 25, 58–59, 68–69
Amager Resource Center (CopenHill) 16, 38–39
Amazon Echo 119, 124–125
American Institute of Architects 143
Amerika *siehe einzelne Länder*
AMO (Think-Tank) 57
Anatomy of an AI (Diagramm) 119, 124–125
Anemos (Siegel) 67
Angerer, Marcus 68
Anigbogu, Stanley 30
Anmet (Manufaktur) 70
Anthropozän 129
Antiatomkraftbewegung 6, 12–13, 45
Apps 71–72, 102
Aptera (Solarmobil) 11, 34–35
Architectural Review 58, 160
Architekturfotografie 161
Architektur und ArchitektInnen *siehe* Baugewerbe; *einzelne Büros und Personen*
Argentinien 158Fn8
Arizona 141, 146, 149
Armbänder 71–72, 102
Arsen 17
Artifizielle Intelligenz (AI) 119, 124–125
Asca (Firma) 56
Aserbaidschan 175
Asien 12, 132
    siehe auch einzelne Länder
A/S Research Group 11
Aßmann, Richard 25
Association for Applied Solar Energy (AFASE) 142, 145
Athen 5
Atlantropa (Projekt) 11–12
Atomenergie
    „Atomkraft? Nein Danke"-Logo 6, 12–13, 45
    Atomteller 13, 82
    Ausstellungen 50, 157–160, 161, 162–165
    Cartoon 50
    in Deutschland 50
    Entwicklung 6, 157–161
    Ford Nucleon 21
    General Fusion 21–23
    ITER 28
    Kraftwerk als Spielzeug 53, 89
    Nuklearmedizin 158
    Unfälle 50, 161
Atomhawk (Studio) 62–63, 104
Aubel, Marjan van 6, 40–41, 48, 56, 64–65, 75, 92–93, 121
Auger, James 51
Aurea Technologies (Start-up) 57–58
Ausstellungen
    über Atomenergie 50, 157–160, 161, 162–165
    im E-WERK Luckenwalde 29–30
    Internationale Bauausstellung Hamburg 19
    Is This Your Future? 28, 36
    Italy: The New Domestic Landscape 120
    Mark Dion: Misadventures of a 21st-Century Naturalist 49
    Powerama-Schau 23
    The Sun at Work 142, 149
    Sun Thinking 60
    6. und 8. Triennale 160–161
    siehe auch Museen; Weltausstellungen
Austin 141, 143
Australien 17, 60, 62, 63, 142Fn5
Auszeichnungen und Preise 16, 52, 63, 65, 142
Autofrachter 52
Automobile
    Aptera 11, 34–35
    Cars Into Bicycles 137
    Covestro Sonnenwagen 17, 44
    Elektrifizierung (allg.) 130–132
    Ford Nucleon 21
    von General Motors 22, 23
    hybride 19
    Lightyear 30, 80–81
    Sion 58
    von Volvo 68–69
Available Networks (Projekt) 13
Azerbaijan 175

B

Bad Cannstatt 54–55
Bahnfahren 108
Bakterien 23, 32, 121
Baku 175
Balkone 54, 96
Barcelona 107–117
Barefoot College International 59–60
Batterien
    in Autos (allg.) 130, 131
    in Bussen 58
    im Covestro Sonnenwagen 17
    in Energy Curtain 121
    Gravity Battery 51
    Hot Heart als 26
    in Implantaten 68
    mit Lignode® 30–31
    im Plusenergiequartier P18 55
    im Ra (Wandbehang) 56
    im Solar Parasol 60
    im Solar Shirt 61
    von Solar Turtle 61
    im Sun Catcher 64
    in Sunne 65
    in Weaving a Home 69
    für Websites 110–111
Baugewerbe 7, 29, 55–56, 61
    siehe auch Fassaden; Häuser
Bauhaus Earth (Think-Tank) 18
Bäume 66–67
Bausatz (Solarzelle) 49–50
Bayer, Herbert 70, 71
Behrens, Peter 12
Beleuchtung (Außen-) 23, 121
    siehe auch Lampen
Belgien 17, 157, 158Fn8, 160
Bell Laboratories 6, 49–50, 59
(B)energy (Firma) 13–14
Berlin 15, 18, 20, 50, 52, 53, 158, 159
Bernard, Cedric 121Fn21
Berwick, Ben 63
Beschränkungen (für DesignerInnen) 8, 51
Beschränkungen (ökologische) 135–136, 138–139
Beton 19, 56, 146
Bevölkerung (Welt-) 71, 129
Bezos, Jeff 14, 22
Bhabha, Homi J. 159
Bibliotheken 142
Biblis 50
Bienen 32
Bienenwachs 114
Big Vortex 20
Bildgeschichten *siehe* Cartoons; Comic
Bill, Max 160
Bio-Digester 32, 121
Biofilm 32
Biogas 13–14, 29, 32
BiogasUnite (Initiative) 14
Biolumineszenz 23, 32
Bitumen 168
Bjarke Ingels Group (BIG; Architekturbüro) 16, 20, 38–39
Blechbüchsenradio 120, 123
Blockchain-Technologie 14, 63
Blockheizkraftwerke 19
Blogs 62
Blue Alchemist 14
Blue Origin 14
Böer, Karl W. 147
Bogen und Pfeil 114–115
Bohlen, James 120
Bohrinseln 7, 20, 53, 72, 78, 89, 174
Boijmans van Beuningen (Museum) 26–27
Bojen 16–17, 53
Bols, Jule 68
Bombelli Tiravanti, Lanfranco 158, 160–161
Boote *siehe* Schiffe und Boote
Boothe Luce, Clare 159, 162
Boston 49, 142
Boyle, Godfrey 120–121
(B)pack 13–14
Brain, Tega 60, 61
Brasilien 158Fn8, 172
Bras, Pablo 8, 13
Bratislava 163
Brattørkaia (Powerhouse) 55–56
Braunkohlekraftwerk 20, 91
Breezewood 178
Brenner, Neil 167
Brennstoffe *siehe* Fossile Energieträger
Brennstoffzellen 32, 68, 130–131
Brokdorf 50
Brooklyn Microgrid 14
Brunsbüttel 50
Bücher
    über Atomkraft 50, 157, 158
    über Energiewende 120–121
    über Erdöl 174, 177
    Low-Tech Magazine als 31, 111
    Die Produktion des Raums 167
    Solar Control and Shading Devices 141
    über Windkraft 25
    World Geographic Atlas 70, 71
Bunker (Energie-) 19, 42
Bürgerwerke 30
Burma 139
Büros und Bürogebäude 55–56, 109
Burtynsky, Edward 175, 178
Busse 58

C

Calciumhydroxid und Calciumoxid 24
Calder, Barnabas 119
California Institute of Technology (Caltech) 64
Cambridge (MA) 68
Camping 30, 57–58, 95
Carbon Trust (Agentur) 71–72
Carlo Ratti Associati (CRA) 26, 46–47
Carson, Rachel 120
Carstensen, Christa 24, 74
Carter, Jimmy 148
Cartoons 19, 31, 50, 53, 55, 62, 64, 72
C.F. Møller Architects 15–16
Chesner, Helen 55, 79
Chiarito, Fleur Federica 68, 103
Chicago 23
Chile 60, 158Fn8
China 19, 28, 31, 62, 64, 139, 172
Christiansen, Siegfried 12
Chruschtschow, Nikita 159
Chuard (DesignerIn) 164
Club of Rome 120
CO_2 *siehe* Kohlendioxid
Cobb, William G. 23
Comic 106–117
    siehe auch Cartoons
Computerspiele 21
Container 52, 61–62
Container Corporation of America (CCA) 70, 71
Containerschiffe 70–71
Coolar (Start-up) 15
Copenhagen International School 15–16
CopenHill 16, 20, 38–39
Corbett, Mario 160
CorPower Ocean (Unternehmen) 16–17
Corvette 23
Covestro Sonnenwagen 17, 44
Crawford, Kate 119, 124–125
Crowdfunding 11, 17, 30, 52, 57–58
Culham (GB) 22
Current Table and Window 40–41, 75, 121
Curtiss-Wright (Unternehmen) 145, 147, 153

D

Dal Lago, Matteo 68, 103
Dampfgarer 113
Dancehall (Musikrichtung) 112
Dänemark 12–13, 15–16, 20, 38–39, 63, 158Fn8, 160
Darmstadt 49
Datenbanken 71
The Day After House 65–66, 86–87
Decker, Kris de 8, 26–27, 31, 98–99, 106–117
Delaware 147
Delft 6, 64, 170–171
Demokratie 63, 135–136, 139
Design und DesignerInnen
    Design Probes Program 32, 100–101, 121
    und Energiewende 57, 119–122
    Mobility Design Guide 49
    „Speculative Design" 28
    Streamline Design 5
    und zukünftige Mobilität 129–133
    siehe auch einzelne Personen und Themen
Desmazières, Nicolas 72
Deutschland
    Atlantropa (Projekt) 11–12
    und Atomkraft 13, 50, 53, 164
    Ausstellungen 20, 158, 159, 160, 161
    Coolar 15
    Energiebunker 19, 42
    Energiespeicher Heidelberg 18–19
    Harvest/Energy 24
    Kunststrom 29–30
    Mobility Design Guide 49
    Müllexport 16
    ONO E-Cargobike 52
    Plusenergiequartier P18 54–55, 96
    Sono Motors 58
    Team Sonnenwagen 17
    Windkraft 5, 25, 60
    Wings for Living 69–70
Dezeen Lighting Design of the Year 65
Digitalisierung 129–130
    siehe auch Internet
Disney, Walt 157
DOLCE (Experiment) 64
Dome Cookbook 120
Dominica 60
Dominikanische Republik 158Fn8
Domus (Zeitschrift) 159–160
Dongen, Pauline van 60–61, 65, 88, 94
Dongen, Teresa van 6, 64, 97, 121
Dover Sun House 142, 144, 145
Dresden 70
Drøbak (Powerhouse) 55
Druck, Drucker und Druckereien 29, 53–54, 56, 60, 61, 68
Dubai 5
Dübendorf 11
Duluth 49–50
Dung 120, 121
Dunne & Raby 28, 36
Dunne, Anthony 28, 36
Dymaxion-Prinzip 71

E

Eames, Charles 6, 49, 51, 58–59, 84–85
Eames, Ray 6, 58–59, 84–85
E-Autos *siehe* Automobile
EAZ Wind (Unternehmen) 17
E-Cargobike 52
EcoClipper 17
École cantonale d'art de Lausanne (ECAL) 24–25, 27, 67–68, 103
École polytechnique fédéral de Lausanne (EPFL) 6, 27
Effizienzstrategie 130
Eindhoven 32, 61
Einkaufszentrum 29
Eisenhower, Dwight D. 157
ElectriCity 130
Elektrizität *siehe einzelne Themen*
Elektrizitätswerk 29–30

INDEX

Elektronikschrott 30
Energiebunker Hamburg 19, 42
„Energie gestaltet Stadt" (Projekt) 18
Energiegewinnung siehe einzelne Themen
Energie-Infrastruktur (im Modell) 53, 89
Energiekrise 31, 135–136, 138–139, 148
„Energiesklaven" 71, 135, 136, 138
Energiespeicher Heidelberg 18–19
Energiewende (Begriff) 5, 6–8, 122
Energy Curtain 121–122
Energy Globe National Award 16
Energym (Firma) 56–57
Energy Vault (Unternehmen) 19
Eneropa 57
Engelberts, Tanja 174
England siehe Großbritannien
Enzyme 64
Epstein, Mitch 176, 179
Erdgas 147
Erdkeller 23
Erdöl und -produkte 11, 53, 120, 147, 167–179
    siehe auch Bohrinseln
Erneuerbare Energien 11–12, 18
    siehe auch Solar-/Sonnenenergie;
    Speicher; Windkraft; Windräder;
    einzelne Projekte
E-Textile 59
ETH Zürich 11, 160
Europa 12, 57, 64, 172
    siehe auch einzelne Länder
Europäische Union (EU) 5, 28
Europäische Weltraumorganisation (ESA) 62
European Solar Challenge 17
eVolo (Magazin) 20
E-WERK Luckenwalde 29–30, 83
Exel Composites (Unternehmen) 60

F
Fäden 67
Fahr- und Fitnessräder 52, 56–57, 110, 116, 130, 132, 136–137
Fahrzeuge 136
    siehe auch Automobile; Verkehr und Verkehrswende
Falttechniken
    im The Day after House 66
    Helios Solarkocher 24–25, 90
    Origami Solarpaneel 30, 95, 121
    Solar Parasol 60
    Solgami Jalousie 63
    Space-based Solar Power Project 64
    Sun Catcher 64, 97, 121
    Weaving a Home 69, 76–77
Familienleben 28
Färben 64, 67
Farbstoff-Solarzellen 40–41, 75, 121
Fassaden
    Adaptive Solar Façade 11
    Copenhagen International School 15–16
    The Day after House 66
    Energiebunker 19
    O-Wind Turbine 52
    in Passivhäusern 142
    im Plusenergiequartier P18 54–55, 96
    Powerhouse 56
    Princeton Sun House 146
    Suntex (Textilie) 65
Fazit (Projekt) 20, 91
Félix, Léon 24–25, 65, 90
Fenster 75, 121, 145, 151
Fensterläden 65
Fernwärme 18–19, 55
Filme 13, 157, 158
Filtration Skyscraper 20–21
Finnland 26, 30, 31, 46–47
Fischfarm 29
Flüchtende 69
Fogo (Insel) 67–68, 103
Ford Nucleon 21
„Forecast"-Programm 58–59
Fossile Energieträger 5, 119, 130, 147–148, 173
    siehe auch Erdöl und -produkte
Fotografie 161
Fotovoltaik siehe Photovoltaik
Frachtschiffe 17, 51–52, 67, 70–71
Frankfurt University of Applied Sciences 49
Frankreich
    und Atomkraft 13, 28, 157
    Ausstellungen 160
    Available Networks 13
    Energiekrise 139
    Glowee 23
    TOWT (Schiffsagentur) 67
    Wisamo 70
    X_Land 72
Freiburg im Breisgau 142Fn5
Freizeitangebote 16, 26
Frostpunk (Videospiel) 21
Fukushima 50, 161
Fuller, Richard Buckminster 8, 70, 71
Fuse Unit 50, 51, 122

G
Galerien siehe Museen
Gallizia, Sebastiano 68
Gal, Peter 121Fn21
Gandhi, Indira 159, 163
Gärten (Gemüse-) 23
Gartenmöbel 69, 70
Gas 13–14, 29, 32, 147
Geddes, Norman Bel 169
Geflüchtete 69
Geigy (Unternehmen) 160
Gemeinschaften 26–27, 50, 63, 119, 122, 136, 138
Gemüsefarm und -gärten 23, 29
General Dynamics 157, 164
General Electric 157
General Fusion 21–23
General Motors 22, 23, 169
Generatoren (Strom-) 13, 16–17, 19, 21, 52, 110, 116
Generatoren (Van-de-Graaff-) 158, 162
Genf 28, 164
Genossenschaften 30
Gentili, Eugenio 161
Genua 162
Geothermie 18, 19, 27, 57
Gerechtigkeit 119, 120, 135–136, 138–139
Gerstner, Karl 160Fn25
Gezeitenkraftwerke 31–32, 52–53, 57
Gibraltar 12
Gibson, Isabel 55, 79
Girard, Alexander 58
Glas 60, 146
Glasfaserboje 16–17
Global Tools (Gruppe) 120, 123
Glowee (Start-up) 23
Glukose-Brennstoffzellen 68
Goethe-Universität Frankfurt am Main 49
Golfstaaten 172
Göttingen 25
Götz, Sophia 68
Graetzel, Michael 6
Granzin, Maxine 68
Graphit 31
Graue Energie 56
Grau, Mia 13, 82
Gravity Battery, Lamp und Turntable 51
Greenpeace 119
Griechenland 5, 17, 158Fn8, 160
Großbritannien
    und Atomkraft 22, 157
    Ausstellungen 28, 36, 158Fn8
    Energieverbrauch 119
    Energym (Firma) 56–57
    Gezeitenkraftwerke 31–32, 57
    Isabel + Helen (Studio) 55
    Konferenzen 5
    Müllexport 16
    Natural Fuse 50
    Orbital O2 2 MW 52–53
    Weaving a Home 69
    Weltraum-Konzepte 62
Gross, Clauss Peter 164
Groundfridge 23
Gueft, Olga 59
Gundremmingen 13, 50
Güterverkehr 110

H
H_2-Brennstoffzelle 130, 131
Hall, Roger 120
Hamburger Energiewerke 19, 42
Hängeleuchten siehe Lampen
Hanna, Julian 51
Harnden, Peter G. 158, 160, 161
Harper, Peter 120–121
Harvest/Cooling (Wearable) 23–24
Harvest/Energy (Apparatur) 24
Harvest/Solar (Tischleuchte) 24, 74
Häuser
    The Day After House 65–66, 86–87
    Dover Sun House 142, 144, 145
    Haus der Zukunft 27
    Metabolic House 121, 126–127
    Microbial Home 32, 100–101, 121
    MIT House II 143, 150
    in Passivbauweise 142, 148
    Powerhouses 55–56
    Princeton Sun House 146–147, 153
    Solar Estates 145, 151–152
    Telkes House 141, 142–143, 147, 154–155
    „The Temperate House" 143, 150
    siehe auch Fassaden; Wand-Technologie
Haussener, Sophia 6
Heerden, Clive van 121Fn21
Heidelberg 18–19
Heizen siehe Solar-/Sonnenenergie; Wärmespeicher
Heizkraftwerk 20
Helios Solarkocher 24–25, 90
Hellisheidi 27
Hellmann, Gustav 25
Helsinki 26, 46–47
Herzschrittmacher 68
Hochbunker (Energie-) 19, 42
Hochhäuser 61, 62–63
Hochschulen siehe Universitäten; einzelne Hochschulen
Hoffnung 117
Hof (Stadt) 58
Höger, Fritz 12
Holland siehe Niederlande
Holst Centre (Forschungszentrum) 61
Holz
    im The Day after House 66, 86–87
    Elektrizität aus 29
    und Lignin 31
    Modelle 53, 63
    Modulbauweise 54–55, 96
    Rotorblätter 17
Honnef, Hermann 5, 25
Honnef, Lieselotte 25
Honnef Windkraft Werke 25
Hosteing, Lucas 67
Hot Heart 26, 46–47
House Beautiful (Zeitschrift) 143–144
Housing and Home Finance Agency (HHFA) 143–144
Huang, Alvin 68–69
Huber, Max 161
Hvidtfeldt Larsen, Lene 12–13
Hybridautos 19
Hydrogen Cooker 6, 26, 27, 37
Hydrogen Energy Future 36
Hypermobilisierung 129

I
Icebreaker (Firma) 113
IceWind (Unternehmen) 27–28
The Idea of a Tree 66–67
Ifert, Gérard 160Fn245
IKEA 63
Illich, Ivan 120, 135–136, 138–139
Imkerei 32
Implantate 68
Indien 6, 28, 59–60, 139, 158Fn8, 159, 163
Indonesien 120
Industrialisierung 32, 53, 120, 139, 169
Informationskampagnen 157–161, 172, 173
Informations- und Kommunikationstechnologien (IKT) 119
Insekten 29, 53
Installationen 20, 28, 36
Institute of Contemporary Art 49
Integrationsstrategie 131–132
Interiors (Zeitschrift) 59
Internationale Atomenergiebehörde (IAEA) 157
Internationale Bauausstellung Hamburg 19
International Energy Agency 30, 67
Internationale Seeschifffahrtsorganisation (IMO) 70, 71
International Solar Energy Society 142Fn5
International Thermonuclear Experimental Reactor (ITER) 28
Internet 8, 60, 62, 119, 122
    siehe auch Websites
Irak 158Fn8
Irland 16
Isabel + Helen (Studio) 55, 79
Island 27–28, 158Fn8
Israel 147
Is This Your Future? (Ausstellung) 28, 36
Italien
    und Atomkraft 157, 158–161, 162–163
    Ausstellungen 72, 120, 158–161, 162–163
    Global Tools (Gruppe) 120, 123
    Müllexport 16
    Princeton Sun House 146
    Start-ups 30
ITER (Reactor) 28
IT + Textiles 121–122

J
Jacobsen, Jesse 24
Jalousien 63
James Dyson Award 52
Jänschwalde 20, 91
Japan
    und Atomkraft 50, 157, 158Fn8, 161
    Energiekrise 139
    ITER-Entwicklung 28
    Weltraum-Konzepte 62, 64
Jeongok Prehistory Museum 72
Joint 117
Joler, Vladan 119, 124–125
Jordanien 69
Jugoslawien 158Fn8

K
Kalifornien 58–59, 147, 176
Kalk 24
Kalter Krieg 158, 159, 172
Kaltwasser, Martin 137
Kamerun 27
Kanada 22, 57–58, 60, 67–68, 103, 157
Kapstadt 23
Karten 11–12, 57, 70, 71
Kashi, Ed 177
Kassel 50
Kayser, Markus 60, 61
Keller (Erd-) 23
Kenia 60, 63
Kernenergie siehe Atomenergie
KernKraftMuseum 50
Kiel 24
Kiss the Petrol Kiosk Goodbye 29
Kjørbo (Powerhouse) 55
Kleidung 23–24, 55, 60–61, 79, 94
Klingebiel, Lorenz 29
Köbberling, Folke 137
Kochen 13–14, 24–25, 26, 27, 30, 37, 90
Kohle 11, 20, 91
Kohlendioxid (CO_2)
    Emissionen 11, 17, 49, 51, 66, 67, 71
    -freies Europa 57
    Fußabdruck 72
    Natural Fuse 50, 51, 122
Kohlenwasserstoffe 65, 169
Kokkonen, Ville 60
Köln 164
Kolonialismus 12, 131
Kolumbien 158Fn8
Kommunikationstechnologien 119
Konferenzen 5, 25, 142Fn5, 143, 146, 158, 164
Kongo 12
Königlich Technische Hochschule (KTH) 51
Königs Wusterhausen 25
Konversionsstrategie 130–131
Konzerne (Öl-) 168, 169, 172
Kopenhagen 13, 15–16, 20, 38–39, 63
Koppmann, Anna 53–54
Körperkühlung 23–24
Körperschweiß 32
KPM 13
Kraftwerke
    Blockheizkraftwerke 19
    Braunkohlekraftwerk 20, 91
    Elektrizitätswerk 29–30
    Gezeitenkraftwerke 31–32, 52–53, 57
    Heizkraftwerk 20
    Pumpspeicherwerke 19, 25
    siehe auch Atomenergie; Windkraft
Kreislaufwirtschaft 30, 130, 173
Kriege 5, 115, 160
    siehe auch Kalter Krieg
Krishnan, K. S. 159, 163
Krümmel 50
Küchen 32, 66, 86–87, 100–101, 121
    siehe auch Kochen
Kühlschränke 15, 23
Kühlsysteme 20, 23–24, 32, 53–54, 65, 100–101

INDEX

Künstliche Intelligenz (KI) 119, 124–125
Kunststoff 5–6, 29, 32, 69
Kunststrom (Verein) 29–30
Kunst und Kunstprojekte 20, 29–30, 56
    siehe auch Museen; *einzelne KünstlerInnen*
Kuppeln 69, 76–77

L

Lampen
    Biolumineszenz 23, 32
    Gravity Lamp 51
    Hängeleuchten 6, 64–65, 92–93, 97, 121
    The Idea of a Tree 67
    von LightEd 30
    mit Öl 169
    Ra (Wandbehang) 48, 56
    Stadtbeleuchtung 23
    Straßenlaternen 43, 53
    Tischleuchten 24, 51, 74
Ländliche Regionen 59–60, 61–62, 120
Landschaften (Erdöl-) 167–179
Landwirtschaft 17
Laternen *siehe* Lampen
Lausanne 6, 24, 27, 67–68
Layer (Agentur) 71–72, 102
Lebensmittel 23, 29, 100–101
LEDs *siehe* Lampen
Lefebvre, Henri 167
Legendre, Anouk 72
Lepri, Angiolino 123
Lepri, Gino 123
Leuchten *siehe* Lampen
Levante (Start-up) 30, 95
Levete, Amanda 22
Libanon 158Fn8
LightEd (Start-up) 6, 30
Lightyear (Auto und Start-up) 30, 80–81
Lignin 31
Lignode® 30–31
Li, Honglin 20–21
Linsen (optische) 24
Lithiumionen-Batterien 17, 30
LO3 Energy (Start-up) 14
Logos 6, 12–13, 29, 45
London 5, 28, 36, 50, 55
Long Beach 176
Los Angeles 58–59
Low-Tech Magazine 31, 106–107, 111
Luckenwalde 29–30, 83
Luddit (Begriff) 112
Lumineszenz 23, 32
Lund, Anne 6, 12–13, 45
Luzárraga, Mireia 65–66

M

Madeira 50–51
Madrid 65–66
Magazine
    eVolo 20
    Low-Tech Magazine 31, 106–107, 111
    siehe auch Zeitungen und Zeitschriften
Magris, Roberto 123
Mailand 72, 120, 161
Mama, Jack 121Fn21
MAPLE-Technologie 64
Marokko 61
Marshallplan 160
Massachusetts Institute of Technology (MIT) 68, 142–143
McCallum, Ian 58
McMillan, Duncan 6, 64
Mecklenburg-Vorpommern 70
Medizin 68, 115, 158
Meere und Meerwasser
    und Atlantropa 12
    Bojen 16–17, 53
    Filtration Skyscraper 20–21
    Gezeitenkraftwerke 31–32, 52–53, 57
    Glowee-Leuchtkörper 23
    Hot Heart 26, 46–47
    im Powerhouse Brattørkaia 56
    Roadmap 2050 57
Melbourne 142Fn5
Mensch (als Energiequelle) 26–27, 55, 98–99
Merino-Unterwäsche 113–114
Metabolic House 121, 126–127
Meteorologie 25
Mexiko 53, 136, 138, 158Fn8
Meyer, Paul 24
Meygen Tidal Power 31–32

Michelin (Hersteller) 70
Microbial Home 32, 100–101, 121
Mikrowellensender 64
Minnesota 49–50
mischer'traxler 66–67
MIT House II 143, 150
Mittelmeer 12, 57
Möbel 67, 69, 70
    siehe auch Lampen
Mobilität (zukünftige) 7, 129–133
    siehe auch Verkehr und Verkehrswende
Mobility Design Guide 49
Modelleisenbahn 110
Modulbauweise 54–55
MoMA 120
Mondgestein 14
Morelli, Alberto 11
Motorräder 11
Mühlena, Paula 68
Muiño, Alejandro 65–66
Müll (erdölbasierter) 167, 173
    siehe auch Abfall
Müllverbrennung 16, 20, 38–39
München 58, 68
Museen
    Berlinische Galerie 20
    Boijmans van Beuningen 26–27
    Dänisches Nationalmuseum 13
    Jeongok Prehistory Museum 72
    KernKraftMuseum 50
    MoMA 120
    Museum of Solar Energy (MOSE) 49–50
    Science Museum London 28, 36
    Victoria und Albert Museum 53, 55
    siehe auch Ausstellungen
Musik 112
Muthesius Kunsthochschule 24
Myklebust, Kim-Joar 30
Mylar 25
Myzele 32

N

Nachbarschaften 14, 29, 55–56, 63
Nairobi 63
NASA 14, 64
Natalini, Adolfo 123
Natalini, Fabrizio 123
Nathanson, Alex 60, 61
Natural Fuse (System) 50, 51, 122
Nebraska 179
Nehru, Jawaharlal 159, 163
NEST (Gebäude) 11
NetCity 130
Netzwerke
    Available Networks (Projekt) 13
    Energienetzwerke 14–15, 18–19, 71
    Natural Fuse 50, 51, 122
    Roadmap 2050 57
    Solar Protocol 60, 61
Neu-Dehli 159, 163
Neuhart, John 59
Neutra, Richard 160
New South Wales 63
Newton Machines 50–51
New York 14, 60, 169
New York (Bundesstaat) 145, 151–152
New York Times 11
New York University (NYU) 142, 144
Niederlande
    AMO (Think-Tank) 57
    „Atomkraft? Nein Danke"-Logo 13
    Ausstellungen 160
    EAZ Wind 17
    EcoClipper 17
    Groundfridge 23
    Lightyear (Auto und Start-up) 30, 80–81
    Microbial Home 32, 121
    Müllexport 16
    Ra (Wandbehang) 56
    Solar Shirt 60–61
    Sunne 64–65
    Suntex (Textilie) 65
Nigeria 30, 177
Nitsche, Erik 157, 164
Nordsee 57
Northvolt (Unternehmen) 31
Norwegen 55–56, 158Fn8, 172
Nottingham Trent University 59
Nova Nakhon Sawang 62–63, 104
Nuklearkatastrophen 50, 161
    siehe auch Atomenergie

Nuklearmedizin 158
Nuoya, Ren 61

O

Obninsk 157, 159
Oceanbird 51–52
Oder, Cedric 68
Offenbach 49
O-Innovations 52
Öl *siehe* Erdöl und -produkte
Olgyay, Aladar 141–147, 150–155
Olgyay, Victor 141–142, 143–144, 146, 150
OMA (Architekturbüro) 57
Omaha 179
ONO E-Cargobike 52
ONOMOTION (Start-up) 52
Orbital O2 2 MW 52–53
Orcelle Wind (Schiff) 52
Organisation der arabischen Erdöl exportierenden Länder (OAPEC) 172
Organisation Erdöl exportierender Staaten (OPEC) 120
Origami Solarpaneel 30, 95, 121
Orkney Inseln 31–32, 51
Österreich 161
O-Wind-Turbine 52

P

Pacific Garbage Patch 20–21
Pakete 114
Pakistan 158Fn8
Panama 158Fn8
Papa Foxtrot 53, 89
Papain (Enzym) 64
Papanek, Victor 120, 123
Papayafrucht 64
Papilio (Straßenlaterne) 43, 53
Parabolschüsseln 24
Paris 72, 160
Partizipation 50, 135, 136
Pasadena 64
Passivhäuser *siehe* Häuser
Pavillone 68–69
Peabody, Amelia 144
Pengfei, Kang 61
Pennsylvania 178
Peru 139, 158Fn8
PET-Folien 56
Pfadabhängigkeiten 51, 168, 173
Pfeil und Bogen 114–115
Pflanzen 50, 51, 62–63, 72, 122
Phasenwechselmaterial (PCM) 53–54
Phasenwechseltechnologie 141, 143–148
Philips (Unternehmen) 32, 100–101, 121
Phoenix 142, 146, 149
Photovoltaik
    Adaptive Solar Façade 11
    ALBA (Experiment) 64
    Brooklyn Microgrid 14
    Copenhagen International School 15–16
    Energiebunker Hamburg 19, 42
    Groundfridge 23
    LightEd 30
    mobile Anlagen 61–62
    Origami Solarpaneel 30
    im Plusenergiequartier P18 55
    Solar Do-Nothing Machine 58–59, 84–85
    Solgami Jalousie 63
    siehe auch Automobile; Häuser; Lampen
Phytoplankton 23
Piantella, Benedetta 60, 61
Pilze 32
Plaga, Sara 30
Plakate 142, 157, 159, 164–165
Plan B (Cartoon) 62
Plantationozän 119
Plastik *siehe* Kunststoff; Müll
Plusenergiequartier P18 54–55, 96
Plus Minus 25 °C (Vorhang) 53–54
Polen 21, 70
Polestar 31
Portugal 50–51
Porzellanteller 13, 82
PostlerFerguson (Studio) 53, 89
Powerama-Schau 23
Power Boxes (Lampen) 30
Powerhouses 55–56
Power Suits 55, 79
Pražsky, Adolf 159
Prehistory Museum 72

Preise *siehe* Auszeichnungen und Preise
Prevalent (Start-up) 63
Princeton Architectural Laboratory 141
Princeton Sun House 146–147, 153
Pro-Kopf-Energieverbrauch 135–136, 138–139
Propaganda 157–161, 172, 173
Pumpspeicherwerke 19, 25
Punk 62
Pure Tension Pavilion 68–69

R

Raby, Fiona 28, 36
Radioaktivität *siehe* Atomenergie
Radiometer 58
Radios und Radiosender 25, 49, 120, 123, 158
Raffinerien und -produkte 168, 169, 172
Raggi, Franco 120
Rainbird-Chill, Oscar 68
Rajasthan 59–60
Rambouillet 23
Rauchsignale (Kunst-am-Bau) 20
Raumfahrt *siehe* Weltraum
Raum und Raumordnung 18, 50, 129–130, 167–179
    siehe auch Städte und Stadtentwicklung
Ra (Wandbehang) 48, 56
Raymond, Eleanor 142, 144
Reaktoren 14
    siehe auch Atomenergie
realities:united (Studio) 7, 20, 91
Rebound-Effekte 130, 131Fn4
Reconstrained Design Group 8, 50–51
Recycling 7, 20–21, 55, 58, 69–70, 71, 72
Reederei Wallenius 51–52
RE:GEN (Fitnessrad) 56–57
Regenwasser 13, 69
Regolith 14
Rieckhoff, Yohanna 68
Riemeyer, Arvid 23–24
Roadmap 2050 57
Rodriguez, Luis 68
Rohstoffe 7, 14, 131
    siehe auch Erdöl und -produkte
Rom 146, 158, 159–160, 162
Römer, Botho von 12
Römer, Hans von 12
Rotoren 17, 27, 32, 53, 69–70
Rotterdam 26–27
Rucksäcke 13–14, 57–58, 61
Russland 5, 28, 172
    siehe auch Sowjetunion

S

Saab 900 turbo 137
SachsNottweit (Architekturbüro) 63
SAE Renewable (Unternehmen) 32
Sammelteller 13, 82
Sammlungen *siehe* Museen
San Casciano in Val di Pesa 123
Sand-Babel-Hochhäuser 61
Santa Monica 137
São Paulo 158
Schiffe und Boote 17, 30, 51–52, 67, 70–71
Schirme 60
    siehe auch Lampen
Schmid, Christian 167
Schoonderbeek, Floris 23
Schornsteine 13
Schottland 31–32, 51, 52–53
Schrott 30
Schulen 15–16, 49–50, 55
Schumacher, Ernst F. 120
Schweden 13, 16, 31, 51, 121, 157
Schweiß 32
Schweiz 11, 19, 28, 158Fn8, 160, 164
Schwimmbäder 29
Science-Fiction 62
Science Museum London 28, 36
Second-Hand-Einkaufszentrum 29
Seeger, George 120, 123
Segelboote 30
Segelfrachtschiffe 17, 51–52, 67, 70–71
Seikaly, Abeer 69, 76–77
Server-Netzwerk 60, 61
Sharing-Angebote 58, 130
Shell Oil 169
Shen, Guo 61
Shine Windturbine 57–58

INDEX

Shirts 60–61, 94
Shorefast (Organisation) 67
Siegel Anemos 67
Signal Hill 176
Silaev, Nikolay 165
Silikagel 15
Silizium 14, 65, 68
Singapur 29
Sion (Solarauto) 58
Siple, Paul 143
Skyscraper 20–21
Smartphones 56, 57, 61
Smets, Melle 8, 26–27, 98–99
Snøhetta (Architekturbüro) 55–56
Sobek, Werner 54, 96
Softpower (Start-up) 27
Software 141
Solaris-Projekt 62
SolarLab (Unternehmen) 16
Solarpunk (Bewegung) 62–63, 104
Solar-/Sonnenenergie
    Ausstellungen 142, 149
    Bausatz (Solarzelle) 49–50
    Büro 109
    Cartoon 64
    Current Table und Window 40–41, 75, 121
    E-Textile 59
    Harvest/Energy 24
    Helios Solarkocher 24–25, 90
    Hydrogen Cooker 6, 26, 27, 37
    The Idea of a Tree 66–67
    Low-Tech Magazine 31, 106–107, 111
    Museum of Solar Energy (MOSE) 49–50
    Ra (Wandbehang) 48, 56
    Roadmap 2050 57
    Solar Do-Nothing Machine 6, 58–59, 84–85
    Solar Energy Fund 142, 143, 150
    Solar Mamas 6, 59–60
    Solar Parasol 60
    Solar Protocol 8, 60, 61
    Solar Shirt 60–61, 94
    Solar Sinter 60, 61
    SolarVille 63
    Solgami Jalousie 63
    Space-based Solar Power Project (SSPP) 64
    Suntex (Textilie) 65, 88
    Weaving a Home 69, 76–77
    im Weltraum 14, 64
    X_Land (Projekt) 72, 78
    siehe auch Automobile; Häuser; Lampen; Photovoltaik; Websites
Solar Turtle (Start-up) 6, 61–62
Solgami Jalousie 63
Solidarität 50
Song, Donghwan 67
Song, Qiu 61
Sono Motors (Start-up) 58
Sörgel, Hermann 5, 11–12
Sowjetunion 57, 157, 159, 161, 163
SPACE10 (Studio) 63
Space-based Solar Power Project (SSPP) 64
Space Based Solar Power (SBSP) 62
Spanien 17, 65–66, 70
SPARK (Agentur) 29
„Speculative Design" 28
Speicher (Energie-) 18–19, 25, 42, 46–47
    siehe auch Wärmespeicher
Sperhake, Karl 24
Spiele (Computer-) 21
Spielzeug 49–50, 53, 58–59, 89, 110
SSPA (Institut) 51
Stadtbeleuchtung 23
Städte und Stadtentwicklung
    Brooklyn Microgrid 14
    „Energie gestaltet Stadt" (Projekt) 18
    und Erdöllandschaften 167
    Kiss the Petrol Kiosk Goodbye 29
    Mobility Design Guide 49
    Natural Fuse 50
    O-Wind-Turbine 52
    Plusenergiequartier P18 54–55, 96
    SolarVille 63
    siehe auch Zukunftsszenarien; einzelne Städte
Stadtwerke Heidelberg 18–19
Stahl 25, 65
Stanford Research Institute (SRI) 142
Start-ups *siehe* einzelne Unternehmen

STATIC! (Projekt) 121–122
Staudämme 12, 53
Stofe 48, 53–54, 56, 59, 94
Stokalski, Jakub 21
Stora Enso (Unternehmen) 31
Strasbourg 72
Straßenlaterne 43, 53
Streibert, Theodore 159
Stromerzeugung
    Biofilm 32
    Fernwärme 18–19, 55
    Glukose-Brennstoffzellen 68
    Natural Fuse 50, 51, 122
    RE:GEN (Fitnessrad) 56–57
    siehe auch Generatoren; Kraftwerke; Solar-/Sonnenenergie; Turbinen; Windkraft
Studio Bloc 63
Stumpf, William (Bill) 121, 126–127
Stuttgart 18, 54–55, 164
Südafrika 6, 23, 61–62
Südamerika *siehe* einzelne Länder
Südkorea 28, 62, 72
Suffizienz 8, 141, 148
The Sun at Work (Ausstellung) 142, 149
Sun Catcher (Hängeleuchte) 6, 64, 97, 121
SunCity 130
Sun Court (Labor) 145–146, 153
Sun Mobile 22, 23
Sunne (Hängeleuchte) 64–65, 92–93
Suntex (Textilie) 65, 88
Superstudio (Gruppe) 123
Sydney 63
Synthesis Design + Architecture (Büro) 68–69
Syrien 158Fn8
Szprotawa (Stadt) 70

___

T
TAKK (Architekturbüro) 65–66, 86–87
Tankstellen 29, 178–179
Taschengeld 28
Team Sonnenwagen 17, 44
Technische Universität Darmstadt 49
Technische Universität Delft 6, 64, 170–171
Technische Universität München 68
Technokratie 135, 138
Technologien (vergessene) 114
Telegrafie (optische) 114
Telemark (Powerhouse) 55
Telkes House 141, 142–143, 147, 154–155
Telkes, Mária 6, 141–147, 150–155
Teller (Sammel-) 13, 82
„The Temperate House" 143, 150
Tentech (Büro) 65
Terra (Fensterladen) 65
Tessin (Kanton) 19
Texas 19, 141, 143
Textilien 23–24, 59, 65, 88, 121–122
    siehe auch Stoffe
Thermochemie 24
Thermoheliodon 141
Three Mile Island (Reaktor) 161
Tin-Can Radio 120, 123
Tirranna (Autofrachter) 52
Tische 40–41, 121
Tischleuchten 24, 51, 74
Toiletten 32, 121
Tokamak (Reaktortyp) 28
Toraldo di Francia, Cristiano 123
Torterolo, Chiara 68
Totes Meer 69
TOWT (Schiffsagentur) 67
Trampen 106, 107
Transformation (der Mobilität) 129–133
    siehe auch Raum und Raumordnung
Transportwesen *siehe* Verkehr und Verkehrswende
Transsolar (Architekturbüro) 18
Travel Solar Parasol 60
Troendle, Stefan 6, 26, 27, 37
Trondheim 55–56
Tropisch, Heike 13, 82
Trübenbacher, Tobias 43, 53
Tschechoslowakischen Republik 159
Tschernobyl 161
Tukker, Leon 62–63, 104
Turbinen 13, 27–28, 32, 52–53, 57–58, 67
Türkei 158Fn8
Turmkonstruktionen 25
Turner, Helen 29–30
Tyali, Lungelwa 61–62

___

U
U.F.O.G.O. (Projekt) 67–68, 103
Ukraine 5
Umbrellium (Designstudio) 50, 122
UN *siehe* Vereinte Nationen
UNESCO 120
Unfälle (Reaktor-) 50, 161
UNHCR 69
Universitäten
    Universität der Künste 51
    Universität Kassel 50
    Universität von New South Wales 63
    Universität Zielona Góra 70
    University of Delaware 147
    University of Massachusetts Amherst 32
    University of Sydney 63
    University of Texas 141, 143
    siehe auch einzelne Écoles, Hochschulen und Technische Universitäten
Unterwäsche 113–114
Urban Catalyst (Unternehmen) 18
Uruguay 158Fn8
USA (United States of America)
    und Atomkraft 6, 13, 157–159, 160, 161
    Brooklyn Microgrid 14
    Cars Into Bicycles 137
    Energiekrise 136, 138–139
    „Energiesklaven" 71
    Energiespeicher-Bau 19
    und Erdöl 172, 176, 178–179
    ITER-Entwicklung 28
    Museum of Solar Energy (MOSE) 49–50
    Solar Do-Nothing Machine 58–59, 84–85
    Solarenergie-Entwicklung 141–155
    Space-based Solar Power Project (SSPP) 64
    Sun Mobile 22, 23
    Weltraum-Konzepte 62
    und Windkraft 17, 28
    World Geographic Atlas 70
Utrecht 65
Uusikaupunki 30

___

V
Valmet Automotive 30
Van-de-Graaff-Generator 158, 162
Vaseline 168
Venezuela 158Fn8
Vereinigte Arabische Emirate 5
Vereinigtes Königreich *siehe* Großbritannien
Vereinigte Staaten von Amerika *siehe* USA
Vereinte Nationen (UN) 5, 63, 70, 157, 158, 173
Verhütung 114
Verkaufsstände 61–62
Verkehr und Verkehrswende 7, 49, 129–133, 136, 172
    siehe auch Automobile; Fahr- und Fitnessräder; Schiffe und Boote
Vernetzung (in Städten) 18
    siehe auch Netzwerke
Vernieri, Luca 68
Victoria und Albert Museum 53, 55
Videospiele 21
Visionen *siehe* Zukunftsszenarien
Volvo 68–69
Vorhänge 48, 53–54, 56, 65, 121–122

___

W
Wagen *siehe* Automobile
Wagner, Karl 49
Wälder (schwimmende) 26
    siehe auch Holz
Wallenius (Reederei) 51–52
Wandbehang 48, 56
Wand-Technologie (solare) 142–148, 150, 154
    siehe auch Fassaden
Wärmespeicher 26, 56, 141–148, 150
Wärmflasche 113
Wasserdampf 15
Wasserstoff 22, 26, 27, 28
Wasser und -kraft 11–12, 13, 19, 24, 51, 69, 143
    siehe auch Meere und Meerwasser
Wearables 24, 72, 102
Weaving a Home 69, 76–77

Websites 31, 49–50, 60, 107, 110–111
Weißert, Andree 13, 82
Wellenkraft 16–17
Weltausstellungen 72, 169
Weltkarten 70, 71
Weltkraftkonferenz 25
Weltraum 14, 17, 62, 64
Wendel, Pablo 29–30
Wettbewerbe 20–21, 26, 62–63, 68, 142, 146
Whole Earth Catalog (WEC) 120
Wilhelmsburg 19
Willemsen, Esmée 53–54
Windkraft
    Honnef Windkraft Werke 5, 25
    Roadmap 2050 57
    Segelfrachtschiffe 17, 51–52, 67, 70–71
    Straßenlaternen 43, 53
    Turbinen 13, 27–28, 52
Windmühlen 13, 110
Windräder
    allgemein zu 17, 27
    Cartoon 55
    von EAZ Wind 17
    auf Fogo 67–68, 103
    Recycling 69
    Solar Do-Nothing Machine 58–59, 84–85
    als Spielzeug 53, 89
    X_Land (Projekt) 72, 78
Wings for Living (Unternehmen) 69–70
Wisamo (Wing Sail Mobility) 70–71
Wohnen 54–55, 62, 69, 76–77
    siehe auch Häuser
Women in Engineering Award 142
Worldbeing (Armband und App) 71–72, 102
World Energy Map 71
World Game (Instrument) 71
World Geographic Atlas 70, 71
World Solar Challenge 17
Wüsten 61

___

X
X_Land (Projekt) 72, 78
XTU Architects 72, 78

___

Y
Ying, Bai 61

___

Z
Zeitungen und Zeitschriften
    Architectural Review 58, 160
    Domus 159–160
    House Beautiful 143–144
    Interiors 59
    New York Times 11
    siehe auch Magazine
Zelte 30, 69, 76–77, 95
Zielona Góra 70
Zukunftsszenarien
    Blue Alchemist 14
    Energiespeicher Heidelberg 18–19
    Hot Heart 26, 46–47
    Human Power Plant 26–27, 98–99
    Kiss the Petrol Kiosk Goodbye 29
    der Mobilität 129–133
    Roadmap 2050 57
    Solaris-Projekt 62
    von Solarpunk 62–63, 104
    X_Land (Projekt) 72, 78
Zürich 11, 160
Zweiter Weltkrieg 160

___

3D-Druck 29, 60, 61, 68
11 Bit Studios 21

IMPRESSUM

Dieses Buch erscheint anlässlich der Ausstellung
Transform! Design und die Zukunft der Energie

Vitra Design Museum, Weil am Rhein
23. März 2024 – 1. September 2024

Weitere Ausstellungsstationen sind in Planung.

Herausgeber: Mateo Kries, Jochen Eisenbrand
Redaktionsmanagement: Kirsten Thietz
Lektorat und Korrektorat: Amanda Gomez (Englisch), Kirsten Thietz (Deutsch)
Übersetzungen: Herwig Engelmann, Claudia Kotte, Martin Hager (aus dem Englischen)
Colin Shepherd, Mitch Cohen (aus dem Deutschen)
Index: Jutta Mühlenberg
Bildrechte: Emma-Louise Arcade, Jochen Eisenbrand

Design: Helen Stelthove
Reinzeichnung: Daniel Vandré
Illustrationen: Thomas Rustemeyer
Projekt- und Produktionsmanagement: Nadine Kessler
Vertrieb: Pinar Yildiz
Lithografie: GZD Media GmbH, Hochdorf
Druck: DZA Druckerei zu Altenburg GmbH, Altenburg
Einband: Comtesse Leinen
Papier: Arena Natural Bulk (FSC zertifiziert)
Schrift: FK Grotesk und FK Grotesk Mono von Květoslav Bartoš

Erstauflage
Vitra Design Museum
Charles-Eames-Straße 2
79576 Weil am Rhein
Deutschland
verlag@design-museum.de

Gedruckt und gebunden in Deutschland
© Vitra Design Museum 2024

Alle Rechte vorbehalten. Kein Teil dieser Publikation darf ohne vorherige Zustimmung der Herausgeber reproduziert oder unter Verwendung elektronischer Datenverarbeitungssysteme in irgendeiner Form vervielfältigt oder verbreitet werden. Die Deutsche Nationalbibliothek verzeichnet diese Publikation in der Deutschen Nationalbibliografie; detaillierte bibliografische Daten sind im Internet über http://dnb.dnb.de abrufbar.

ISBN (deutsche Ausgabe): 978-3-945852-59-0
ISBN (englische Ausgabe): 978-3-945852-60-6

AUSSTELLUNG

Kurator: Jochen Eisenbrand
Kuratorische Assistenz: Emma-Louise Arcade
Projektmanagement: Carolina Maddè
Gestaltung: EMYL, Basel
Grafik: Helen Stelthove
Bildrecherche: Emma-Louise Arcade
Technische Leitung: Stefani Fricker
Ausstellungsentwicklung: René Herzogenrath, Judith Brugger, Erika Müller
Senior Art Technicians: Niels Tofahrn, Manuel Köchli
Konservatorische Betreuung: Susanne Graner, Lena Hönig
Presse- und Öffentlichkeitsarbeit: Johanna Hunder, Maximilian Kloiber
Partnerships: Jasmin Zikry
Ausstellungstournee: Cora Harris, Romane Maier
Verlag: Nadine Kessler, Pinar Yildiz
Registrarin: Friederike Landmann
Archiv: Andreas Nutz
Begleitprogramm: Coline Ormond, Tom Nieke
Visitor Experience: Rebekka Nolte
Besucherdienst: Felix Ebner, Katharina Herrmann
Museumsshop: Florian Otterbach

Direktor: Mateo Kries
COO / Stellvertretende Direktorin: Sabrina Handler
Head of Finance: Heiko Hoffmann

Eine Ausstellung des Vitra Design Museums

Vitra Design Museum

Hauptförderer

Unterstützt durch

Dank an

DANKSAGUNG

Wir danken unseren LeihgeberInnen sowie den an der Ausstellung beteiligten ArchitektInnen, DesignerInnen und KünstlerInnen:

AH Aktivhaus
A/S Research Group (ETH Zürich),
    Adaptive Solar Façade, Projektphase 1: M. Begle,
    S. Caranovic, J. Hofer, P. Jayathissa, G. Lydon,
    Z. Nagy, D. Rossi, A. Schlueter, B. Svetozarevic,
    Projektphase 2: G. Kreuzer Sanchez, B. Svetozarevic,
    K. Hong, A. Schlueter, ASF – Adaptive Solar Facade
Marjan van Aubel
Aurea Technologies
Bauhaus Earth
    Eva-Maria Friedel, Rosa Hanhausen,
    Philipp Misselwitz
(B)energy
Pablo Bras
C.F. Møller Architects
Carlo Ratti Associati
Christa Carstensen
Kris de Decker
Pauline van Dongen
Eames Office
Mitch Epstein
ECAL
    Marcus Angerer, Camille Blin, Jule Bols, Fleur
    Federica Chiarito, Matteo Dal Lago, Sebastiano
    Gallizia, Sophia Götz, Maxine Granzin, Lucas
    Hosteing, Paula Mühlena, Cedric Oder, Oscar
    Rainbird-Chill, Yohanna Rieckhoff, Luis Rodriguez,
    Donghwan Song, Chiara Torterolo, Luca Vernieri
EPFL Laboratory of Renewable Energy Science
and Engineering
    Sophia Haussener
ESA
Léon Félix
Hamburger Energiewerke
House of the Future
    Nancy Duiker, Klaas Burger, Ayse Yalcinkaya,
    Bart Groenewegen, Moni Tsujimaru, Melle Smets
Alvin Huang / Synthesis Design + Architecture
Jesse Jacobsen
Ed Kashi
Anna Koppmann
Honglin Li
Paul Meyer
mischer'traxler
Museum of Solar Energy
Luke O'Donovan
O-Innovations
OMA

ONOMOTION
Prevalent / Ben Berwick
realities:united
Arvid Riemeyer
Floris Schoonderbeek
Side Gallery
SolarLab
Melle Smets
smilingsun.org
Snøhetta
Werner Sobek
Sonnenwagen Aachen e.V.
SPACE10
Karl Sperhake
TAKK
    Mireia Luzárraga, Alejandro Muiño
Transsolar KlimaEngineering
    Christine von Raven, Matthias Schuler
Stefan Troendle
Tobias Trübenbacher
Leon Tukker
Umbrellium / Usman Haque
Urban Catalyst
    Johanna Amtmann, Luca Mulé, Christoph Walther
Esmée Willemsen
XTU Architects
Zurich Soft Robotics
8bar bikes